CARO

Pouvoir, leadership et autorité dans les organisations

Pouvoir, leadership et autorité dans les organisations

Pierre COLLERETTE
Avec la participation de Mario ROY

1991
Presses de l'Université du Québec
Case postale 250, Sillery, Québec G1T 2R1

HD
57
.7
C64
1991

ISBN 2-7605-0610-X
*Tous droits de reproduction, de traduction
et d'adaptation réservés* © 1991
Presses de l'Université du Québec

Dépôt légal – 1er trimestre 1991
Bibliothèque nationale du Québec
Bibliothèque nationale du Canada
Imprimé au Canada

Table des matières

Avant-propos XI

Introduction XIII

Chapitre 1
Cinq cas types 1
1.1. Albert Langlois, directeur général 4
1.2. Julie Dubois, agente d'administration au cégep 9
1.3. Denis Lalande, président d'association 11
1.4. Louis-Paul Dupuis, directeur du Programme
   d'égalité d'accès à l'emploi 13
1.5. Judith Jones, directrice des soins infirmiers 16

Chapitre 2
L'évolution des visions du pouvoir,
de l'autorité et du leadership 21
2.1. La vision de droit divin 25
2.2. La vision personnaliste 27
2.3. La vision légaliste 31
2.4. La vision interpersonnelle 36
2.5. La vision des contingences 45
2.6. La vision transactionnelle 51
2.7. La vision transformationnelle 53
2.8. Perspectives 60

Chapitre 3
Le pouvoir et son exercice 61
3.1. Le pouvoir 65
    3.1.1. Le pouvoir, une capacité 67
    3.1.2. Pouvoir signifie obtenir 70
    3.1.3. Avoir du pouvoir, l'utiliser et le savoir 71
    3.1.4. Le pouvoir, un écart 73
    3.1.5. Pouvoir et moralité 73
3.2. L'influence 74
3.3. Les modalités de l'exercice du pouvoir 77
3.4. La légitimité dans l'exercice du pouvoir 81
3.5. Le leadership et l'autorité 86

Chapitre 4
Les sources du pouvoir 89
4.1. Les conditions requises pour détenir
des ressources valorisées 95
4.2. La conception de French et Raven 97
4.3. Les mécanismes de l'acquisition du pouvoir 97
4.4. Rationalité et pouvoir 98
4.5. Les sources de pouvoir dans l'autorité 99
4.6. Les sources de pouvoir dans le leadership 100
4.7. Le contre-pouvoir 101

Chapitre 5
Une vision transactionnelle du pouvoir 103
5.1. L'équilibre dans les relations de pouvoir 106
5.2. Les relations vues comme des transactions 107
5.3. Les fluctuations dans les transactions 109
5.4. L'inspiration vue comme une transaction 110
5.5. Le pouvoir sous l'angle des stratégies 112
    5.5.1. Les stratégies d'acquisition du pouvoir 112
    5.5.2. Les stratégies d'évitement du pouvoir 115
    5.5.3. Les stratégies de maintien du pouvoir 117
5.6. L'indépendance sociale 120
5.7. L'exercice du pouvoir et le sens moral 121
5.8. Le pouvoir et la position hiérarchique 121
5.9. Les niveaux de réalité dans l'exercice du pouvoir 123

Chapitre 6
L'exercice de l'autorité 125
6.1. Définition de l'autorité 127
6.2. La source de l'autorité 129
6.3. L'autorité attribuée au rôle formel 130
6.4. Les fondements de l'autorité 131
     6.4.1. La fonction de l'autorité 132
     6.4.2. Le système légal 134
     6.4.3. Le processus de socialisation 135
6.5. La légitimité de l'exercice de l'autorité 136
     6.5.1. L'occupant du poste 138
     6.5.2. Le contenu du geste 139
     6.5.3. Le processus utilisé 140
     6.5.4. La culture organisationnelle 141
     6.5.5. Le contexte 142
     6.5.6. Les caractéristiques du récepteur 142
6.6. L'érosion de l'autorité 143
     6.6.1. Les groupes de pression 144
     6.6.2. La modification du système de valeurs 145
     6.6.3. La haute technologie et la spécialisation
           de la main-d'œuvre 146
     6.6.4. L'influence des modes contemporains de gestion . 147
6.7. L'avenir de l'autorité 148

Chapitre 7
Le leadership et ses processus 151
7.1. Définition 153
7.2. Les caractéristiques du leadership 157
7.3. Une question de degré 158
7.4. Le leadership au quotidien 159
7.5. Le processus du leadership 161
7.6. Quelques scénarios types 163
7.7. Le poids relatif de la dimension culturelle
     et de la dimension fonctionnelle 165
7.8. Des exemples 167
7.9. Les liens avec d'autres modèles 168
7.10. Les fonctions du leadership 170
     7.10.1. Fournir une vision prospective 171

7.10.2. Donner une signification 171
7.10.3. Assurer la régulation des processus 172
7.10.4. Entretenir l'interface avec l'environnement . . . 173
7.10.5. Utiliser et développer de façon optimale
les ressources des membres du groupe 173
7.11. Les fonctions du leadership et les leaders 174
7.12. Vers une intégration 176
7.13. Leadership et leaders 177
7.14. Le leadership charismatique 178
7.15. Leadership ou autorité? 180
7.16. Naître leader ou le devenir? 183
7.17. En guise de synthèse 184

Chapitre 8
Diverses facettes du pouvoir dans une organisation . . . 187
8.1. L'organisation comme système 189
8.2. Quelques caractéristiques des systèmes
organisationnels 191
8.2.1. Le rationnel et l'irrationnel 191
8.2.2. La dimension macroscopique d'une organisation . 194
8.2.3. L'individu et ses besoins 196
8.2.4. L'humain dans l'organisation 198
8.2.5. Les contraintes du dirigeant 200
8.2.6. La structure de l'organisation 201
8.2.7. La dimension psychosociale de l'organisation . . 202
8.2.8. La culture ambiante 204
8.2.9. La conjoncture particulière 205

Épilogue 207
Bibliographie 215

Avant-propos

C'est en 1987 que j'ai entrepris la rédaction du présent ouvrage. Sa préparation a toutefois véritablement débuté en 1979, alors qu'avec Gilles Delisle, j'ai commencé à travailler sur le thème du pouvoir. Nous avions en commun d'être insatisfaits des modèles disponibles pour explorer les phénomènes de leadership, d'autorité et de pouvoir dans les organisations et nous étions en quête d'une approche plus adéquate. Nous avons alors écrit un tout premier texte qui traçait sommairement les grandes lignes de notre vision sur ces phénomènes. Il aura fallu une dizaine d'années pour que les idées échafaudées atteignent la maturité et l'articulation suffisantes pour faire l'objet d'un volume.

Je tiens à exprimer ma reconnaissance à Gilles avec qui j'ai eu beaucoup de plaisir à travailler sur ce sujet et qui été l'inspirateur d'un bon nombre des idées présentées dans cet ouvrage.

Je désire également souligner la collaboration de Mario Roy. Les échanges que nous avons eus ensemble sur le thème du pouvoir dans les organisations ont contribué à faire avancer ma réflexion sur le sujet. Il est en outre responsable de la préparation du chapitre 6 qui porte sur l'exercice de l'autorité.

Je ne saurais passer sous silence l'influence qu'a eue sur moi Robert Schneider. Bien qu'il n'ait pas œuvré directement à la préparation du livre, j'ai eu la chance de profiter de ses réflexions et conseils lors des nombreuses occasions où nous avons travaillé ensemble. Sa façon d'aborder les organisations et le management ont contribué à l'évolution de ma pensée sur les phénomènes de pouvoir. Il m'a entre autres fourni des suggestions pertinentes pour retravailler le chapitre 8, dont je n'étais pas satisfait.

Enfin, je désire remercier Claire Poulin qui a collaboré à la revue de la documentation ayant servi de base à la rédaction du chapitre 2.

Pierre Collerette

Introduction

Le pouvoir et son exercice sont sources de beaucoup de controverses et les sentiments à leur endroit se révèlent souvent très équivoques. Le pouvoir suscite tantôt la peur, tantôt l'attrait, tantôt le mépris, tantôt l'admiration. C'est un sujet que toutes et tous connaissent pour l'avoir subi et pour l'avoir exercé. Pourtant, c'est aussi un sujet mal connu. Les perceptions que les gens s'en font sont habituellement composées d'une mixture d'opinions, d'idées, de préjugés, d'idéaux, de craintes, de fantasmes, de symboles. Rares sont les personnes qui en ont une représentation claire et sereine.

Les attitudes à l'endroit du pouvoir sont souvent marquées par le paradoxe. Si d'un côté les aspirations à la puissance sont réprimées, de l'autre côté les réactions d'impuissance sont méprisées. Confusion, préjugés, hantise, magnétisme sont autant de réactions qui cohabitent lorsqu'il est question du pouvoir. Un mal à éviter pour plusieurs, le pouvoir est néanmoins omniprésent dans les rapports humains.

Cet état de tension et cette atmosphère de méfiance font de l'exercice du pouvoir dans les organisations un sujet difficile à traiter. Non seulement est-il délicat, mais il couvre une réalité très complexe où se manifeste toute la gamme des comportements humains. Le titre du volume illustre d'ailleurs cette complexité: il faut faire appel à plusieurs vocables pour réussir à couvrir convenablement les divers aspects des rapports d'influence entre les humains.

Au hasard de leurs interactions, les humains sont continuellement appelés à s'influencer de toutes sortes de façons, conscientes comme inconscientes, et pour toutes sortes de raisons, bonnes ou mauvaises. Les rapports de pouvoir sont au cœur des relations humaines; Bertrand Russell (1938) suggère même qu'ils en constituent une forme d'énergie de base. Toutefois, dans la culture occidentale, on a eu tendance à nier la réalité du pouvoir. D'une certaine façon, on a tenté d'aseptiser les relations humaines de leurs composantes de pouvoir en arguant que des relations saines et enrichissantes ne peuvent se développer et se maintenir que si les rapports de pouvoir sont neutralisés ; comme si le fait de ne pas les voir les faisait disparaître! Il n'est pas rare de rencontrer des personnes qui entretiennent la croyance, devenue une sorte de mythe, que le pouvoir dans les rapports humains est quelque chose de fondamentalement dangereux, qu'il est l'apanage des esprits diaboliques, qu'il ne peut que générer le mal et que son élimination ne pourrait être que salutaire.

Ainsi, en plus d'avoir fait du pouvoir une sorte de tabou, on lui a aussi accolé un préjugé très défavorable. On l'a ramené, dans certains cas, à une sorte de malédiction dont les porteurs sont à éviter. Dans l'imagerie populaire, le pouvoir est d'ailleurs facilement associé à la cruauté, à la violence, à l'exploitation de l'humain par l'humain, à la manipulation, à la corruption. Il faut dire que les actes de violence et d'abus rapportés par les médias et qui sont commis par des personnages en quête de puissance n'ont rien pour anoblir le sujet.

Ce malaise à l'endroit de la question du pouvoir s'est également traduit par une fragmentation et un cloisonnement des concepts qui y sont reliés. L'influence, l'autorité, le leadership sont autant de concepts qui ont été présentés en pièces détachées, ayant peu de liens entre eux et parfois même décrits comme des réalités antagonistes. Certains affirment que le leadership serait plus noble que l'autorité, d'autres jugent que l'influence serait un mode de relation plus acceptable que le pouvoir, d'autres encore prétendent que le leadership serait une façon d'influencer sans avoir de pouvoir... Mais ces pirouettes intellectuelles ne renseignent guère sur la nature véritable du pouvoir. On reste avec des jugements sommaires et des raisonnements fragiles qui fournissent rarement une compréhension nuancée des mécanismes à l'œuvre entre des acteurs qui s'influencent.

Dans ce volume, nous proposons une façon d'aborder les rapports de pouvoir dans les organisations qui devrait permettre d'en acquérir une compréhension plus claire, plus nuancée et plus cohérente. Trois grands objectifs sont poursuivis.

Le premier objectif consiste à présenter une conception des rapports de pouvoir qui soit descriptive plutôt que normative. Les écrits en psychologie organisationnelle nous ont habitués à rechercher les « bonnes façons » d'exercer du pouvoir. L'approche retenue ici est différente. Nous ne cherchons pas à établir ce qui est bien et ce qui est mal dans une organisation en santé, ou encore ce qui est désirable et ce qui ne l'est pas, mais plutôt à décrire les phénomènes tels qu'ils se passent. Les préoccupations de nature normative sont bien sûr importantes, mais elles doivent, croyons-nous, être appuyées sur une compréhension claire, nuancée et sereine de la réalité, sinon les jugements risquent d'être fondés sur des perceptions limitées et distorsionnées. En d'autres termes, la lucidité devrait précéder la moralité.

Le deuxième objectif consiste à dégager une compréhension intégrée des phénomènes reliés à l'exercice du pouvoir dans les organisations. Les modèles existants ont tendance à présenter les différentes facettes du pouvoir comme des réalités étanches, parfois même conflictuelles. Dans ce volume, nous examinons les diverses facettes du pouvoir comme des modes d'expression différenciés, mais qui participent de la même dynamique et qui relèvent de niveaux de réalité complémentaires. En procédant ainsi, nous cherchons à obtenir une lecture aussi large et aussi dense que possible des rapports d'influence entre les personnes dans une organisation.

Le troisième objectif consiste à tenter de démystifier certains aspects du pouvoir dans les organisations. Cet objectif repose sur l'hypothèse selon laquelle mieux les gens sont informés sur la nature des relations de pouvoir, plus ils sont capables d'en traiter avec sérénité et compétence, autant pour trouver satisfaction à leurs besoins que pour transiger avec ceux qui peuvent affecter la satisfaction de leurs besoins. Durant les années 1980, Mintzberg (1983) a apporté une contribution notable en cernant divers scénarios de pouvoir et en identifiant diverses configurations organisationnelles ainsi que leurs particularités. Pour notre part, nous examinons le pouvoir sous un autre angle, celui des dynamiques qui s'activent dans les rapports d'influence.

Il est difficile d'aborder ce sujet avec sérénité. Dans certains milieux, il s'est développé une mentalité où l'on a tendance à culpabiliser les personnes qui tentent d'exercer du pouvoir, mais une mentalité où, en même temps, on a tendance à se réfugier dans des comportements de victimes pour se complaire dans son sort. C'est une approche du réel qui ne peut que conduire à l'impuissance et certains individus en sont de véritables virtuoses. Non seulement se neutralisent-ils, mais parfois ils parviennent à neutraliser leur entourage ; façon originale (et pas nécessairement consciente) d'exercer du pouvoir, sans avoir à l'assumer.

Ce volume véhicule d'une attitude différente. À la base, il s'appuie sur la conviction que la capacité de vivre et de transiger avec les rapports de pouvoir constitue une habileté fondamentale de toute personne qui désire entretenir des relations humaines et une vie organisationnelle saines et enrichissantes. Cette habileté est aussi essentielle que d'autres compétences interpersonnelles comme l'écoute, l'expression, le contact, l'ouverture.

Précisons enfin que nous ne traitons pas ici des dimensions morales, ni des phénomènes pathologiques reliés à l'exercice du pouvoir dans les organisations. Ces deux aspects demeurent certes d'une grande importance, car ils conditionnent profondément la nature des relations qui se développent et qui sont entretenues dans une organisation, comme dans tout système social d'ailleurs. Ils s'écartent toutefois du propos central de l'ouvrage qui porte sur les mécanismes de l'exercice du pouvoir et non sur les usages et les abus auxquels celui-ci peut donner lieu. Il est néanmoins probable que ceux et celles qui s'intéressent à ces questions y trouveront des éléments pour alimenter leur réflexion.

Chapitre 1

Cinq cas types

1.1. Albert Langlois, directeur général 4
1.2. Julie Dubois, agente d'administration au cégep 9
1.3. Denis Lalande, président d'association 11
1.4. Louis-Paul Dupuis, directeur du Programme
d'égalité d'accès à l'emploi 13
1.5. Judith Jones, directrice des soins infirmiers 16

Ce premier chapitre présente cinq descriptions de situations d'exercice du pouvoir qui se déroulent dans des contextes divers. Chaque situation comporte des phénomènes différents qui illustrent autant de variantes dans l'expression du pouvoir. Deux raisons ont motivé notre choix de commencer par des descriptions de cas. Premièrement, cette approche permettra au lecteur de s'imprégner, dès le début, d'une diversité de situations où des personnes ont à transiger avec le pouvoir, l'autorité et le leadership, tantôt avec succès, tantôt sans succès. D'ailleurs, le lecteur y trouvera peut-être des faits s'approchant de sa propre réalité. Deuxièmement, cette approche fournit une banque d'exemples qui seront repris, analysés et commentés tout au long des chapitres suivants.

Les cinq cas traitent de personnes qui, dans le cadre de leurs activités professionnelles, ont obtenu ou ont tenté d'obtenir du pouvoir. Ces cas ont été conçus à partir de situations réelles, rencontrées dans diverses circonstances. Nous avons évidemment pris soin de modifier le contexte ainsi que l'identité des personnes, afin d'éviter qu'elles soient reconnues.

1.1. Albert Langlois, directeur général

Ce cas permet de constater à quel point les bases du pouvoir peuvent être fragiles, même pour des personnes en autorité. On observe aussi certains mécanismes qui se développent dans un groupe pour contrer les tentatives d'influence d'un acteur jugé non désirable. On voit enfin certains facteurs qui affectent l'acquisition et la perte de la légitimité dans l'exercice de l'autorité.

Albert Langlois était directeur général d'une entreprise de transformation et de distribution de produits alimentaires. L'entreprise, Les Produits Alimentaires inc., est implantée dans le sud-ouest de la province de Québec. Elle dessert, en gros et au détail, un marché principalement régional et couvre un territoire d'environ 150 kilomètres sur 200 kilomètres, dont la population s'élève à 350 000 habitants.

L'entreprise est la propriété d'un groupe d'actionnaires qui la dirigent par le biais d'un conseil d'administration formé de douze membres. C'est une entreprise très diversifiée. Elle fait de la distribution au détail à travers quatre succursales établies sur le territoire; elle approvisionne un certain nombre de restaurants et de commerces alimentaires. Dans une perspective de diversification de ses investissements, l'entreprise gère également deux ateliers d'entretien de camions. Enfin, elle possède une boulangerie depuis 1971, qui fournit quelques distributeurs de produits de boulangerie ainsi que plusieurs épiceries.

Cette entreprise a été assez prospère à une certaine époque. En 1974, son chiffre d'affaires atteignait 12 millions de dollars et le profit net après impôt s'élevait à 116 000 $. Le style de gestion était à la fois artisanal et paternaliste. Le personnel administratif était peu spécialisé et très polyvalent. L'entreprise avait une très bonne image auprès des consommateurs et des fournisseurs, et ses actionnaires étaient satisfaits des profits générés.

Le milieu des années 1970 devait toutefois amener des changements considérables dans l'état du marché. Les stratégies de mise en marché des compétiteurs s'étaient fortement améliorées et le nombre de compétiteurs sérieux s'accroissait. Cette évolution fut rapide et dès 1978, Les Produits Alimentaires inc. se trouvèrent dans une situation financière inquiétante. Le chiffre d'affaires avait peu progressé et les profits avaient diminué de 13 %. En outre, le directeur en place se montrait réticent à adopter une stratégie de mise en marché plus moderne.

Pour rétablir sa position sur le marché, le conseil d'administration prit alors un certain nombre de mesures. Il procéda à l'acquisition du principal distributeur de produits de boulangerie. Il démit de ses fonctions le directeur général de l'époque, Gérald Chiasson, pour le remplacer par Albert Langlois. Enfin, il affirma sa volonté que l'entreprise adopte une stratégie de gestion axée sur l'expansion, d'une part en vue de protéger le marché qui avait toujours été le sien par le passé, et d'autre part afin de l'élargir et ainsi consolider sa position stratégique. En somme, le conseil d'administration voulait adapter son entreprise aux contraintes d'un marché plus turbulent.

C'est dans ce contexte qu'au début de 1979, Albert Langlois fut choisi comme directeur général. Il avait déjà travaillé dans le secteur alimentaire et avait fait ses preuves comme gestionnaire dans une usine de produits en conserve, entre autres en réalisant une modernisation des équipements. Âgé de 43 ans, fort de cette expérience de gestionnaire, il apparaissait comme le candidat idéal pour Les Produits Alimentaires inc., d'autant plus qu'il débordait de confiance et d'enthousiasme. On lui confia donc le mandat de réaliser les changements définis par le conseil d'administration.

À son arrivée dans l'entreprise, Albert Langlois prit quelques semaines pour se familiariser avec la situation. Il conserva tout le personnel alors à l'emploi de l'entreprise, autant celui affecté à l'exploitation que celui affecté à l'administration. Il ne modifia pas tout de suite la structure de l'organisation, car il percevait de la méfiance de la part du personnel. Il faut dire que le directeur général déchu, Gérald Chiasson (affecté désormais à la Direction du service de distribution au détail) conservait une bonne image auprès du personnel de l'organisation.

Après trois mois d'apprivoisement, le nouveau directeur général annonça qu'il voulait implanter un certain nombre de changements, notamment une modification de la structure de l'organisation. Il indiqua également que des démarches seraient amorcées en vue d'acquérir trois entreprises existantes, ce qui permettrait à l'entreprise d'élargir le marché couvert et d'améliorer son positionnement commercial dans la région ; il prétendait que l'on pourrait ainsi mieux faire face à la compétition émergente. Enfin, il fit part, du même souffle, de son intention de moderniser les pratiques de gestion de l'entreprise, entre autres par l'implantation d'un système informatisé de gestion.

La réaction des cadres, comme du personnel, fut plutôt mitigée. On s'attendait à des changements, mais on était hésitant à abandonner des habitudes qui, dans le passé, avaient fait le succès de l'entreprise. En fait, les gens n'exprimèrent pas de résistances ouvertes, mais ne manifestèrent pas non plus beaucoup d'enthousiasme. Il s'agissait d'une forme de scepticisme voilé. Albert perçut clairement cette réaction et décida néanmoins de persister dans ses intentions, fort qu'il était du soutien du conseil d'administration. Il faut dire aussi que quelques collaborateurs au sein de l'organisation, bien que minoritaires, accueillaient avec soulagement ce vent d'innovation.

Un des changements prévus à la structure consistait en la création d'une Direction des services du personnel, à qui Albert confia le mandat d'instituer toute une série de normes et de procédures concernant les différentes pratiques administratives de l'organisation : achats, communications, contrôle des stocks, registre des heures de travail, contrôle du prix de revient, recrutement, etc.

À partir de ce moment, les choses évoluèrent rapidement dans l'organisation. À la fin de 1980, on avait amorcé le processus d'informatisation de la comptabilité et de la facturation. Ces changements ne furent pas sans provoquer des heurts chez les membres du personnel. En effet, il leur fallait s'adapter à de nouvelles pratiques et, en même temps, absorber un fardeau de travail plus lourd découlant des activités nouvelles auxquelles se consacrait l'entreprise. Également, comme on s'engageait dans des domaines moins connus du personnel en place, les employés devaient faire face à toutes sortes de situations auxquelles ils étaient peu préparés. On était en plus sur le point de procéder à deux des trois acquisitions qui avaient été envisagées.

En procédant à ces acquisitions, l'entreprise entrait dans un nouveau marché, caractérisé par une très forte concurrence. Un tel changement supposait l'adoption de stratégies différentes et engendrait une mutation profonde des pratiques de gestion. Dans une organisation où la stabilité était coutume, il fallait désormais apprendre à vivre avec l'instabilité.

Ces acquisitions entraînèrent une intégration de personnel qui ne se fit pas sans difficultés. Même en 1982, les 35 employés de la Boulangerie Bon Pain étaient encore perçus comme des « intrus » et il leur était très difficile de s'insérer dans la culture de l'organisation.

Un des problèmes qui devint de plus en plus aigu était le manque d'espace au centre administratif de l'entreprise. On dut embaucher du nouveau personnel et installer des équipements informatiques, mais l'espace était restreint, de sorte qu'il fallut se résigner à déplacer le centre administratif dans un autre édifice plus spacieux. Les personnes plus conservatrices au sein de l'équipe de gestion, chez les cadres intermédiaires comme chez les cadres supérieurs, craignaient que ces mouvements rapides ne créent une pression financière trop forte sur l'entreprise et l'empêchent de survivre à ses efforts d'adaptation. Pour leur part, les éléments plus novateurs parmi les cadres réagirent plutôt négativement aux tendances conservatrices de leurs collègues. Les relations entre les deux clans en émergence commencèrent à se polariser et le petit noyau de personnes novatrices se rallia autour du directeur général pour en défendre les idées. De leur côté, les plus conservateurs s'érigèrent de plus en plus en opposants au directeur général et à ses initiatives.

Cette mobilisation était stimulée par la mauvaise performance financière de l'entreprise. Non seulement les bénéfices escomptés des changements entrepris tardaient à se manifester, mais en plus la compétition était toujours plus vive, les prix sur le marché évoluaient au même rythme que les coûts et certains frais dépassaient les prévisions, dont les frais d'énergie. En plus, les acquisitions et les investissements arrivaient à un moment où les taux d'intérêt étaient à la hausse, créant une pression supplémentaire sur la capacité financière de l'entreprise.

Ces circonstances inquiétaient le personnel qui se sentait dans une organisation de plus en plus étrangère et dont l'avenir lui paraissait toujours plus périlleux. Albert Langlois était conscient de ces réactions et il devait décider de l'option qu'il retiendrait pour faire face à la situation. Devait-il modérer ses élans et rassurer l'aile conservatrice de l'organisation, ou au contraire maintenir sa poussée de modernisation et miser sur l'aile novatrice pour réussir à démontrer la pertinence et l'efficacité des changements amorcés ?

Durant cette période, le conseil d'administration continua de lui accorder son appui. Certains membres commençaient à émettre des réserves, mais la plupart par contre exprimaient encore leur volonté que le changement soit poursuivi et peut-être même accéléré, afin de retrouver le plus rapidement possible une situation de profit.

Albert décida de foncer. Il estimait que la survie de l'entreprise ne pouvait être assurée qu'en poursuivant l'effort d'actualisation, sans quoi elle risquait d'être évincée du marché.

À partir du moment où il devint évident pour le personnel que le directeur général allait poursuivre ses efforts dans la voie engagée, les camps se formèrent de façon plus claire. En 1981, les opposants à la modernisation accélérée manifestèrent de plus en plus ouvertement leur hostilité et leur résistance, d'autant plus que l'année financière 1980-1981 s'était soldée par un déficit d'exploitation plus élevé que celui de l'année précédente, se chiffrant à 95 000 $. De leur côté, les alliés du directeur général s'affichèrent de plus en plus comme ses disciples et les défenseurs du credo qu'il véhiculait. Ces derniers attribuaient une partie de la piètre performance financière de l'entreprise à la morosité des conservateurs.

Vers la fin de l'année 1981, le climat devint passablement détérioré et le moral des troupes était bas. Des conflits éclataient régulièrement et peu étaient solutionnés. Albert constatait bien sûr cette situation, mais il avait tendance à en minimiser les conséquences, se disant qu'un jour ou l'autre les opposants finiraient par rentrer dans le rang, à force de leur mettre de la pression, quitte à utiliser des mesures draconiennes si nécessaire.

Il eut le réflexe de s'isoler davantage et de concentrer de plus en plus les décisions à son bureau, car il ne bénéficiait de l'appui que de quelques cadres. En plus, il diminua significativement les occasions de communiquer avec les membres de son personnel. Par exemple, les réunions du comité de régie se transformèrent en rencontres où le directeur général dispensait de l'information et des directives à ses cadres. Donc, de plus en plus les communications s'effectuaient du haut vers le bas et de moins en moins du bas vers le haut. Albert jugeait peu utile de discuter avec bon nombre de ses cadres, ceux-ci le contestant sans répit. À quelques reprises, il laissa planer des menaces dans l'espoir de faire taire les récalcitrants, mais dans les faits, il ne prit aucune mesure punitive.

La tension s'élevait toujours plus et le contenu des communications devenait toujours plus pauvre. Le directeur général fut graduellement perçu comme un dictateur dans l'entreprise et on disait de lui qu'il dirigeait en entretenant un climat de terreur. De son côté, Albert développait une image de plus en plus négative du personnel rattaché tant à l'administration qu'à l'exploitation de l'entreprise.

Cette crise de moralité atteignit son paroxysme lorsque le bilan de l'année 1981-1982 révéla un troisième déficit consécutif pour l'entreprise. Ainsi, les résultats financiers ne s'amélioraient pas, et même se détérioraient. Les déficits s'accumulant, les institutions financières exprimèrent ouvertement leurs inquiétudes et réclamèrent un plan de redressement. Le conseil d'administration fut cette fois alarmé par la situation, d'autant plus qu'un groupe de cadres s'était réuni clandestinement et avait convenu de s'adresser, toujours clandestinement, à certains membres influents du conseil d'administration pour les informer de la situation et pour tenter d'obtenir le congédiement du directeur général afin de sauver l'entreprise d'une éventuelle faillite.

Les choses ne furent cependant pas aussi simples. Si certains membres du conseil d'administration avaient perdu toute confiance en leur directeur général, d'autres lui accordaient encore du crédit et estimaient que les problèmes actuels provenaient d'un manque d'appui de leur part. Le conseil tint des discussions sur le sujet durant près de trois mois, mais toujours en l'absence d'Albert Langlois qui n'était pas sans savoir d'ailleurs que son poste était en jeu.

Pendant ce temps, l'entreprise était devenue une véritable arène politique. Le directeur général était de plus en plus aigri et le personnel de son côté se montrait de plus en plus distant, voire arrogant. L'organisation était nettement divisée en deux clans. Albert devait continuellement recourir à son autorité de directeur général pour faire appliquer ses décisions.

L'inévitable se produisit : le conseil d'administration, sur un vote divisé, décida finalement de ne pas renouveler le contrat de son directeur général, qui quitta son poste la semaine suivante. La crise ne fut pas pour autant résolue, car il fallut plusieurs mois avant de recruter un nouveau directeur général, et quelques années pour stabiliser et consolider l'organisation qui, en 1986, recommença à afficher des profits, après avoir subi une rationalisation de ses activités.

1.2. Julie Dubois, agente d'administration au cégep

Ce cas illustre certains mécanismes qui agissent sur l'attribution de leadership à une personne. On y voit entre autres que l'exercice du leadership n'est pas attaché au statut d'autorité.

Julie Dubois, âgée de 27 ans, occupe le poste d'agente d'administration dans un cégep (Collège d'enseignement général et professionnel) du nord-est du Québec. Elle fait partie d'une équipe de six personnes qui relèvent d'un directeur des services administratifs. Aucune de ces six personnes n'a d'autorité sur les autres. Il s'agit de secrétaires et de commis qui, dans l'exercice de leurs fonctions, doivent régulièrement collaborer ensemble.

Julie travaille au sein de ce service depuis cinq ans. Elle y a donc acquis une certaine expérience, mais elle n'est pas la plus ancienne du service; une autre personne y était déjà à son arrivée et une autre est entrée à la même période qu'elle. Les membres de cette équipe ont la réputation d'être des personnes responsables et fiables. De l'avis de tous, Julie est celle qui justifie le plus ces qualificatifs. Elle se distingue des autres par son engagement au travail et par son amabilité avec les personnes qui transigent avec elle. Elle se distingue également par la loyauté qu'elle manifeste autant à l'endroit de son service qu'à l'endroit du Cégep. Bien que l'on ne puisse dire qu'elle soit un modèle dans l'organisation, il n'est pas rare que le personnel d'autres services la consulte pour des problèmes administratifs. Elle est perçue comme une personne qui collabore facilement avec ses collègues.

Les relations entre l'équipe et son patron ne sont pas particulièrement harmonieuses bien qu'elles ne se révèlent pas conflictuelles. Il n'y a pas d'affrontements, mais les membres de l'équipe cultivent des insatisfactions. À leurs yeux, le directeur commet trop d'erreurs qu'ils doivent corriger sans en tirer de considération. De plus, ils ont l'impression d'être négligés comme personnes et comme collaborateurs au sein du service. En outre, le directeur ne semble pas particulièrement doué pour trouver des solutions originales aux problèmes rencontrés. Il adopte une approche trop expéditive ou trop à court terme de certains problèmes qui, aux yeux de l'équipe, constituent des irritants constants et sérieux.

Dans ce contexte, Julie est devenue une sorte de deuxième chef au sein de l'équipe. Lorsque les autres éprouvent de la difficulté à résoudre un problème et qu'ils hésitent à en parler à leur patron, c'est Julie qu'ils consultent. Il est fréquent de voir des conciliabules de deux ou trois personnes autour d'elle pour discuter de différents sujets concernant l'efficacité du service. De fait, Julie manifeste un niveau d'activité intense et un observateur extérieur pourrait facilement croire qu'elle coordonne l'équipe. Ses suggestions ont habituellement plus de poids que ne l'auraient de simples suggestions. Lorsque les gens ne veulent pas les retenir, ils ont tendance à argumenter comme s'ils avaient à se justifier. Et pourtant, ce n'est pas parce que Julie y met de la pression. Au contraire, elle est habituellement souriante et agréable.

Le scénario est constant. Que l'on soit à la recherche d'une idée, que l'on cherche la façon la plus habile de présenter une idée au patron, que l'on soit en train de réfléchir à la meilleure façon d'agir, on ne manque jamais de solliciter l'avis de Julie. À un point tel d'ailleurs que Julie elle-même en éprouve parfois du malaise. Dans certaines circonstances, elle évite de converser avec ses collègues, car elle a l'impression d'occuper trop de place. Elle a le sentiment qu'ils ne sont pas suffisamment autonomes et qu'ils lui mettent trop de responsabilités sur les épaules. Combien de fois n'a-t-elle pas entendu, dans des situations où les gens étaient en panne : « Parlons-en à Julie pour voir ce qu'elle ferait. »

1.3. Denis Lalande, président d'association

> Ce cas montre que le statut d'autorité constitue une base de pouvoir parfois fragile et même illusoire. On y voit aussi que les bases du pouvoir sont rarement acquises de façon durable et que les exigences de la réalité peuvent les ébranler.

Denis Lalande est un jeune homme d'affaires qui réussit fort bien. Propriétaire de trois commerces de vêtements dans une région du centre du Québec, son entreprise est très prospère. Âgé d'à peine 35 ans, il a rapidement établi sa réputation. On dit de lui que c'est un dirigeant d'entreprise compétent, efficace et ambitieux.

En 1984, il est sollicité pour faire partie du conseil d'administration d'une association de gens d'affaires venant tout juste d'être formée et ayant pour nom L'Association des nouveaux entrepreneurs. L'objectif de cette association est de faire la promotion du domaine des affaires dans la région, entre autres auprès des jeunes. À cause de son prestige et de sa réputation, on lui a offert le poste de président de l'Association, qu'il a accepté.

Après avoir agi un an à titre de président, Denis entretient l'image d'un leader doté d'une certaine puissance. Lors des réunions du conseil d'administration, il s'exprime très souvent, distribue de multiples conseils et insiste continuellement sur la nécessité de ne pas perdre de temps en discussions qu'il juge inutiles, mais de consacrer plutôt les énergies à réaliser des activités concrètes. À quelques reprises, il a eu l'occasion de rencontrer des journalistes en conférence de presse pour annoncer des initiatives de l'Association. Il a également eu quelques occasions de s'adresser à des auditoires de gens d'affaires lors de banquets ou d'activités publiques, dans le but de promouvoir la mission de la nouvelle association.

Les membres du conseil d'administration quant à eux partagent de moins en moins la perception de Denis à propos de son leadership. La plupart des six autres membres sont devenus sceptiques à son endroit. Bien sûr, ils ne contestent pas sa compétence d'homme d'affaires. Cependant, ils considèrent maintenant qu'il n'a pas les aptitudes requises pour les représenter adéquatement comme président.

Qu'est-ce qu'ils lui reprochent? D'abord, durant les réunions, son refrain sur l'efficacité devient irritant. Les membres, tous plus âgés que lui, ont la désagréable sensation de se faire faire la leçon. Ils lui reprochent aussi de ne pas être un bon communicateur lorsqu'il s'adresse à un auditoire, qu'il s'agisse de journalistes, de gens d'affaires ou du grand public. En effet, ses phrases sont lourdes et sa voix a tendance à être monocorde, de sorte qu'il perd rapidement l'attention de l'assistance. Il cultive de plus la bizarre particularité de faire des figures de style qui, le plus souvent, ne sont pas saisies par son auditoire, ce qui a pour effet de voiler son message. Ajoutons que Denis éprouve de la difficulté à établir une bonne relation avec ses collègues du conseil d'administration; la complicité ne s'établit pas naturellement.

Denis est peu conscient de ces difficultés. Il commence toutefois à percevoir des signes de distance chez ses collègues du conseil d'administration; lors des pauses ou d'événements publics, il n'est pas rare qu'il se retrouve seul ou presque. Lorsqu'il intervient durant les réunions, il lui arrive de constater que ses interventions ne sont pas reçues et que l'on s'attarde davantage aux opinions des autres membres. C'est une expérience à laquelle il n'est pas habitué comme homme d'affaires. Il a toujours connu le succès et il est maintenant confronté à une situation qui lui laisse une sensation étrange et surtout, qu'il comprend mal.

1.4. Louis-Paul Dupuis, directeur du Programme d'égalité d'accès à l'emploi

On constate dans ce cas que l'autorité et le leadership sont deux modes d'expression du pouvoir ayant des fonctions différentes, prenant appui sur des conditions différentes, produisant des effets différents, mais pouvant coexister de façon fonctionnelle dans une même situation. On observe aussi certains mécanismes par lesquels un personnage en autorité obtient du leadership auprès de ses subordonnés.

Louis-Paul Dupuis était cadre supérieur à la Fonction publique fédérale du Canada depuis trois ans lorsqu'il a été nommé directeur du Programme d'égalité d'accès à l'emploi. Âgé de 38 ans, il détenait une dizaine d'années d'expérience en gestion, le plus souvent dans la conduite de projets innovateurs dans le secteur des services publics provinciaux et fédéraux. Il avait, au préalable, occupé quelques fonctions de direction à l'intérieur d'un autre ministère du gouvernement fédéral, où il s'est acquis une réputation de gestionnaire compétent, déterminé et original.

Louis-Paul est un personnage imposant. De forte stature, il possède une voix puissante, qu'il sait utiliser avec beaucoup d'efficacité pour charmer ses interlocuteurs ou pour les intimider. De fait, il laisse rarement les gens indifférents; certains le craignent, d'autres l'estiment. Certaines personnes méfiantes à son endroit lui ont déjà attribué le surnom de «parrain». Ils jugent que Louis-Paul a de la facilité à s'allier des gens qui désirent en quelque sorte être considérés comme ses protégés et ils craignent d'être vulnérables s'ils ne s'affichent pas comme ses disciples. La plupart le perçoivent comme quelqu'un de puissant, bien qu'il soit nouveau au sein de cette direction tout comme au sein du Ministère.

Le mandat de sa direction consiste à s'assurer que les employeurs respectent les principes de la *Loi sur l'égalité d'accès à l'emploi*. C'est une loi difficile à appliquer pour deux raisons. D'une part, elle énonce des principes mais prévoit très peu de mesures coercitives pour forcer la main aux employeurs récalcitrants. D'autre part, la réglementation en place a été conçue huit ans plus tôt et, avec les années, elle s'est considérablement alourdie à la suite d'efforts pour répondre à la diversité des situations qui se présentent.

Les relations de ce service avec les employeurs, dont la Fonction publique elle-même, ont toujours été très bureaucratisées et les agents de la direction ont adopté un modèle de type autoritaire, même s'ils ne disposaient pas des moyens pour imposer leur autorité. Il s'est ensuivi des difficultés nombreuses avec les employeurs et la rumeur générale circule à l'effet que ce programme s'est révélé peu efficace. En fait, c'est un programme irritant. Non seulement est-il axé sur un changement des mœurs en matière d'emploi, mais en plus il constitue une entrave à la marge de manœuvre dont dispose un employeur ou un gestionnaire pour se créer une organisation répondant à ses attentes.

Louis-Paul a été choisi pour le poste de directeur spécialement pour ses compétences à gérer le changement. La Direction du Ministère lui a confié le mandat de modifier l'orientation du programme afin de le rendre plus efficace et plus facilement acceptable par les employeurs. Il a hérité d'un personnel de cinquante-deux employés. Répartis en quatre équipes, trente d'entre eux agissent comme agents pour transiger avec les employeurs et sont sous la responsabilité de chefs d'équipe. En plus du personnel de soutien, on compte sept conseillers aux fonctions diverses.

Assez rapidement au cours de ses premières semaines au sein de la direction, Louis-Paul a su trouver des occasions pour établir sa crédibilité. Dans différents dossiers, il a démontré une grande capacité à nuancer et il a fait preuve de jugement pour clarifier des situations litigieuses et suggérer des voies de solution. Chaque fois qu'une occasion se présente, il l'utilise pour interroger ses collègues sur la pertinence de leur approche avec les employeurs. En général, son attitude vis-à-vis de ses collègues n'est pas réprobatrice ; au contraire, il respecte chacun. Toutefois, Louis-Paul ne mâche pas ses mots pour exprimer ses doutes. Aussi s'est-il acquis rapidement la réputation de quelqu'un au franc parler.

Son style est assez bien accepté, car les gens le perçoivent comme un homme intègre. Il est donc devenu un individu respecté et crédible au sein de sa direction. Sa crédibilité est renforcée par le fait qu'il a obtenu quelques gains pour sa direction auprès de la direction du Ministère. Chacune de ses opinions est pour le moins écoutée et souvent même reçue comme le signe des directions à prendre désormais. Sa puissance est de plus en plus observable.

Une de ses grandes qualités est d'être capable d'écouter des points de vue adverses et de bien les comprendre. Régulièrement, il s'emploie à les formuler lui-même afin de montrer qu'il saisit bien la nature de l'argumentation des personnes qui ne partagent pas ses opinions. Cette façon d'agir a pour effet de décontenancer ses adversaires potentiels. Aussi, ceux et celles qui ne partagent pas sa vision des choses en sont venus graduellement à se taire en sa présence, de peur de perdre en s'engageant dans une discussion avec lui.

Il est ce genre d'individu qu'on qualifie de «très fort». Son bilinguisme en fait un interlocuteur de taille dans une langue comme dans l'autre. Une autre de ses forces est de s'appuyer continuellement sur le «gros bon sens». Bien qu'il ait des aptitudes pour jouer avec les concepts, il se plaît à s'exprimer dans un langage simple et accessible, avec un vocabulaire précis et faisant appel au sens commun de ses interlocuteurs. Ses aptitudes à la caricature renforcent d'ailleurs cette habileté à toucher les gens avec des images évocatrices.

Bien que certaines personnes à un échelon supérieur au sein du Ministère émettent des réserves à son endroit, la plupart des gens lui ont rapidement manifesté du respect et il n'a éprouvé aucune difficulté à obtenir l'appui de ses supérieurs dans ses initiatives. Encore faut-il dire qu'il a procédé graduellement en prenant de petites initiatives, pour ensuite procéder à des innovations plus audacieuses.

Au sein de sa direction cependant, il ne fait pas l'unanimité, bien que les insatisfactions ne s'expriment qu'en sourdine. En effet, quelques individus faisant partie de la vieille garde, c'est-à-dire travaillant au sein du Programme depuis ses débuts, entretiennent de fortes réserves à l'endroit des changements d'orientation proposés, les jugeant naïfs. Ils évitent toutefois de s'exprimer à voix haute, surtout dans les circonstances officielles, car ils craignent de perdre pied devant un interlocuteur aussi habile. En contrepartie, ceux qui adhèrent aux idées innovatrices de Louis-Paul se recrutent davantage chez les nouveaux arrivés, de même que chez un certain nombre d'agents qui, au contact des employeurs, en sont arrivés à la conclusion que l'approche de ces derniers n'est pas appropriée. Ces gens sont ravis de travailler pour un tel directeur et ils le tiennent en haute estime. En quelque sorte, ils en deviennent les disciples.

Après deux ans, Louis-Paul a réussi à modifier les orientations de même que les outils de travail de la Direction, malgré des situations pas toujours faciles car, à certaines occasions, les résistances se sont révélées assez vives. Il a donc atteint son objectif et sa crédibilité s'en est vue renforcée. Certes, les mentalités ne sont pas encore complètement changées, mais les conditions se trouvent désormais réunies pour que les choses continuent d'évoluer. Ajoutons que seulement quelques personnes de la vieille garde demeurent au sein de la Direction et aucune comme chef d'équipe.

1.5. Judith Jones, directrice des soins infirmiers

Ce cas montre que les bases du leadership d'un individu peuvent facilement disparaître lorsque le contexte change. Il illustre aussi que le statut d'autorité n'est pas suffisant en soi pour procurer un pouvoir significatif ; la personne doit en plus être légitimée pour réussir à exercer sainement son autorité.

Judith Jones travaille au Centre hospitalier des Deux-Sommets depuis quinze ans. Infirmière licenciée, elle a travaillé au préalable dans trois autres centres hospitaliers, dont un en Alberta. Le Centre hospitalier des Deux-Sommets est situé dans un secteur des Cantons-de-l'Est dont la population est à moitié francophone et à moitié anglophone. Traditionnellement, la communauté anglophone s'est vue attribuer un statut social plus élevé que la communauté francophone dans cette région.

Le Centre hospitalier des Deux-Sommets est un petit hôpital régional à vocation générale. Jusqu'en 1987, la situation du Centre s'était graduellement détériorée. L'hôpital avait peu investi dans les équipements et, à cause de son éloignement géographique et de la négligence de la Direction, avait perdu une bonne partie de son personnel spécialisé, de sorte que la plupart des services spécialisés étaient dispensés par des centres hospitaliers en région urbaine.

En 1986, le centre hospitalier était presque devenu un hôpital pour malades chroniques. En effet, sa clientèle était vieillissante et la durée moyenne de séjour s'allongeait de plus en plus. Il faut dire qu'il y avait un manque de lits pour ces malades dans la région. En 1987, avec la nomination d'un nouveau directeur général après un épisode de tension et de difficultés avec le directeur précédent, le centre hospitalier a dû effectuer un virage. Il s'agissait de replacer l'hôpital dans la ligne de sa véritable mission et d'en moderniser les services. La clientèle allait donc changer de même que les types de services à dispenser.

Judith Jones occupait déjà le poste de directrice du nursing sous l'administration précédente, mais était perçue comme peu favorable au directeur général de l'époque. Auparavant, elle avait travaillé cinq ans comme infirmière dans les quatre départements du centre hospitalier, après quoi elle fut nommée infirmière-chef du deuxième étage durant deux ans pour ensuite accéder au poste de directrice des soins infirmiers.

Au cours de la période où la situation s'est détériorée dans l'hôpital, Judith s'était acquis l'image de celle qui défend la qualité et l'intégrité des soins infirmiers, malgré une conjoncture peu favorable, caractérisée par les luttes de pouvoir et le relâchement professionnel. Un an avant l'arrivée du nouveau directeur général, le conseil d'administration décide de reprendre les choses en main. Il décide entre autres d'implanter de nouveaux services et d'améliorer les services existants. Ainsi, on ouvre des services de physiothérapie et d'inhalothérapie; on réaménage la pharmacie, le laboratoire et la radiographie. En consolidant et en améliorant les services de soutien, on néglige cependant les installations physiques pour les patients de même que tout le secteur des soins infirmiers, en dépit des protestations de Judith.

Faute de ne pouvoir faire plus, Judith s'efforce de protéger au maximum les acquis du secteur des soins infirmiers. Ce n'est cependant pas chose facile, car elle est régulièrement isolée au sein du comité de gestion composé de cinq membres. Heureusement pour elle, les quatre infirmières-chefs et les deux coordonnatrices de sa direction lui fournissent un soutien constant.

Avec l'arrivée du nouveau directeur général, la conjoncture change beaucoup. Le conseil d'administration de même que le comité de gestion se rendent à l'évidence: les soins infirmiers ont été négligés et l'édifice nécessite de nombreuses améliorations pour assurer un meilleur service aux patients et pour faciliter le travail du personnel sur les étages.

La situation des soins infirmiers est cependant rendue difficile par le fait que l'hôpital ayant acquis une mauvaise réputation, on ne parvient plus à recruter du personnel compétent. Il faut ajouter que l'hôpital est désavantagé à deux autres points de vue. D'une part, son éloignement des centres urbains le rend peu attrayant pour le personnel infirmier. D'autre part, à cause de la présence des deux communautés linguistiques, il est essentiel que les personnes recrutées soient bilingues, ou tout au moins capables de communiquer avec suffisamment d'aisance dans les deux langues.

La conjoncture n'est pas facile pour Judith, d'autant plus que le personnel en place s'est en quelque sorte accoutumé à la nouvelle «vocation» du centre hospitalier, à savoir celle d'un hôpital pour malades chroniques et personnes âgées. Non seulement le personnel s'est-il habitué à cette vocation implicite, mais il y a pris goût. En effet, il s'est habitué à conserver ses patients longtemps et à les «dorloter». Plusieurs des soins prodigués sont reliés autant à l'hygiène personnelle qu'aux soins de santé. En outre, la rareté de cas aigus fournissait peu d'occasions au personnel de demeurer compétent au point de vue des habiletés techniques. De plus, le rythme de travail est modéré comparativement à celui que l'on peut connaître dans un hôpital de soins généraux. En bref, la culture de l'hôpital ne correspond plus à celle d'un hôpital à vocation générale.

Parmi les difficultés rencontrées par le centre hospitalier, on note un taux élevé de départs chez le nouveau personnel des soins infirmiers. Parmi les motifs le plus souvent invoqués, on reproche à l'hôpital son manque d'innovation et son archaïsme dans les méthodes de soins aux patients. Ainsi, les porteurs d'idées nouvelles ne réussissent pas à s'intégrer et à utiliser les compétences acquises antérieurement.

Un an après l'arrivée du nouveau directeur général, Judith se sent coincée dans le nouveau contexte qui, cette fois, fait une large place au secteur des soins infirmiers. Son image auprès du personnel ancien demeure positive, mais commence à être ébranlée. Les gens apprécient qu'elle ait agi en protectrice des soins infirmiers pendant autant d'années et on lui témoigne de la reconnaissance à ce propos. Toutefois, ces mêmes personnes craignent maintenant qu'elle se laisse entraîner par le directeur général dans une vague de changements trop rapides et trop nombreux. Elles craignent en fait d'être les victimes de ces modifications de trajectoire et d'être obligées d'abandonner certaines habitudes qui leur conviennent. Aux yeux du nouveau personnel, l'image de Judith n'est pas reluisante, sans être mauvaise. On estime qu'elle se fait tirer l'oreille pour vraiment appuyer l'introduction de méthodes plus modernes et on doute de sa motivation à vouloir le faire.

Judith aimerait bien sûr adopter les nouvelles orientations de l'hôpital, mais elle craint de ne pas être capable de mobiliser son personnel. Son hésitation devient source d'ambiguïtés quant à l'importance des transformations. Cette incertitude fait le jeu du personnel ancien qui sent peu de pression à vraiment changer, avec la conséquence qu'il ne se produit dans les faits que très peu de changements, sinon des réparations majeures qu'on est en train d'effectuer sur l'édifice. Dans ce contexte, le personnel novateur fait figure de trouble-fête. Judith essaie de rassurer ces personnes et de les encourager à poursuivre, mais elle ne réussit pas à être convaincante.

À ces difficultés s'ajoute celle de la langue de travail. Bien que l'hôpital soit théoriquement bilingue, la culture du milieu a fait en sorte que l'anglais y domine. Trois des quatre infirmières-chefs ainsi que les deux coordonnatrices sont anglophones, et quelques-unes arrivent difficilement à exprimer quelques mots en français. Judith elle-même, bien qu'elle déploie des efforts réels, ne s'exprime pas facilement en français. Elle le comprend bien cependant. Or, le hasard a fait qu'un bon nombre des nouveaux arrivés au sein du personnel sont des francophones et plusieurs se sont plaints de la difficulté d'intégration qu'ils rencontrent dans ce milieu qu'ils perçoivent comme anglophone. Judith reconnaît cette difficulté, mais ne voit pas comment elle pourrait la corriger sans irriter le personnel en place.

Le directeur général est ambivalent à l'endroit de Judith. Il la perçoit comme très respectée par le personnel qui compose le noyau de l'hôpital, mais il doute qu'elle soit capable de s'affirmer suffisamment pour assurer la mise en œuvre des nouvelles orientations. Il ne nie pas sa bonne foi, mais il observe peu de gestes concrets de sa part.

*
* *

Les cinq cas précités s'apparentent à des situations que l'on risque de rencontrer quotidiennement dans les organisations, quelle qu'en soit la taille ou le secteur d'activité. Ces situations montrent des personnes en train d'exercer ou d'essayer d'exercer du pouvoir sur leur environnement. Certaines réussissent mieux que d'autres. Chacune fait face à des circonstances particulières. Certains manifestent plus d'autorité, d'autres plus de leadership. Les chapitres qui vont suivre permettront au lecteur d'acquérir une compréhension suffisante des différentes dynamiques du pouvoir afin d'être en mesure de mieux expliquer les phénomènes observés dans ces cinq cas.

Chapitre 2

L'évolution des visions du pouvoir, de l'autorité et du leadership

2.1. La vision de droit divin 25
2.2. La vision personnaliste 27
2.3. La vision légaliste 31
2.4. La vision interpersonnelle 36
2.5. La vision des contingences 45
2.6. La vision transactionnelle 51
2.7. La vision transformationnelle 53
2.8. Perspectives 60

Au cours de l'histoire, différentes théories ont été élaborées pour tenter d'expliquer les phénomènes de pouvoir dans les organisations. Les théories formelles ont commencé à apparaître vers le début du vingtième siècle. Avant cette période, on avait bien sûr proposé des conceptions du pouvoir, mais peu de tentatives avaient été faites pour formaliser ces conceptions sous la forme de théories applicables aux organisations. Les efforts antérieurs au vingtième siècle étaient surtout orientés vers les rapports sociaux et politiques dans les sociétés. Par exemple, les propositions de Machiavel (*Le Prince*, 1980) portaient sur la façon d'acquérir et de conserver le pouvoir dans une société. De plus, ces conceptions avaient en général un caractère plutôt philosophique, s'intéressant à ce qui est bien ou mal, moral ou immoral.

Depuis le début du vingtième siècle, la croissance et la mécanisation accélérées des organisations ont rendu nécessaire le développement de connaissances et de moyens pouvant faciliter la gestion des humains dans ces lieux que l'on désigne sous le vocable d'organisations.

Les efforts de recherche au cours du vingtième siècle ont été voués principalement à la description des phénomènes de pouvoir ou à la recherche de pratiques efficaces pour les utilisateurs du pouvoir, avec le résultat que les modèles qui en sont issus sont pour certains descriptifs et pour d'autres prescriptifs. Les différentes théories relatives à l'exercice du pouvoir sont apparues en suivant une séquence quasi historique. Souvent elles ont émergé en réaction aux courants de pensée qui les précédaient et en général, elles ont tenté d'en combler les lacunes. On pourrait donc les comparer aux pièces d'un casse-tête où chaque pièce apporte un élément supplémentaire pour constituer une image dont la configuration devient de plus en plus claire.

Le développement des théories a suivi l'évolution des mentalités tout au long du vingtième siècle, de sorte qu'elles sont fortement colorées des visions qui prédominaient à l'époque de leur formulation.

C'est d'ailleurs pourquoi nous présentons dans ce chapitre les théories en les regroupant sous les visions[1], soit:

- la vision de droit divin,
- la vision personnaliste,
- la vision légaliste,
- la vision interpersonnelle,
- la vision des contingences,
- la vision transactionnelle,
- la vision transformationnelle.

Si chacune de ces sept visions apporte une contribution à la compréhension des phénomènes de pouvoir, toutes contiennent en même temps des lacunes et des préjugés. Le présent chapitre traite des principales caractéristiques de chacune des visions et met en relief leur contribution et leurs limites.

D'entrée de jeu, apportons cependant une précision. Il est peut-être exagéré de parler de sept visions du pouvoir. Dans les faits, la plupart des théories se sont peu intéressées au pouvoir en soi. Elles ont plutôt porté sur certains modes d'exercice du pouvoir, notamment le leadership. En effet, la documentation relative aux organisations déborde d'écrits de toutes sortes sur le leadership, mais avant les années 1980, on trouvait peu d'ouvrages traitant d'autorité ou de pouvoir.

Il ne faudra donc pas s'étonner, à la lecture de ce chapitre, de tirer somme toute peu d'informations sur la dynamique du pouvoir dans les organisations. Néanmoins, les modèles décrits véhiculent implicitement une certaine conception du pouvoir et des attitudes à son endroit. C'est pourquoi il demeure justifié de parler de visions du pouvoir, aussi limitées puissent-elles être.

---

1. L'expression « vision » a été préférée à « conception », car elle reflète le fait que chacune tente d'expliquer le réel, mais souvent propose aussi une façon de faire les choses qui serait supérieure.

TABLEAU 1
Les visions du pouvoir

Visions	Facteurs accentués	Thème dominant
De droit divin	Légitimité divine des personnes en autorité	Valeur symbolique des personnes en autorité
Personnaliste	Traits de la personne	Portrait idéal du leader
Légaliste	Statut formel de la personne	Autorité
Interpersonnelle	Styles dans les relations	Leadership
Des contingences	Caractéristiques de la situation	Approche dans la prise de décision
Transactionnelle	Échanges dans les relations	Relations de pouvoir
Transformationnelle	Impact du leader sur les partisans	Relations charismatiques

2.1. La vision de droit divin

L'intérêt pour le pouvoir n'est pas récent. Des penseurs de presque toutes les époques ont tenté d'en saisir les secrets et les nuances. Socrate, Platon, Cicéron et Machiavel en sont des exemples. La plus ancienne des visions, que nous désignerons comme «vision de droit divin», en est une qui précède en quelque sorte les théories explicatives des phénomènes de pouvoir. En fait, ces dernières sont devenues intéressantes avec l'avènement des sociétés démocratiques, c'est-à-dire quand il est devenu utile de comprendre les éléments qui donnent à une personne plus d'influence qu'à ses semblables. Mais avant que l'on en vienne à des conceptions plus articulées, les humains se référaient à une conception relativement simple et quasi magique du pouvoir, qui remettait entre les mains des divinités le contrôle et la légitimité du pouvoir; c'est pourquoi on lui donne le nom de «vision de droit divin».

On n'a évidemment pas attendu l'apparition des théories formelles pour exercer du pouvoir. De tout temps des personnes en ont exercé, pour le bonheur et pour le malheur de leur entourage. Dans plusieurs sociétés où le pouvoir temporel était associé au pouvoir spirituel, les détenteurs du pouvoir temporel prétendaient que celui-ci leur était conféré par les dieux. Dans ce type de société, on comprendra que les monarques avaient avantage à faire bon ménage avec les détenteurs du pouvoir spirituel, qu'il s'agisse de sorciers, de grands prêtres ou de cardinaux. Ils renforçaient mutuellement leur légitimité et leur crédibilité.

Cette alliance entre les deux types de symboliques (la temporelle et la spirituelle) procurait une puissance et une emprise considérables aux personnes qui la formaient. Dans les sociétés où la pratique religieuse était valorisée, le fait d'être associé aux divinités constituait un levier essentiel au maintien du pouvoir, du moins au point de vue symbolique. D'ailleurs, de tout temps les motifs religieux ont été invoqués pour déclencher des guerres dont les raisons réelles étaient souvent beaucoup plus temporelles.

Dans les sociétés à forte tradition religieuse, on croyait que le droit d'influencer ses semblables était un acquis de naissance ou encore une destinée à laquelle l'individu ne pouvait se soustraire. Par exemple, dans de nombreuses tribus, le chef était investi d'une autorité que l'on disait dérivée directement des dieux et son héritier, dès sa naissance, était déjà considéré comme choisi des dieux. Pensons à Moïse, aux pharaons égyptiens, aux empereurs de Chine.

Un mode de pensée analogue domine dans certaines royautés où l'héritier du trône est *sacré* roi par les représentants de l'ordre religieux. Plusieurs conquérants ont prétendu être guidés par leur dieu pour justifier leurs ambitions d'élargir leur empire. L'histoire contemporaine récente offre quelques exemples de sociétés dont les dirigeants prétendent détenir leur pouvoir «de droit divin»; d'ailleurs, des guerres présentées comme religieuses ont fait rage encore durant les dernières décennies en divers endroits du globe.

On doit veiller à ne pas confondre «inspiration divine» et légitimité de droit divin. L'inspiration divine se réfère à l'inspiration qu'une personne estime recevoir d'une source divine pour la conduite de sa vie. La légitimité de droit divin se réfère aux situations où des individus prétendent qu'il leur revient d'occuper des positions d'autorité et d'utiliser le pouvoir qui en découle parce qu'ils ont été désignés par leur dieu.

En dépit de ses apparences de désuétude en Occident, cette vision de droit divin n'est pas sans utilité pour comprendre les phénomènes de pouvoir. Elle permet entre autres de mettre en relief l'importance de la fonction symbolique dans l'exercice du pouvoir.

2.2. La vision personnaliste

Resituons-nous à la fin du dix-neuvième siècle. C'est une période marquée entre autres par une industrialisation qui est venue bouleverser les traditions et les pratiques organisationnelles. Non seulement l'introduction des innovations technologiques a-t-elle entraîné de nouvelles exigences (perfectionnement, structure du travail, relation avec le produit), mais en plus, la taille croissante des organisations et le regroupement du personnel en unités fonctionnelles ont fait émerger des phénomènes humains avec lesquels on était peu familier.

Dans le passé, les relations en milieu de travail s'inscrivaient surtout sous le modèle de l'artisan avec son apprenti, de sorte que la supervision était relativement simple, sans compter que les organisations étaient en général de petite taille. Ce type de relation a tout à coup été remplacé par un autre : celui du contremaître avec ses subordonnés. Les contremaîtres étaient souvent des travailleurs promus à une fonction de supervision parce que leur réputation de compétence était reconnue. On découvrit cependant qu'être un bon tisseur n'entraînait pas nécessairement être un chef d'équipe compétent. Ainsi, la relation employeur-employé devenait plus complexe et cette évolution rendait nécessaire la présence de dirigeants capables de transiger avec des humains pour obtenir un fonctionnement à la fois efficace et satisfaisant.

Ce besoin nouveau apparut au moment où, en Amérique, la psychologie était en pleine émergence, tentant de passer de discipline philosophique à discipline scientifique. On entretenait à cette époque une vision quelque peu statique de l'humain ; on essayait notamment d'identifier et de classifier les composantes de la personnalité humaine à partir d'une logique cartésienne. On comprend dès lors que les tests psychométriques soient devenus populaires, car ils rendent possible le travail de classification des composantes de l'humain que l'on espérait réaliser.

La conjoncture se présentait donc de la façon suivante : alors que l'on s'interrogeait sur les conditions pouvant assurer un exercice satisfaisant du pouvoir dans les organisations, les chercheurs, de leur côté, tentaient de décomposer les caractéristiques de la personnalité humaine. Les conditions étaient favorables à l'apparition de la vision personnaliste.

Selon cette vision, certaines personnes réussissent mieux que d'autres à exercer de l'influence parce qu'elles ont des traits de personnalité, tant physiques que psychologiques, avantageux. À partir de ce postulat, les tenants de cette vision ont cherché à isoler les traits de personnalité qui seraient responsables d'un exercice efficace de l'influence dans les organisations. En définitive, on voulait tracer le portrait-robot du dirigeant idéal.

FIGURE 1
La vision personnaliste

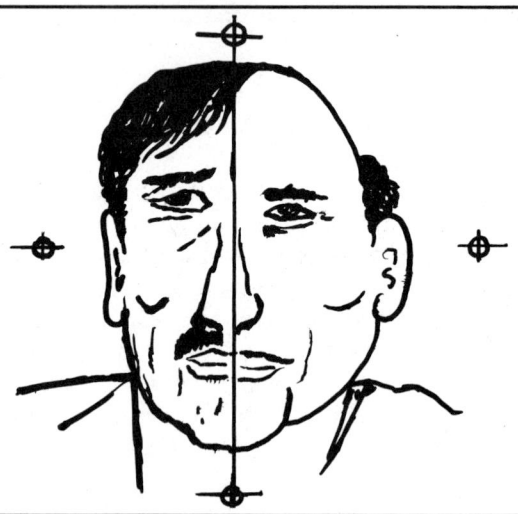

Cette vision est appelée par certains auteurs la *théorie des traits* (Handy, 1976 ; Stogdill, 1974). Pour notre part, nous l'avons nommée vision personnaliste afin de mettre en relief l'importance accordée à la personnalité du leader.

Plusieurs recherches ont été réalisées — et continuent de l'être — sur le sujet et Stogdill (1974) en a fait une excellente recension. L'effort de Stogdill aura permis de constater que de l'ensemble de ces recherches, il se dégage très peu de constantes permettant d'esquisser le portrait-robot attendu. En fait, on n'a pas réussi à isoler les facteurs ou variables qui expliqueraient qu'une personne réussisse ou non à exercer de l'influence. Les quelques aspects qui semblent assez constants ne sont pas suffisants pour prédire qui sera un bon chef. Selon Handy (1976), quatre traits apparaissent comme relativement constants à travers les recherches : l'intelligence, l'initiative, l'assurance personnelle et l'effet hélicoptère.

Pour ce qui est de l'intelligence, il semble qu'il ne soit pas nécessaire d'être génial; il suffit d'avoir une intelligence un peu supérieure à la moyenne du groupe pour être potentiellement un leader. Une intelligence orientée vers la résolution des problèmes serait particulièrement utile.

Handy (1976, p. 89) dit de l'initiative qu'elle s'exprime par «l'indépendance et l'esprit d'invention, la capacité de percevoir un besoin d'action et la nécessité de cette action». Quant à l'assurance personnelle, elle se traduirait par de la confiance en soi, par l'impression d'un niveau assez élevé de compétences et d'aspirations personnelles ainsi que par le sentiment d'une fonction située assez haut dans l'échelle occupationnelle de la société.

L'effet hélicoptère, pour sa part, consiste en la capacité d'un individu à s'élever au-dessus des situations immédiates pour acquérir une compréhension plus globale des problématiques et une perspective plus large à propos de solutions à retenir.

Toujours selon Handy, les leaders jugés plus compétents auraient aussi tendance à avoir une bonne santé, à être plus grands ou plus petits que la moyenne et à être issus d'une classe socio-économique assez élevée.

Stogdill arrive à des conclusions très voisines et estime lui aussi qu'il n'existe pas de portrait-robot universel du leader idéal. Il considère que les qualités requises chez un leader sont largement déterminées par les exigences d'une situation particulière. Bass (1981, p. 66), pour sa part, ajoute:

> [...] qu'une personne ne devient pas un leader parce qu'elle possède une combinaison particulière de traits, mais que la configuration des caractéristiques personnelles du leader doit s'accorder avec les caractéristiques, activités et buts des personnes influencées (*followers*).

À partir des recherches menées entre 1947 et 1970, Bass (1981) présente un portrait enrichi des traits qui caractérisent les leaders efficaces:

– une attirance pour les responsabilités et les tâches achevées;

– de la vigueur et de la persistance dans la poursuite des buts;

– de l'originalité et la capacité de rallier les gens dans la résolution des problèmes;

- une tendance à exercer de l'initiative dans les situations sociales ;
- de la confiance en soi et un sens de l'identité personnelle ;
- une disposition à accepter les conséquences des décisions et des actions ;
- une capacité d'absorber le stress interpersonnel ;
- une disposition à tolérer la frustration et les délais ;
- une habileté à influencer le comportement des autres ;
- une capacité de structurer les systèmes d'interaction entre humains en fonction des buts poursuivis.

Ces caractéristiques sont sans aucun doute importantes, mais elles demeurent insuffisantes pour expliquer correctement la complexité des phénomènes de pouvoir dans les organisations. Elles constituent en fait une gamme de compétences de base que doit avoir ou acquérir quelqu'un qui aspire à diriger des personnes. En plus, elles s'appuient sur le postulat d'un portrait type qui serait généralisable à toutes les situations alors que l'histoire de même que la vie quotidienne montrent bien que plusieurs éléments d'une conjoncture déterminent la façon d'exercer efficacement de l'influence dans une organisation. D'ailleurs, on a vu des individus avec des styles personnels différents réussir aussi bien les uns que les autres dans des contextes analogues. On a aussi vu des individus réussir très bien à certains endroits et moins bien à d'autres. Comment les traits de personnalité peuvent-ils expliquer ces fluctuations ?

Un autre défaut de la vision personnaliste est de ne pas différencier les notions d'autorité et de leadership. On s'intéresse à la personnalité du chef, mais on ne prête pas attention à sa position ou à son statut. Dans la mesure où cette vision s'intéresse surtout à la nature des relations entre un chef et ses subordonnés, on peut cependant dire qu'elle est orientée principalement vers le leadership.

Un des mérites de cette vision est de souligner que les caractéristiques des individus constituent un élément de la dynamique du pouvoir ; un autre est de fournir des indications sur les qualités les plus recherchées chez les leaders.

Durant les années 1980, on a assisté à un regain de popularité de la vision personnaliste, entre autres sous le couvert des modèles portant sur les leaders charismatiques. Par exemple, Bennis et Nanus

(1985) ont élaboré une théorie du leadership efficace basée sur quatre compétences particulières qui seraient généralisables à tous les leaders efficaces. Cette conception nous paraît limitée, car elle simplifie beaucoup trop la réalité de l'exercice du pouvoir en la restreignant aux gestes du leader. Nous reviendrons sur cette vision à la fin du chapitre.

En conclusion, retenons de l'approche personnaliste qu'elle n'a pas réussi à fournir le portrait-robot du leader idéal, et ce, en dépit d'efforts encore récents. Il faut probablement faire son deuil de cette aspiration.

2.3. La vision légaliste

L'industrialisation a entraîné une complexification des organisations et a fait apparaître le besoin de méthodes plus raffinées pour obtenir efficacité et productivité. Taylor (1947) s'est rendu célèbre en énonçant un certain nombre de principes relatifs à l'organisation du travail, qui sont censés assurer un rendement élevé de la part des travailleurs. Cette approche, qui porte le nom de « management scientifique », repose sur une conception mécaniste de la réalité.

Selon cette conception, chaque pièce, outil, machine, personne a une fonction spécifique dans le fonctionnement d'une organisation, et il importe que cette fonction soit bien définie et bien délimitée. Pour que l'organisation soit productive, ses éléments constitutifs doivent être harmonisés et synchronisés correctement. Autant que possible, chaque tâche doit être réduite à sa plus simple expression et doit être répétitive. En somme, on conçoit l'organisation comme une machine à l'intérieur de laquelle il suffit de trouver l'agencement optimal des éléments pour la rendre productive. C'est cette pensée, poussée à l'extrême, qu'a parodiée Charlie Chaplin dans son film *Les temps modernes*. Il faut dire que cette philosophie mécaniste reflétait bien l'esprit d'une époque où les promoteurs du développement glorifiaient les apports considérables de la mécanisation.

La pensée mécaniste a dépassé le cadre des milieux industriels pour affecter la plupart des penseurs. D'ailleurs, on parle du paradigme mécaniste-cartésien pour identifier ce mode de pensée (Capra, 1983) dont l'Occident a hérité depuis Descartes et Newton. Les penseurs et chercheurs étaient conditionnés à penser en termes mécanistes-cartésiens et c'est la même pensée qui animait Max Weber (1971) et Henri Fayol (1947) dans leur réflexion sur l'exercice du pouvoir. Chez ces auteurs, la mentalité mécaniste s'est exprimée par le même légalisme. Le même schéma de base les caractérise d'ailleurs : les relations sont *mécanisées* à l'intérieur de structures et de codes formels (quasi légaux) et elles sont articulées selon une logique linéaire allant du sommet vers le bas ; chaque individu est synchronisé avec ses collègues, ses supérieurs et, le cas échéant, ses subalternes. C'est sans doute de cette conception que proviennent des expressions comme «machine bureaucratique», «rouages administratifs».

Dans cette vision, le pouvoir est traité comme un phénomène social qu'on doit maîtriser et formaliser afin d'éviter d'être victime de l'arbitraire humain dans les processus décisionnels.

Fayol (1962) a proposé un modèle de l'administration que l'on appelle théorie de l'administration classique et qui sert encore de base pour configurer un grand nombre d'organisations. Cette théorie présente une conception essentiellement légaliste des rapports de pouvoir dans l'organisation comme en témoignent ces deux citations :

- Elle [la division du travail] a pour conséquences la spécialisation des fonctions et la séparation des pouvoirs (p. 21).

- L'autorité, c'est le droit de commander et le pouvoir de se faire obéir (p. 21).

Bien que Fayol ne parle que de l'autorité, il semble pressentir que cette notion ne réussit pas à couvrir convenablement toute l'étendue de la réalité, car il ajoute «Pour faire un bon chef, l'autorité *personnelle* est le complément indispensable de l'autorité statutaire». Ainsi, s'il aborde la question de l'exercice du pouvoir sous un angle légaliste, il pressent par ailleurs que cette option comporte des limites.

La vision légaliste a surtout été développée par Max Weber (1947), que l'on a d'ailleurs parfois surnommé le père de la bureaucratie. Il a abordé la question sous un angle plus macroscopique que Fayol et c'est à lui que revient la définition de plusieurs concepts fondamentaux de cette approche.

Dans la polarité personne–structure, c'est à la structure que s'intéresse la vision légaliste. La croyance sur laquelle s'appuie cette vision est qu'il faut affranchir l'exercice de l'influence de l'arbitraire humain et l'insérer dans une structure organisationnelle pour qu'on soit capable de l'encadrer par une série de règles officielles habituellement nommées les politiques et procédures. On cherche donc à structurer, à stabiliser et à contrôler méthodiquement et explicitement les rapports de pouvoir qui s'exercent à l'intérieur d'une organisation. En d'autres termes, on les formalise le plus possible. Présentée ainsi, la vision légaliste semble chercher à contrôler les mécanismes de décision, à standardiser les comportements et à stabiliser l'exercice quotidien du pouvoir.

Un des postulats de la vision légaliste est qu'il faut éviter que le pouvoir soit identifié aux individus; au contraire, il faut le rattacher à un poste, de sorte que les personnes deviendront interchangeables (pour autant qu'elles disposent des compétences requises), sans que l'exercice du pouvoir soit affecté dans l'unité de travail. Il découle de ce postulat que l'étendue du pouvoir dont disposent les acteurs est déterminée non par leur style mais par les règles explicites que s'est données l'organisation. De cette façon, on espère rendre l'exercice du pouvoir *impersonnel*, autant en ce qui touche les aires de décision que les relations entre les acteurs. L'énoncé suivant de Weber (1947, p. 223) illustre bien cette conception, fondement majeur de la vision légaliste:

> [...] les membres du groupement, en obéissant au détenteur du pouvoir, *n'obéissent pas à sa personne* mais à des règlements impersonnels; par conséquent ils ne sont tenus de lui obéir que dans les limites de la compétence objective, rationnellement délimitée, que lesdits règlements fixent.

On trouve dans cet énoncé un rapprochement entre la pensée cartésienne et la pensée légaliste, l'une et l'autre empruntant au même paradigme.

FIGURE 2

L'organigramme : symbole de la vision légaliste

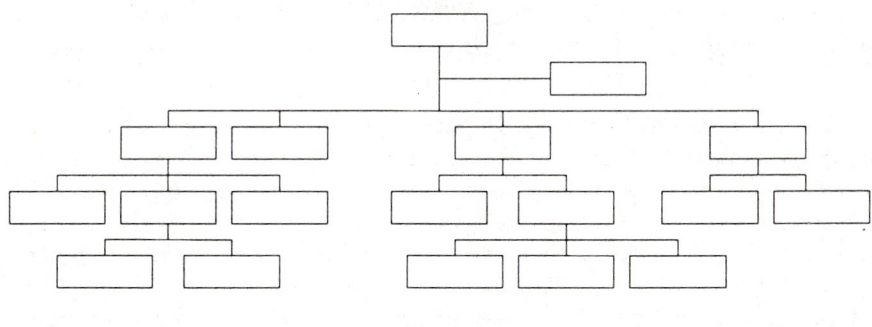

Un des symboles les plus éloquents de la vision légaliste est l'organigramme. Il trace la voie des communications formelles et hiérarchiques dans l'organisation; il définit qui a le *droit* de diriger qui et qui a le droit de communiquer avec qui. Il précise également l'aire de décision des différents centres de responsabilités. On remarquera le caractère habituellement linéaire (cartésien) d'un organigramme.

En somme, la vision légaliste présente l'organisation comme une mécanique à l'intérieur de laquelle les individus constituent des rouages statiques. Pour que la machine soit opérante, cette vision stipule que les responsabilités, statuts et processus décisionnels doivent être clairement et formellement définis et que les relations doivent être régies par des procédures axées sur la prévision des différentes situations possibles.

Selon cette vision, pour que le pouvoir soit exercé sainement et efficacement, il est essentiel que les règles de fonctionnement soient légitimées par les membres de l'organisation. C'est pourquoi les règles de fonctionnement doivent être empreintes de clarté, de justice, d'équité et de rationalité. On présume que mieux la structure sera définie, plus les règles seront claires et plus le fonctionnement *paraîtra* rationnel, moins il y aura d'ambiguïtés et de place pour la contestation et les manœuvres informelles. On aurait ainsi réussi à limiter les fluctuations individuelles dans l'exercice de l'influence et il en résulterait une plus grande stabilité et une meilleure efficacité dans le système. Fayol et Weber prescrivent une série de règles à respecter pour façonner une organisation conforme à la vision légaliste.

En définitive, un des objectifs de la vision légaliste est de limiter, et même d'éliminer les processus informels dans l'exercice du pouvoir tout comme dans la gestion en général de l'organisation. On aura sans doute compris que cette vision, en fait, s'intéresse presque exclusivement aux conditions de l'exercice de l'autorité. C'est d'ailleurs l'expression «autorité» qui est utilisée par Weber et par Fayol.

Cette vision de l'exercice du pouvoir est toujours dominante dans les organisations contemporaines, surtout les grosses. Bien que la pensée systémique soit de plus en plus connue et populaire dans le domaine de la gestion, le paradigme mécaniste–cartésien est encore omniprésent, de sorte que la vision légaliste occupe toujours une place primordiale. D'ailleurs cette vision résistera sans doute à l'usure du temps, car elle est sûrement adéquate pour rendre compte d'une bonne partie de la réalité des organisations. Toutefois, si on la considère comme un absolu, et c'est souvent le cas, elle a le désavantage d'obscurcir et même de nier certains aspects de la vie dans une organisation. Son utilisation devient alors un obstacle à la recherche de l'efficacité. (N'est-ce pas le cas pour nombre de bureaucraties?)

Dans certains cas, le respect strict des politiques et des procédures établies peut rendre un système complètement inopérant. C'est ce qui s'est produit lorsque les contrôleurs du trafic aérien d'un aéroport américain ont décidé de faire pression sur leur employeur en appliquant à la lettre les règles régissant leur travail. Très rapidement, les aéroports sont devenus moins efficaces.

La vision légaliste a apporté plusieurs contributions au monde des organisations : la mise en lumière de l'utilité de clarifier la répartition des aires de décision à l'intérieur d'une organisation ; la précision de certaines conditions fondamentales de l'exercice de l'autorité, notamment la légitimité des figures d'autorité, la promotion de la justice et de l'équité, ainsi que le respect des limites du statut ; la désacralisation des figures d'autorité. Désormais, l'autorité n'est plus issue des caprices divins, mais de normes que se donne une organisation et sur lesquelles les humains peuvent agir.

Cette vision comporte cependant des limites, dont celle de présumer que l'on peut expliquer et contrôler l'ensemble des phénomènes de pouvoir dans une organisation à partir de postulats et de principes légalistes et mécanistes. Les recherches sur les composantes affectives et sociales des organisations, tout comme la vie quotidienne, démontrent le manque de réalisme d'une telle conception. Il est connu que bon nombre de processus d'influence dans une organisation se jouent à l'intérieur de réseaux informels qui fonctionnent différemment des réseaux formels, et sur lesquels le légalisme a peu d'emprise. Il arrive d'ailleurs que des décisions soient prises par quelques acteurs influents, indépendamment de leur position dans l'organigramme, et qu'ensuite on se serve des mécanismes formels pour sanctionner officiellement ces décisions.

En d'autres termes, la vision légaliste s'applique dans certaines situations, mais dans plusieurs autres, elles ne réussit pas à décrire correctement la réalité. Ce n'est pas en soi une lacune de la vision légaliste mais plutôt sa limite. En fait, cette vision est utile pour agir sur les situations qui peuvent être formalisées. Ces situations concernent souvent la gestion de l'ordre dans un système, tant en ce qui a trait aux conduites individuelles qu'aux mécanismes organisationnels. Par contre, elle devient moins fonctionnelle lorsque les processus humains entrent en jeu, entre autres ceux qui sont associés à la communication et à l'innovation.

D'une certaine façon, même si par une approche légaliste on réussit à limiter en partie l'impact de l'affectivité humaine dans une organisation, on ne pourra jamais empêcher les humains d'être dotés d'affectivité et d'apporter avec eux cette dimension dans l'organisation.

Weber était d'ailleurs conscient de cette réalité et on peut présumer qu'il a tenté d'en tenir compte dans sa définition des trois types d'autorité, soit l'autorité légale, l'autorité traditionnelle et l'autorité charismatique. L'autorité légale et l'autorité traditionnelle correspondraient à la représentation usuelle de l'autorité, la première trouvant sa légitimité dans un quelconque code légal ou formel ralliant un certain consensus, la seconde trouvant sa légitimité dans la tradition, ce qui nous rapproche de la vision de droit divin. L'autorité charismatique pour sa part correspondrait au pouvoir qui découle du style d'une personne, indépendamment de son statut social ou de son poste formel. Ces distinctions nous laissent à penser que Weber tentait par cette notion d'autorité «charismatique» de rendre compte de l'existence d'une réalité informelle, difficile à encadrer par des règles légales.

2.4. La vision interpersonnelle

Pour bien comprendre l'attrait qu'a pu exercer et qu'exerce encore cette vision, il faut la resituer, elle aussi, dans son contexte historique et sa culture d'origine. La vision interpersonnelle est apparue aux États-Unis durant les années 1950, dans la foulée d'une psychologie humaniste en pleine émergence et dont quelques-unes des figures dominantes sont Rogers, Maslow, Perls, May, Jourard, Schutz. Certaines circonstances particulières colorent cette époque : on vient de sortir de la Deuxième Guerre mondiale, on assiste à une forte croissance économique, les innovations technologiques sont nombreuses et l'organisation est vue comme un lieu où l'on voudrait que tout soit possible. On est en période d'abondance et tous les espoirs sont permis.

De plus, la guerre a laissé un mauvais souvenir des excès de l'autoritarisme, ce qui s'exprime notamment par une méfiance croissante à l'endroit des figures d'autorité. Ajoutons que l'Amérique se propose en modèle et défenseur de la démocratie et que cette culture s'étend à toutes les couches de la population et à toutes les zones du quotidien. Dans un tel contexte, il n'est pas étonnant que la vision légaliste soit remise en cause.

Cette conjoncture a été alimentée par un autre phénomène de société non négligeable: les gens de l'époque sont de mieux en mieux informés et de plus en plus scolarisés. Le développement des médias de masse assure une circulation plus rapide, plus abondante de l'information, pendant que la promotion de l'éducation à travers l'Occident favorise l'accès au savoir. Mieux formé, mieux informé, le travailleur est de plus en plus conscient de sa valeur personnelle et accepte de moins en moins d'être considéré comme un simple rouage anonyme d'une machine organisationnelle.

C'est dans ce contexte général de promotion de l'organisation «humanisée» que l'on voit apparaître la formation de plus en plus fréquente de comités dans les organisations: on valorise le travail en équipe, on légitime la participation aux décisions, on s'intéresse aux processus de la communication interpersonnelle, on consulte, on explore les voies de la concertation.

La vision légaliste achève de porter ses fruits et subit des remises en question. En effet, les détenteurs de l'autorité ne peuvent continuer à la fois d'exercer une autorité très formaliste et hiérarchique, et en même temps consulter, décentraliser et favoriser des prises de décisions de type démocratique, comme le suggère le modèle ambiant de la société. Les promoteurs de la vision interpersonnelle proposent alors une gamme de principes visant à alimenter cette évolution organisationnelle.

Cette nouvelle orientation a été stimulée notamment par les résultats des célèbres études de Hawthorne (Roethlisberger, 1966). En quelques mots, rappelons que lors de ces études, on faisait fluctuer différentes variables physiques dans l'environnement d'un groupe de travailleurs, en vue d'identifier les facteurs les plus influents sur la productivité des personnes. Une des surprises de Hawthorne a été de découvrir qu'un des facteurs responsable de la croissance de la productivité était l'attention accordée aux gens par les expérimentateurs; on s'occupait d'eux! L'importance des dimensions informelles dans l'organisation est alors apparue de façon éclatante.

Fondamentalement, la vision interpersonnelle propose de détourner l'attention des structures pour la diriger vers la personne humaine et ses besoins, afin de permettre aux ressources humaines d'apporter une contribution optimale à l'organisation tout en s'actualisant. En fait, on présume que l'organisation ne pourra que bénéficier de retombées positives si elle fournit aux gens l'occasion d'utiliser leur plein potentiel et de trouver de la satisfaction dans leur travail

(Argyris, 1966). En caricaturant un peu, on pourrait dire que l'on cherche à remplacer l'héritage du taylorisme qui fait de l'humain une extension de la machine par une mentalité où le travail doit être conçu pour la satisfaction de l'humain.

Cette vision est parfois qualifiée, à juste titre, d'humaniste. Comme nous traitons des relations de pouvoir, nous avons opté pour l'expression «vision interpersonnelle», afin de mieux illustrer l'accent mis sur les relations par les promoteurs de ce courant de pensée.

Parmi ces derniers, ceux qui se sont intéressés aux phénomènes de pouvoir dans les organisations ont fait la promotion de modèles mettant l'accent sur les dimensions humaines et interpersonnelles plutôt que structurales ou environnementales de l'organisation. En somme, ils se sont intéressés à ce que l'on appelle le *leadership*, et ce, dans une perspective humaniste. Ils se sont penchés sur ce qui, dans une relation interpersonnelle, favorise un processus d'influence qui soit satisfaisant pour les divers acteurs en présence. Ils ont cherché à décrire les types de rapports d'influence qui permettent de maintenir des communications ouvertes et authentiques. Le but poursuivi était donc de trouver des façons de gérer l'organisation et de transiger avec le personnel, qui favoriseraient le développement personnel des individus. On voulait en quelque sorte déterminer les «styles» relationnels les plus satisfaisants pour un exercice du pouvoir qui soit *humain* et *motivant*.

Cet effort a donné lieu à des modèles essentiellement normatifs, prescrivant aux détenteurs de l'autorité la voie de la démocratie participative. En effet, les promoteurs de la vision interpersonnelle ont fait la promotion de styles de leadership nettement orientés vers la participation à tout prix dans l'organisation. Aux yeux de certains, la participation aux processus décisionnels n'était plus une possibilité mais une obligation, un dogme.

Les modèles varient d'un auteur à l'autre mais certaines constantes reviennent chez la plupart d'entre eux. Voici quelques-unes de ces constantes fondamentales qui constituent en quelque sorte des postulats:

- il existe un style de leadership meilleur que les autres;
- ce style s'inspire d'une conception participative de l'organisation;
- ce style s'appuie sur une vision positive de la personne humaine;

- la personne humaine a une grande capacité d'autodétermination et il faut la favoriser;
- les habiletés de communication interpersonnelle du leader sont déterminantes;
- les stratégies de collaboration doivent être privilégiées.

Les auteurs les plus connus sont probablement Lewin, Lippitt et White avec la typologie des leaders «autocratiques, démocratiques et débonnaires» (1939), MacGregor avec la «théorie X et Y» (1960), Blake et Mouton avec le «*Managerial Grid*» (1964), Likert avec les «systèmes 1 à 4» (1967).

La plupart des modèles sont inspirés de recherches réalisées à l'Ohio State University et qui avaient mis en évidence l'existence de deux facteurs cruciaux dans une relation de leadership: la considération pour les personnes et l'attention portée à la structuration de la tâche.

Le *Managerial Grid* de Blake et Mouton est probablement le modèle qui illustre le mieux l'utilisation possible de ces deux dimensions. La figure 3 en illustre les principales composantes. Le modèle postule que le leadership d'un gestionnaire est conditionné par deux dimensions, soit l'attention accordée aux personnes et l'attention accordée à la tâche.

FIGURE 3
Le *Managerial Grid* de Blake et Mouton

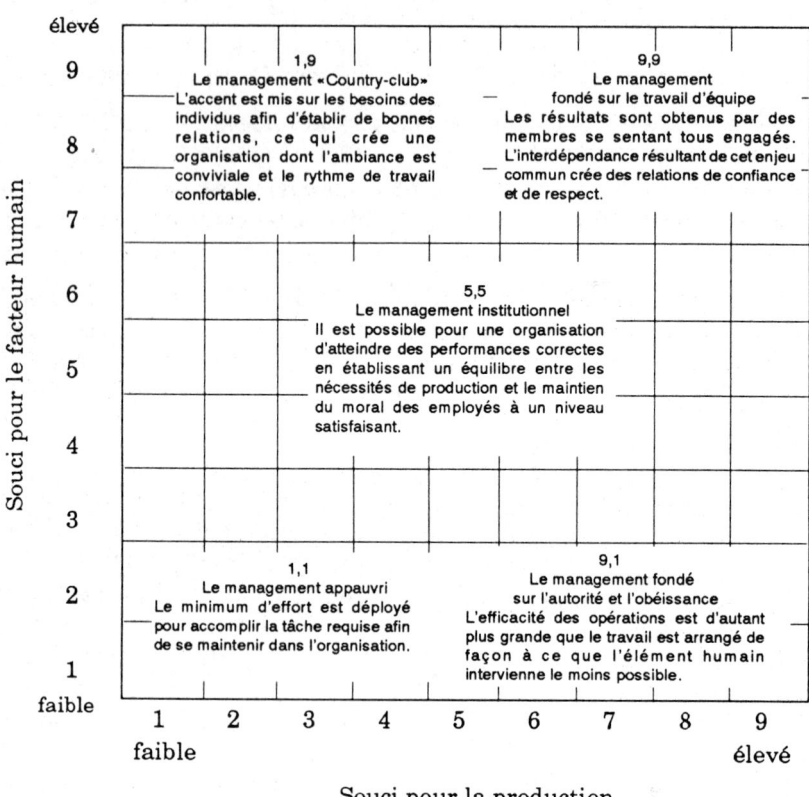

Source : BLAKE et MOUTON, *La troisième dimension du management*, 1987.

Pour déterminer le style de leadership d'un gestionnaire, il suffit de situer son comportement sur les deux axes du tableau, c'est-à-dire de définir le niveau d'attention qu'il accorde à l'une et à l'autre des deux dimensions, et ensuite de pointer la coordonnée des deux points obtenus. Bien que l'on puisse trouver une infinité de coordonnées, Blake et Mouton se sont employés à décrire les cinq grands styles correspondant aux tendances extrêmes et médianes que l'on peut trouver dans la grille, c'est-à-dire les coordonnées 1-1, 1-9, 5-5, 9-1, et 9-9.

Par exemple, un gestionnaire qui accorderait très peu d'attention à ses relations avec son personnel et qui mettrait toute son énergie dans l'organisation et la supervision du travail aurait un style 9-1, ce qui constitue un style pauvre aux yeux de Blake et Mouton. À l'inverse, un gestionnaire qui mettrait toutes ses énergies à entretenir de bonnes relations avec son personnel et qui n'accorderait que peu d'attention au travail lui-même aurait un style 1-9, ce qui est également un style pauvre d'après Blake et Mouton.

Selon eux, le meilleur style est le 9-9, quoique le 5-5 puisse avoir un certain mérite. Dans le style 5-5, le gestionnaire s'intéresse à la fois aux relations et à la tâche en favorisant un équilibre entre les deux ; il obtient un tel équilibre en sacrifiant un peu de l'un et un peu de l'autre, comme s'il s'agissait d'une négociation. Dans le style 9-9, le gestionnaire accorde beaucoup d'attention aux relations interpersonnelles ainsi qu'à la tâche. Il cherche des moyens pour optimiser sa participation aux deux niveaux, en évitant de sacrifier une partie de l'un ou une partie de l'autre.

Douglas MacGregor (1960) a conçu pour sa part un modèle qui range les gestionnaires en deux grandes catégories : les X et les Y. Les gestionnaires X entretiennent une vision plutôt pessimiste de l'humain. Ils le voient comme paresseux, attiré uniquement par le gain financier, incapable d'initiatives et de responsabilités. En conséquence, il faut le diriger continuellement, le contrôler attentivement et ne pas lui faire confiance. Les gestionnaires Y, pour leur part, entretiennent une vision plutôt optimiste de l'humain. Ils le voient comme naturellement motivé, intéressé par son travail et ils anticipent chez lui une volonté d'utiliser son potentiel et de le développer.

MacGregor présentait la conception X comme dépassée et il proposait d'opter résolument pour une conception Y. Son expérience comme président de l'Antioch College l'a toutefois amené à nuancer, sinon à réviser sa position. En effet, lorsqu'il a quitté cette fonction, il a commenté son expérience en disant :

> Je croyais par exemple qu'un chef pouvait réussir en agissant comme une sorte de conseiller de son équipe. Je pensais pouvoir éviter d'être un « patron ». [...] En agissant ainsi, j'espérais plaire à tout le monde et qu'ainsi de bonnes relations humaines éviteraient tout désaccord ou contestation.
>
> Je n'aurais pas pu me tromper davantage. Au bout de deux ans, j'ai commencé à comprendre qu'un chef ne peut pas davantage éviter d'exercer son autorité que d'être responsable de ce qui arrive dans l'équipe qu'il a sous ses ordres. (McGregor, 1975, p. 58)

Un des enseignements à tirer de ce commentaire est que, si l'on n'est plus à l'ère de la vision X, les conditions ne sont probablement pas encore réunies pour qu'on arrive à réaliser une conception Y, ce qui la rend un peu idéaliste et difficilement applicable dans un environnement où les litiges sont inévitables. Il est certes noble et souhaitable d'entretenir une vision positive de l'humain, mais ce serait sans doute faire preuve de naïveté que d'en faire un absolu.

Deux Québécois, Roger Tessier et Yvan Tellier, ont repris les résultats de recherche des Américains Lewin, Lippitt et White (Lippit et White, 1960) ainsi que les travaux de Thomas Gordon (1951), et ont fait écho à ce courant de pensée dans un petit volume intitulé *Leadership, autorité et animation de groupe*, paru en 1968.

Le modèle de Lippitt et White est peut-être celui qui a été le plus utilisé. Il a été élaboré à la suite d'expériences réalisées avec des adultes devant diriger des équipes sportives de jeunes garçons. D'après eux, le leadership peut s'exercer selon trois grands styles : le style autocratique, le style démocratique et le style laisser-faire. Le leader autocratique se reconnaît par sa volonté de contrôler ou de prendre lui-même les décisions dans un groupe. Son style s'exprime souvent par des ordres qu'il communique à ses subordonnés. Le leader démocratique a tendance à offrir « beaucoup de suggestions au groupe pour le guider dans son travail » (Tessier et Tellier, 1968). Il ne tente donc pas d'imposer sa volonté et permet aux membres du groupe de participer activement aux décisions. Le leader de type laisser-faire, pour sa part, abandonne les membres du groupe à eux-mêmes et ne leur vient en aide que s'il est sollicité.

Tessier et Tellier rapportent de la façon suivante les six conclusions que Lippitt et White ont tiré de leur étude sur les équipes sportives :

- L'autorité démocratique et l'autorité laisser-faire ne sont pas équivalentes (p. 56).
- La démocratie peut être efficace (p. 57).
- Une autorité autocratique peut créer beaucoup d'hostilité et d'agressivité (p. 57).
- Une autorité autocratique peut créer de l'insatisfaction cachée (p. 57).
- En régime autocratique, les garçons se sont montrés plus dépendants et moins originaux (p. 58).

- Il y eut plus d'esprit de corps et d'amitié dans les groupes démocratiques (p. 58).

Ces propos montrent bien l'insistance mise sur la qualité des relations interpersonnelles dans cette vision.

FIGURE 4
Le sociogramme: symbole de la vision interpersonnelle

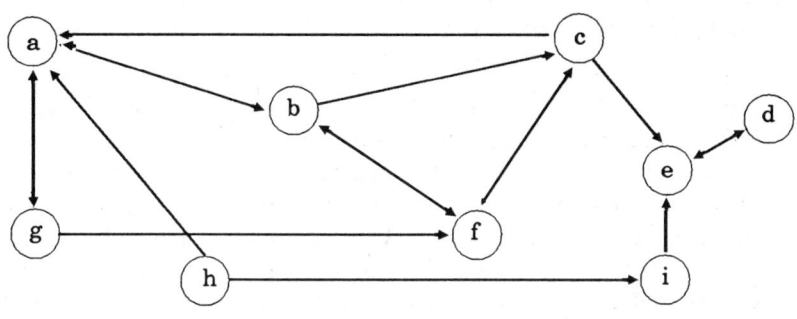

Si la vision légaliste peut être symbolisée par un organigramme, la vision interpersonnelle, de son côté, peut l'être par un sociogramme. Alors que l'organigramme trace la voie hiérarchique dans le commandement et la prise de décisions, le sociogramme décrit les méandres des réseaux informels d'exercice de l'influence dans une organisation. Pour illustrer les propriétés de chacun, nous pourrions dire que l'organigramme est l'équivalent d'une carte routière d'une organisation et que le sociogramme est l'équivalent d'une carte topographique du système des relations; la première indique les routes officielles à utiliser alors que la seconde illustre la morphologie du terrain pour ceux et celles qui empruntent des chemins non officiels.

La vision interpersonnelle a été développée et popularisée durant une période d'abondance économique et d'explosion culturelle de la civilisation occidentale. Mais l'abondance n'allait pas durer toujours. Avec les années 1970, on a assisté à la crise du pétrole et des signes de recul ont affecté l'économie. Ce déclin de la croissance économique a également été accompagné d'un début de recul de la conception humaniste et participative dans l'organisation. L'effet magique que l'on en attendait ne s'est pas produit. Avec les années 1980, les ressources se sont faites plus rares et les décisions sont devenues plus difficiles à prendre, les contraintes financières étant plus fortes. Le consensus pouvait demeurer un idéal, mais comme cet idéal se révélait parfois coûteux en temps comme en énergie, on a commencé à chercher des voies plus «efficaces».

Historiquement, il apparaît donc qu'après avoir tenté de restreindre l'exercice du pouvoir à la dimension de l'autorité (vision légaliste) et après avoir perçu les limites de cette vision, on a fait l'expérience inverse : on a voulu associer l'exercice du pouvoir à la qualité des relations interpersonnelles et aux styles qui colorent ces relations. Là aussi des limites sont apparues.

Il est entre autres devenu évident que les styles interpersonnels, quels qu'ils soient, sont insuffisants pour expliquer le succès, comme l'insuccès, dans l'exercice de l'influence ; plusieurs facteurs peuvent jouer simultanément. De plus, il a fallu se rendre à l'évidence qu'en général, une organisation demeure un système fondé sur les rapports d'autorité. Si l'on peut dans certaines circonstances donner l'impression que les rapports d'autorité sont écartés pour laisser libre cours aux relations interpersonnelles, cela demeure une illusion temporaire et le système d'autorité réapparaît habituellement lorsqu'il y a des questions importantes à trancher ou lorsque l'on cherche qui doit porter la responsabilité des décisions prises. C'est d'ailleurs ce que suggère la réflexion citée plus haut de MacGregor à son départ de l'Antioch College. Autrement dit, la vision interpersonnelle a manqué de réalisme face à la réalité des organisations.

Une autre limite de la vision interpersonnelle a été de vouloir proposer un «style idéal». Un peu comme dans la vision personnaliste, on a cherché la formule unique qui serait la meilleure. En fait, il ressort ici deux faiblesses. D'une part, on présume qu'il existe un «bon style» dans l'exercice du pouvoir, ce qui nie la présence de facteurs situationnels. D'autre part, on adopte une approche normative qui dicte aux gens «la» bonne façon de faire et on risque alors de verser dans le dogmatisme. Cette faiblesse est d'ailleurs assez répandue dans le domaine du leadership, comme le mentionne Barbara Kellerman dans l'avant-propos de son volume sur le leadership (1984) : «Les travaux qui ont été réalisés dans ce domaine ont tendance à être prescriptifs plutôt que descriptifs.» Ajoutons que les recherches menées sur l'efficacité des styles de leadership n'ont pas produit de résultats concluants (Bass, 1981).

En somme, nous pouvons dire que la vision interpersonnelle, parce qu'elle mettait un accent très prononcé sur les relations humaines, a négligé les autres dimensions de la vie organisationnelle.

Certains tenants de cette école de pensée ont donné l'impression qu'ils cherchaient la façon de rendre les gens heureux dans les organisations, le souci d'efficacité passant au second rang.

En dépit de ces limites, la vision interpersonnelle aura apporté une contribution très importante dans la compréhension des phénomènes de pouvoir. Une de ces contributions, qui n'est sûrement pas la moindre, aura été d'attirer l'attention sur la présence de l'humain dans l'organisation et sur les dangers de la dépersonnalisation prônée par la vision légaliste. Ainsi, à partir des années 1950, l'humain sera progressivement considéré comme une ressource à laquelle il faut porter attention. Dans la même foulée, on a pris conscience que, malgré les design d'organisation les mieux conçus, il n'est pas possible de limiter l'exercice du pouvoir aux seules voies formelles et que l'informel fait aussi partie de la réalité.

Un autre apport de la vision interpersonnelle aura été de susciter un flot considérable de recherches et de réflexions sur la notion de leadership. Non seulement a-t-on reconnu l'existence du leadership, mais en plus on dispose désormais de concepts et d'un langage riche et nuancé pour en parler.

Pour terminer, rappelons que si la vision légaliste ne s'est intéressée qu'à l'exercice de l'autorité en masquant l'existence de l'informel, la vision interpersonnelle pour sa part a fait l'inverse en se désintéressant de la réalité du formel pour se centrer presque uniquement sur le leadership.

2.5. La vision des contingences

L'incapacité de la vision interpersonnelle à expliquer complètement les phénomènes de pouvoir a fait apparaître le besoin d'une vision à la fois plus nuancée et moins normative de l'exercice de l'influence dans les organisations. C'est alors qu'a émergé une vision présentant l'exercice du pouvoir comme déterminé par les facteurs de chaque situation. On la désigne du nom de vision des contingences ou vision situationnelle.

Selon cette vision, la réalité est dynamique et chaque situation présente des caractéristiques qui lui sont propres. En conséquence, il ne peut exister une façon unique d'agir qui serait adaptée à toutes les situations. Au contraire, à chaque situation correspondrait une façon particulière d'agir qui serait mieux adaptée que les autres. Pour savoir quel style ou quelle approche est plus approprié, il faut s'en remettre aux caractéristiques de la situation qui détermineront ce qui sera efficace et ce qui ne le sera pas. Autrement dit, l'influence ne s'exerce pas dans un vide social, mais dans un environnement où les contingences, c'est-à-dire les diverses forces en présence, varient, ce qui nécessite des ajustements continus dans la façon d'exercer l'influence. C'est d'ailleurs pour illustrer le fait que chaque situation est différente et commande une approche adaptée que certains qualifient cette conception de « vision situationnelle ».

Cette vision ne nie pas que la puissance d'un individu puisse être liée à la position qu'il occupe dans une hiérarchie ou encore qu'elle soit fortement associée à son style interpersonnel. Elle suppose toutefois que ni l'une ni l'autre de ces deux explications n'est suffisante pour décrire la dynamique du pouvoir. Il faut plutôt rechercher l'explication dans le degré de concordance entre les contingences de la situation et les caractéristiques de la position et du comportement de l'individu. L'attention n'est donc dirigée ni vers le statut, ni vers la personne, ni vers les relations interpersonnelles ; elle est dirigée vers l'interaction des diverses variables en présence dans la situation.

On trouve différentes façons d'aborder la vision des contingences. Examinons sommairement les modèles proposés par trois auteurs ou équipes d'auteurs : Robert J. House, Vroom et Yetton, ainsi que Hersey et Blanchard.

Le modèle de House (1974) porte le nom de *Path-Goal* (que l'on pourrait traduire en français par « la trajectoire pour atteindre un but »). Selon cet auteur, pour que le comportement du leader soit adapté, il faut d'abord que les subordonnés le voient comme une source directe de satisfaction ou comme un moyen d'obtenir une satisfaction. En plus, il faut que ce comportement soit considéré comme étant utile pour que les subordonnés fournissent un rendement efficace. Deux critères permettront au leader de choisir le style approprié sur un axe allant de la directivité jusqu'à la participation. Ce sont les caractéristiques des subordonnés et celles du milieu de travail. En examinant ces deux variables, la personne doit choisir le comportement qui compensera le mieux les déficiences de la situation, de façon à fournir ainsi aux subordonnés l'appui dont ils ont besoin.

Vroom et Yetton (1973) ont pour leur part conçu un modèle suggérant le style de prise de décision qui serait le plus adapté selon les exigences des situations. Ils ont élaboré un outil connu sous le nom « d'arbre de prise de décision » qui indique les embranchements à prendre pour choisir le style approprié. Le processus menant au choix du style adéquat gravite autour de sept questions que le leader doit se poser en séquence :

- Le problème en cause présente-t-il des exigences relatives à la qualité ?
- Ai-je assez d'informations pour pouvoir prendre une décision de qualité élevée ?
- Le problème est-il structuré ?
- L'acceptation de la décision par les subordonnés est-elle importante pour en assurer une implantation efficace ?
- Si je prenais la décision seul, suis-je raisonnablement certain qu'elle serait acceptée par mes subordonnés ?
- Est-ce que les subordonnés partagent les objectifs de l'organisation qui doivent être atteints par la résolution de ce problème ?
- Y a-t-il des possibilités de conflit entre les subordonnés au sujet des solutions envisagées ?

Selon les réponses à ces différentes questions, le leader choisira, au terme de son analyse, un style autocratique, consultatif ou participatif. En fait, plus le leader aura besoin de la contribution des subordonnés pour arriver à une décision optimale ou pour en faciliter l'implantation, plus il devra se tourner vers une approche participative ; moins il aura besoin de la contribution des subordonnés, plus il pourra opter pour une approche autocratique.

En somme, cette théorie indique comment les contingences d'une situation devraient influencer le partage du pouvoir entre un supérieur et ses subordonnés. Elle n'est pas centrée sur le style comme tel de l'individu, mais sur le type de rapport commandé par les caractéristiques d'une situation.

Ces deux modèles ont le mérite d'insister sur la recherche d'une adaptation entre l'individu et la situation avec laquelle il doit composer. Ce sont donc des modèles qui obligent l'individu à prendre en compte la complexité et la fluidité de la réalité. Toutefois, malgré l'effort de leurs concepteurs pour préciser les critères qui doivent déterminer l'approche à adopter, ces modèles ne sont pas particulièrement concrets, commodes, ni facilement utilisables.

Hersey et Blanchard (1977) ont tenté d'élaborer un modèle qui soit plus opérationnel et ils l'ont popularisé sous le nom de «style de leadership selon la situation». Comme on le voit à la figure 5, ce modèle est articulé autour de deux axes, les mêmes que ceux qui ont été relevés par les tenants de la vision interpersonnelle. Ce sont l'attention accordée à la personne, qui se traduit par des comportements sociaux de la part du leader, et l'attention accordée à la tâche, qui se traduit par des comportements directoriaux de la part du leader. Les coordonnées entre ces deux axes nous permettent de distinguer quatre grands styles de leadership: la direction, la vente, la participation et la délégation.

FIGURE 5

Le leadership situationnel selon Hersey et Blanchard

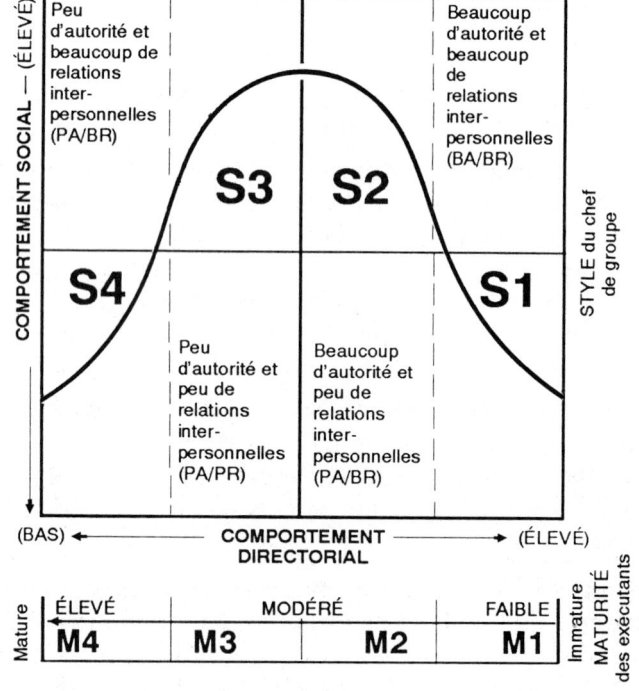

Source: P. HERSEY et K. H. BLANCHARD, *Le style de leadership selon la situation*, 1976.

Comment choisir l'un ou l'autre de ces styles? En fonction du niveau de maturité des subordonnés, estiment Hersey et Blanchard. Et comment juger de leur niveau de maturité? En se basant sur deux critères principaux: leur compétence pour effectuer correctement leur travail et leur degré de conscience professionnelle. Plus les subordonnés montrent un niveau de maturité élevé, plus le leader doit s'orienter vers la délégation de responsabilités; plus leur niveau de maturité baisse, plus le leader doit s'orienter vers la direction, c'est-à-dire une approche autocratique. Selon les auteurs, le niveau de maturité des individus n'est pas stable et le leader doit en refaire continuellement l'évaluation pour ajuster son style en conséquence.

À certains égards, cette théorie s'apparente à la vision interpersonnelle parce qu'elle en reprend les deux variables centrales (la personne et la tâche) et qu'elle s'appuie sur des styles de relations à entretenir entre le leader et les subordonnés. Ce qui en fait une théorie situationnelle, c'est que le leader doit choisir le comportement approprié selon le niveau de maturité des subordonnés, lequel peut fluctuer d'une situation à l'autre.

La plupart des théories situationnelles ont ceci en commun qu'elles présentent une gamme d'options parmi lesquelles le leader doit choisir; elles tendent donc à suggérer des réponses simples pour des situations complexes. En fait, il est difficile d'enfermer une réalité dynamique à l'intérieur d'options simples.

Lorsqu'un individu réussit à ajuster son approche personnelle aux contingences des situations et qu'il réussit ainsi à exercer du pouvoir, il est probable que son pouvoir personnel s'en trouve renforcé. Son succès (sa capacité d'adaptation) fait croître sa crédibilité. Voilà un aspect qui est rarement mis en relief dans les théories situationnelles mais qui pourtant se manifeste souvent.

Bien qu'elles aient le mérite d'élargir les horizons pour comprendre le processus d'exercice du pouvoir, les théories situationnelles présentent des limites. D'abord, elles ne proposent pas de distinction entre autorité et leadership; on reste même souvent avec l'impression que les deux concepts se confondent, car les auteurs utilisent de façon à peu près indifférenciée les expressions leader et gestionnaire (manager). En fait, les études et les exemples portent presque tous sur les relations d'un gestionnaire avec ses subordonnés et on attribue automatiquement au gestionnaire le statut de leader. D'une certaine façon, ce que ces théories fournissent vraiment, ce sont des indices pouvant aider un gestionnaire à décider dans quelle mesure il peut ou doit recourir à son autorité pour prendre des décisions et les faire exécuter.

Une telle vision présente aussi le risque de développer chez le leader une mentalité de «caméléon», c'est-à-dire un mode de fonctionnement où il élimine ou cache son identité personnelle pour ajuster continuellement son humeur aux réactions de ses subordonnés. À la limite, le leader peut se percevoir comme à la remorque des situations, ce qui, paradoxalement, ne correspond plus à du leadership.

Ajoutons deux autres limites de cette vision. D'une part, elle risque de renforcer chez le leader un fonctionnement à court terme, principalement centré sur les contingences immédiates, ce qui peut occasionner des problèmes d'orientation à moyen et à long terme. D'autre part, les modèles existants se préoccupent peu de la personne du leader, comme si lui-même ne constituait pas une des variables à considérer... !

C'est néanmoins une vision qui véhicule des préoccupations pertinentes pour nous aider à comprendre la réalité de l'exercice de l'influence. Par delà les théories présentées, nous pouvons retenir que l'individu qui, sans renoncer à son identité personnelle, sera capable d'ajuster son mode de fonctionnement aux contraintes ambiantes, aura plus de chances d'exercer un leadership efficace et satisfaisant que celui qui se limite dans son adaptabilité.

Cette vision nous apporte aussi des éléments intéressants pour pousser plus loin l'étude des phénomènes de pouvoir. Elle détourne notamment l'attention qui était centrée sur le leader pour la reporter sur les partisans[2] (*followers*), mettant ainsi en relief le fait que les acteurs gravitant autour du leader potentiel ont un impact significatif sur l'issue de la relation et que le leader n'est pas nécessairement le facteur déterminant. En conséquence, les efforts fournis pour cerner ce que seraient les compatibilités fructueuses entre leader et partisans ont permis d'amoindrir l'importance accordée aux individus pour accroître la place faite à la dynamique des situations.

---

2. Les expressions «partisan» et «disciple» traduisent ici l'expression *follower*. Elles désignent des personnes qui, volontairement et spontanément, acceptent de se soumettre à l'influence répétée d'un acteur défini comme leader. Il en sera question au chapitre 7.

2.6. La vision transactionnelle

En parallèle avec les visions interpersonnelle et situationnelle, une autre vision s'est développée, inspirée celle-là principalement par les sciences politiques; on peut la qualifier de vision transactionnelle (Hollander, 1978). Bien qu'à certains égards cette vision s'apparente à celle des contingences, elle comporte néanmoins suffisamment de différences pour être traitée à part. Ses principales affinités avec la vision des contingences sont de considérer, d'une part, que le pouvoir fluctue selon les situations et, d'autre part, qu'il est conditionné par la réaction des destinataires. Cette vision a été moins répandue que les autres, peut-être parce qu'elle est plus complexe au point de vue conceptuel, mais probablement aussi parce que certaines de ses propositions étaient peu recevables pour la culture des années 1970.

Contrairement aux visions interpersonnelle et situationnelle, cette vision s'est tout d'abord surtout intéressée au concept de pouvoir (Homans, 1961; Blau, 1964). C'est plus tard qu'on y a trouvé une application au leadership, et l'initiative en revient sans doute surtout à Edwin Hollander (1978) qui a développé une théorie dite transactionnelle du leadership.

Selon cette vision, pour comprendre la dynamique du pouvoir, on ne doit pas se limiter aux comportements des leaders, ou à ceux de leurs partisans, car c'est une conception trop statique et trop étroite du réel. Il faut plutôt s'intéresser aux interactions qui s'opèrent entre les individus lors de l'exercice du pouvoir. En fait, les relations sont présentées comme des transactions sociales par le biais desquelles les acteurs font des échanges. Pour bien saisir les rapports de pouvoir, il faut donc examiner les échanges qui ont cours entre les individus. Le passage suivant de Hollander (1978) illustre bien cette conception :

> Le caractère transactionnel du leadership correspond à un échange social à l'intérieur duquel le leader et les partisans donnent et reçoivent des bénéfices. La relation de leadership est maintenue par cet échange ainsi que par la possibilité d'influencer dans les deux directions. Cela signifie que le leader est capable d'être influencé par les partisans aussi bien qu'il peut les influencer. (p. 39 ; traduction libre)

Pour préciser davantage sa pensée, Hollander emprunte une expression de Homans (1961):

> L'influence sur les autres est acquise «au prix» de se laisser soi-même influencer par les autres... [et plus loin :] Dans ce sens,

la volonté des membres du groupe d'accepter l'influence d'un leader dépend d'un processus d'échange dans lequel le leader donne quelque chose et obtient quelque chose en retour. (p. 39 ; traduction libre)

La figure 6 illustre la conception du leadership proposée par Hollander. Il présente la situation comme une variable déterminante, spécifiant d'ailleurs :

> Que ce soit explicite ou non, il y a une relation dynamique avec les partisans qui perçoivent et évaluent le leader dans le contexte des demandes situationnelles. (p. 38 ; traduction libre)

FIGURE 6
Les composantes du leadership selon Edwin Hollander

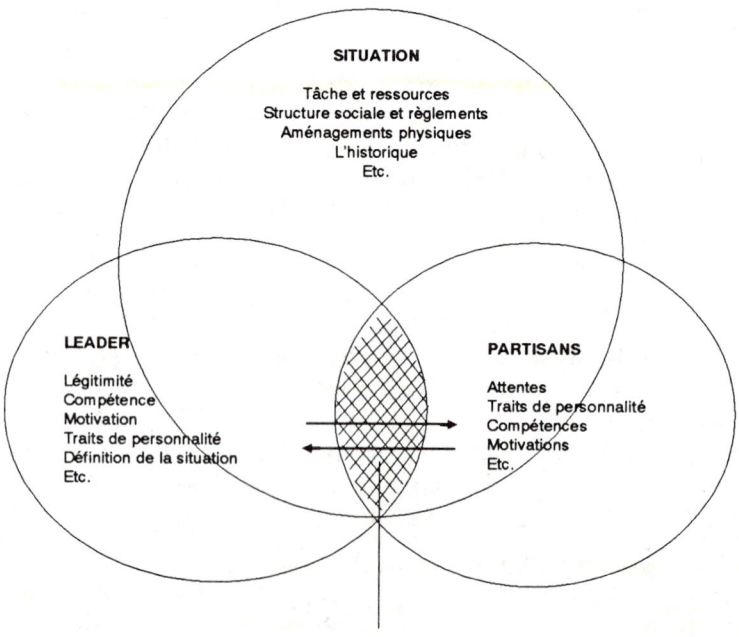

Source : E. HOLLANDER, *Leadership Dynamics*, 1978.

Cette conception repose sur le postulat que le pouvoir est fondé sur le contrôle des ressources dans l'environnement. Plus un individu ou un groupe contrôle des ressources importantes, plus il est susceptible d'accumuler du pouvoir et de l'exercer. Peter Blau (1964) parle de ressources «valorisées» alors que Michel Crozier (1973) préfère l'expression ressources «stratégiques».

C'est dans la mesure où les acteurs sociaux détiennent des ressources qu'ils peuvent effectuer des échanges de différentes natures et s'influencer mutuellement. Lorsqu'un déséquilibre s'installe dans le niveau ou la qualité des ressources contrôlées, il en résulte une accumulation de pouvoir pour ceux qui sont avantagés et une relation de domination-dépendance peut s'installer.

Bien qu'elle ait été peu répandue sous forme de modèles destinés aux utilisateurs, comme ce fut le cas pour les visions interpersonnelle et situationnelle, cette conception a grandement contribué à faire avancer la réflexion sur la thématique du pouvoir. Elle a d'abord le mérite de s'être penchée directement sur la dynamique du pouvoir, sujet qui suscite beaucoup de résistances. De surcroît, elle a favorisé une approche descriptive du phénomène, c'est-à-dire une approche qui tente de décoder ce qui se passe dans une relation réelle plutôt que de décréter ce qui serait désirable. Enfin, elle a contribué à élargir le champ d'analyse pour inclure les destinataires du pouvoir ainsi que le contexte, menant ainsi à une perception plus riche des processus qui se manifestent.

Une des faiblesses de cette vision a probablement été de se révéler peu opérationnelle pour des applications à l'intérieur des organisations. Pour les personnes qui n'en connaissent pas les fondements théoriques, elle est difficilement transférable dans le quotidien. À cet égard, elle ressemble parfois davantage à une grille d'analyse qu'à un modèle utilisable dans l'action. Une autre faiblesse des modèles de cette vision est qu'ils fournissent peu de précisions sur les particularités de l'autorité et du leadership, ce qui les rend là encore difficilement applicables au contexte organisationnel.

La vision transactionnelle sera reprise plus en détail dans les chapitres suivants.

2.7. La vision transformationnelle

Vers la fin des années 1970 est apparue une nouvelle façon d'envisager l'exercice du pouvoir dans les organisations, à laquelle on peut donner le nom de vision transformationnelle.

Disons tout de suite qu'il s'agit d'une vision rattachée principalement au leadership et qui laisse dans l'ombre les enjeux de l'autorité. Selon cette vision, le leader efficace est celui qui a un pouvoir «transformateur» sur ses partisans : il réussit à mobiliser leurs énergies et leurs compétences pour leur faire réaliser de grandes choses, qu'ils se seraient parfois crus incapables d'accomplir par eux-mêmes. Ce type de leader aurait donc le pouvoir de transformer les gens et parfois même de leur faire transcender leurs limites habituelles (Bass, 1981).

On aura reconnu là certaines des caractéristiques souvent associées au charisme et, de fait, ce courant de pensée porte une attention particulière aux leaders que l'on dit charismatiques. James MacGregor Burns a quelque peu ouvert la voie à cette vision dans son volume *Leadership* (1978) où il s'emploie à mettre en relief les particularités du leadership charismatique et son efficacité à mobiliser les gens.

Pour saisir la signification de cette vision il faut, là encore, la situer dans son contexte. La crise du pétrole des années 1970 annonçait les débuts d'une crise de société. L'inflation était chronique et déjà pointaient à l'horizon les signes de difficultés économiques sérieuses qui ont culminé au début des années 1980. En parallèle, on déplorait une sorte de vide en ce qui concerne les idées. Ceux et celles qui avaient cru à de grands projets de société durant les années 1960 montraient de l'essoufflement. Si certains de leurs objectifs étaient atteints, les idéaux d'une société juste et heureuse étaient loin d'être réalisés et plusieurs personnes étaient en proie au désenchantement. De surcroît, peu de nouveaux idéaux se présentaient pour remplacer les espoirs déçus. La période des grandes causes tirait à sa fin, du moins pour un temps.

Dans différents domaines, dont celui de la politique, on a commencé à constater la rareté de leaders pour assurer la relève. D'ailleurs Warren Bennis, un auteur américain bien connu dans le domaine des organisations, a publié un petit ouvrage (1976) sur le sujet (*The Unconscious Conspiracy : Why Leaders Can't Lead*) à l'intérieur duquel il analyse la situation en Amérique en demandant : «*Where have all the leaders gone?*» (où sont passés les leaders?). Il est possible que le processus poussé de démocratisation qu'a connu la société occidentale durant cette période ait introduit un tel souci d'égalitarisme dans les rapports humains, que l'on ne pouvait plus accepter l'émergence d'individus originaux. De plus, les personnes en autorité et les leaders en vue étaient désormais tellement exposés à la critique que moins de personnes voulaient prendre le risque de s'affirmer. C'est entre autres l'avis de Bennis (1976).

Ce climat de vide, de confusion et d'absence de direction est habituellement propice à la recherche de héros qui sauraient transmettre leur inspiration. Il ne faut donc pas s'étonner que les penseurs sur le leadership aient emboîté le pas pour constater la rareté de leaders véritables et pour mettre en exergue le rôle d'inspirateur attribué aux leaders dans un système, qu'il soit social ou organisationnel. La crise économique du début des années 1980 est venue accentuer ce phénomène: plusieurs entreprises ont connu des difficultés qui ont mis leur existence en cause, et pour y faire face, on a cherché des sauveurs, des héros.

Dans certains cas, on a trouvé des personnes capables d'unifier et de canaliser les efforts afin de réussir à surmonter les obstacles. Leurs succès ont été autant d'occasions de promouvoir les mérites du leadership charismatique. L'exemple d'Iacoccas dans le sauvetage de la multinationale Chrysler a peut-être été le plus publicisé. Dans certains cas, on s'est retrouvé en plein culte du héros. Mais il n'est pas toujours évident que ces leaders dits charismatiques l'étaient avant leur mise en valeur; pour certains, c'est leur succès qui en a fait des figures charismatiques.

D'un point de vue plus théorique, la fonction d'inspirateur conférée aux leaders a amené les penseurs à reprocher à la vision situationnelle d'être trop axée sur l'immédiateté des relations. On perdrait ainsi de vue le rôle dévolu au leader, qui consiste à conduire les gens dans une direction et non seulement à s'ajuster et à réagir aux contingences des situations. Dans le même esprit, on a reproché au modèle transactionnel de ne couvrir qu'un seul type de relation, soit celles où le leader doit «marchander» des bénéfices avec ses subordonnés pour obtenir leur collaboration. Le leadership transformationnel, selon ce point de vue, placerait les relations d'influence à un niveau plus élevé et produirait des résultats plus durables.

Bennis et Nanus (1984) ont voulu explorer cette voie des grands leaders et ont interviewé «90 des plus efficaces, des plus réputés leaders du pays (USA); 60 provenant de corporations privées et 30 du secteur public» pour découvrir ce qui les particularise. L'investigation des auteurs les a amenés à identifier quatre facteurs qui rendraient les leaders compétents. Ces facteurs représenteraient les quatre compétences du leadership:

— la gestion de l'attention (*management of attention*),

- la gestion de la signification (*management of meaning*),
- la gestion de la confiance (*management of trust*),
- la gestion de soi (*management of self*).

La gestion de l'attention correspond à la capacité des leaders d'attirer et de maintenir l'attention des membres de l'organisation dans leur direction. En somme, ils réussissent à obtenir l'adhésion des personnes aux orientations, aux buts qu'ils privilégient.

La gestion de la signification consiste pour le leader à communiquer sa vision et sa compréhension des choses, à la faire comprendre aisément et surtout à la rendre signifiante pour les gens. En d'autres termes, c'est l'habileté à présenter les idées de façon tangible et réelle afin que les gens puissent les adopter. Le leader efficace doit non seulement avoir une vision du futur mais surtout, il doit la rendre claire et y donner une signification pour les autres.

La gestion de la confiance consiste pour le leader à faire preuve de fiabilité et de constance, ce qui est censé favoriser un climat de confiance dans l'organisation. Les gens doivent savoir de quelle façon le leader envisage les différentes questions qu'il a à résoudre et ils doivent pouvoir se fier sur cette prise de position.

La gestion de soi s'appuie sur le postulat que le leader efficace est celui qui connaît bien ses ressources personnelles et les utilise adéquatement. C'est une personne continuellement en apprentissage et elle stimule chez les autres le goût de performer pleinement et d'apprendre. Il en résulte une organisation qui se développe et innove.

À première vue, cette vision du leadership est attrayante : elle est simple et semble cohérente. Un examen plus attentif fait cependant apparaître certaines faiblesses. Au chapitre 7, nous proposerons de réinterpréter ces quatre compétences de façon à définir les fonctions fondamentales du leadership; pour l'instant, limitons-nous à remarquer que cette approche ramène l'attention sur la personne du leader et la désincarne de la réalité où il agit.

Les tenants de la vision transformationnelle ne nient pas l'existence du leadership transactionnel, au contraire. Ils estiment cependant que le leadership transformationnel lui est supérieur. D'ailleurs, les auteurs s'emploient souvent à définir l'un par rapport à l'autre.

Voyons ce que Bass (1985) en dit. Il caractérise le leadership transactionnel par trois types de comportements caractérisant le leader :

1. il identifie ce que les subordonnés veulent retirer de leur travail et essaie de le leur obtenir si leur performance le justifie ;
2. il échange des récompenses et des promesses de récompenses pour leurs efforts ;
3. il est attentif aux intérêts immédiats des subordonnés pour vérifier s'ils peuvent être satisfaits par la réalisation de leur travail.

À partir des travaux de Burns (1978), Bass explique que le leadership transformationnel produirait des effets positifs :

1. en augmentant le niveau de conscience des subordonnés, en augmentant leur compréhension de l'importance et de la valeur des buts poursuivis ainsi que des façons de les atteindre ;
2. en amenant les subordonnés à transcender leurs intérêts propres pour les remplacer par ceux de l'équipe, de l'organisation ou d'une cause plus large ;
3. en modifiant le niveau de leurs besoins dans la hiérarchie de Maslow[3] ou en élargissant la gamme de leurs besoins ou désirs.

Selon Bass, le leader transactionnel obtiendrait une performance de ses subordonnés en négociant avec eux un échange de récompenses en retour de leur soumission. Le leader transformationnel pour sa part ferait émerger chez les subordonnés des aspirations transcendant leurs intérêts propres et activant la mobilisation des énergies.

Bass, qui a peut-être été le plus rigoureux dans l'étude de cette vision, écrit dans la conclusion du *Stogdill's Handbook of Leadership* (1981) : « Pouvons-nous prendre ce que J. M. Burns a d'abord vu comme étant du leadership transformationnel au niveau de la masse et appliquer le concept aux situations de petit groupe ? » (p. 610). Il a lui-même fait quelques recherches pour tenter de vérifier l'existence du leadership charismatique dans le domaine de la gestion et pour tenter d'en cerner les composantes.

---

3. Psychologue américain qui a proposé une échelle des besoins humains en cinq niveaux.

Dans une étude (1985) qu'il a réalisée auprès de cadres supérieurs en milieu industriel, il a demandé à ces cadres de décrire leurs réactions par rapport à un leader transformationnel qu'ils connaissaient ou avaient connu. Dans leurs réponses, plusieurs avouaient que ce leader les amenait à travailler de longues heures et à faire plus qu'ils ne s'imaginaient capables. Ils révélaient avoir déployé beaucoup d'efforts pour répondre aux attentes de ce leader et pour lui fournir l'appui dont il avait besoin. Ils disaient de ce leader qu'il obtenait un engagement total de leur part et qu'il augmentait leur confiance en eux. Il était décrit comme un bon père qui demeurait amical et qui les traitait en égaux. Il représentait un modèle d'intégrité et véhiculait des normes de performance claires et élevées.

Dans une autre étude (1985), Bass a isolé trois composantes du leadership transformationnel et deux composantes du leadership transactionnel. Les trois premières sont le charisme, la considération pour les individus et la stimulation intellectuelle. Les deux autres sont les récompenses contingentes et la gestion par exception. Il est intéressant de voir que, dans cette étude, le leadership transformationnel a obtenu une cote plus forte en ce qui a trait à l'effort accru des subordonnés, au niveau d'efficacité perçu dans l'unité et à la satisfaction des subordonnés.

En bref, le leader transformationnel apparaît donc comme une source significative d'inspiration et de stimulation auprès de ses partisans. En outre, il fait figure de modèle et c'est pourquoi on le choisit comme leader.

Au début des années 1980, un article sur le leadership, paru dans un journal torontois, avait pour titre «Leader demandé, gestionnaires prière de s'abstenir». Cette expression illustre bien l'esprit du leadership transformationnel: le leader se distingue par ses compétences sociales, alors que le gestionnaire se distingue par ses compétences techniques.

La vision transformationnelle du leadership a été popularisée à la même époque que les modèles ayant mis en relief l'importance de la culture organisationnelle. La plupart des ouvrages de cette époque portant sur l'excellence insistent sur le rôle d'inspirateur et de catalyseur que doivent jouer les gestionnaires pour susciter une culture dynamique dans leur entreprise. La vision transformationnelle constitue en quelque sorte un volet spécifique de ce courant de pensée où le leader est vu comme l'incarnation de la culture recherchée dans l'organisation.

Une des qualités de la vision transformationnelle est d'avoir adopté, du moins en partie, une approche descriptive du leadership qui ne nie pas l'efficacité de différentes formes de leadership, bien que l'on insiste peu sur les autres formes ; on s'attarde au leadership transformationnel qui est présenté comme le meilleur.

Un autre mérite de cette vision est d'avoir accentué les fonctions symboliques du leadership et le caractère quasi théâtral des personnages dotés d'un leadership puissant. Elle a permis en quelque sorte de relégitimer la personnalité originale des individus, ce qui avait été perdu de vue dans les visions précédentes. Elle a aussi permis de reconnaître la forte résonance affective que peuvent éveiller certaines relations de leadership.

Une des faiblesses de la vision transformationnelle est cependant d'avoir un caractère un peu magique et de cultiver le mythe des héros. Par exemple, dans le modèle de Bennis et Nanus, on semble dire : « Ayez ces quatres compétences et vous serez un leader efficace ! » L'expérience montre que la réalité de l'exercice du leadership est plus complexe que cela. Hitler avait une vision claire et savait la communiquer ; pourtant, il n'aurait probablement pas été considéré comme un leader significatif en Amérique.

En outre, les modèles de cette vision ne sont pas tellement applicables. Il est difficile de cerner clairement ce que «fait» une personne qui affiche un leadership transformationnel. Nous y reviendrons plus loin.

Les caractéristiques des personnes charismatiques ont souvent été identifiées à partir de personnalités prestigieuses, à la tête d'entreprises ou d'organisations. Le modèle est-il transférable à tous les niveaux de gestion, à tous les milieux, à toutes les époques ? Étant donné que les exigences varient selon le contexte, il est possible que le leadership charismatique ne soit approprié qu'à certaines circonstances.

Une faiblesse notable de cette vision est de réduire l'exercice du leadership à un individu, alors qu'habituellement il s'agit d'un processus plus ou moins distribué à l'intérieur d'un groupe, et dont l'intensité varie selon les circonstances. D'une certaine façon, on peut reprocher à cette vision de marquer un retour à la vision personnaliste en dressant cette fois-ci le portrait-robot des comportements du leader idéal. Par exemple, Bennis et Nanus ont mis en évidence quatre dénominateurs communs des 90 leaders qu'ils ont interviewés. Toutefois, rien ne démontre que ces quatre constantes soient suffisantes pour expliquer la réalité du leadership.

Enfin, cette attraction pour les leaders charismatiques répond probablement à un besoin d'époque, mais une telle recherche de héros vient, dans une large mesure, voiler les diverses composantes de l'exercice du pouvoir dans les organisations.

2.8. Perspectives

Par suite de ce qui précède, quelques constats s'imposent. D'abord, il n'y a manifestement pas d'unanimité sur la compréhension des phénomènes de pouvoir dans les organisations. En plus, les divers courants de pensée ont été fortement colorés par les besoins, les préoccupations et les modes des époques où ils sont apparus. On remarque aussi que le concept de pouvoir a été très peu étudié et que la notion d'autorité a été passablement négligée, lorsqu'elle n'a pas été méprisée! Depuis les années 1950, c'est le concept de leadership qui a surtout fait l'objet de recherches.

En dépit des recherches et des nombreux écrits sur le sujet, une confusion continue à se manifester dans le langage propagé : autorité, influence, leadership sont utilisés sans nuances. Puisqu'il est question de langage, faisons remarquer que le mot pouvoir est presque absent de la documentation sur les organisations ; on le considère comme une sorte de tabou.

Au-delà de ces observations, on aura noté que chaque vision aborde le sujet selon un angle exclusif, de sorte que chaque modèle réussit à éclairer une portion de la mosaïque, mais aucun ne réussit (ni ne cherche) à intégrer ces morceaux en un tout cohérent, qui permettrait de couvrir de façon satisfaisante la richesse des phénomènes de pouvoir dans les organisations. C'est ce que nous tenterons de faire dans les pages qui suivent.

Chapitre 3

Le pouvoir et son exercice

3.1.	Le pouvoir	65
	3.1.1. Le pouvoir, une capacité	67
	3.1.2. Pouvoir signifie obtenir	70
	3.1.3. Avoir du pouvoir, l'utiliser et le savoir	71
	3.1.4. Le pouvoir, un écart	73
	3.1.5. Pouvoir et moralité	73
3.2.	L'influence	74
3.3.	Les modalités de l'exercice du pouvoir	77
3.4.	La légitimité dans l'exercice du pouvoir	81
3.5.	Le leadership et l'autorité	86

Lors de la réunion mensuelle d'un service de comptabilité, le directeur du service et son adjointe s'adressent tour à tour aux autres membres présents. Lorsque le directeur parle, les gens manifestent une certaine nonchalance ; ils écoutent à peine et réagissent peu à ses propos. Par contre, lorsque l'adjointe s'exprime, les gens prêtent attention, discutent avec elle et, en général, acceptent bien ses idées. L'un et l'autre ont-ils de l'autorité, du pouvoir, du leadership, de l'influence ? Pour répondre correctement à ces questions, on doit avoir une compréhension claire de ces quatre concepts. L'objet du présent chapitre consistera à définir et à clarifier ces concepts de façon à couvrir correctement la réalité qu'ils représentent.

Pour saisir avec justesse le sens des concepts d'autorité et de leadership, et surtout pour être capable d'établir les liens existant entre eux, il nous faut retourner au concept dont ils sont issus, celui de pouvoir. Bertrand Russell écrivait en 1938 : « Le concept fondamental dans les sciences sociales est le pouvoir, dans le même sens que l'énergie est le concept fondamental en physique » (p. 5).

Chaque fois que deux personnes entrent en relation, il y a une possibilité de rapport de pouvoir entre elles ; ce potentiel de pouvoir s'active au moment où l'un des acteurs tente d'avoir un effet sur son interlocuteur. En fait, il est difficile d'imaginer une relation qui ne contienne pas de dynamique de pouvoir. C'est pourquoi il faut partir du concept de pouvoir quand on cherche à comprendre comment les gens s'influencent.

Plusieurs auteurs se sont intéressés aux dynamiques et aux expressions du pouvoir dans les sociétés en général, mais peu ont produit des recherches ou des écrits sur la réalité du pouvoir dans les organisations. Les auteurs les plus connus sur le sujet sont Crozier (1963), Blau (1964), Pfeffer (1981), Homans (1958), French et Raven (1965), Ng (1980), Mintzberg (1983). La rareté des contributions sur le thème du pouvoir est d'ailleurs ressortie au chapitre 2. En fait, dans le domaine organisationnel, on a presque toujours traité d'autorité ou de leadership, mais les liens avec le concept de pouvoir ont somme toute été ignorés.

D'une certaine façon, le concept de pouvoir fait peur ; il constitue une sorte de tabou. On évite d'en parler, sinon pour en condamner les excès. Ce tabou est très présent dans les écrits sur le leadership d'avant 1980, où l'on rencontre rarement les mots «pouvoir» ou «puissance». À partir de la fin des années 1970, on a assisté à une reconnaissance du phénomène, et dans les années qui ont suivi, un certain nombre d'articles et de volumes ont été publiés sur le sujet. Le tabou demeure néanmoins bien enraciné dans la culture nord-américaine et il est facilement observable dans les comportements quotidiens. Par exemple, dans un cours universitaire sur le pouvoir dans les organisations, dispensé par l'auteur du présent ouvrage, plusieurs étudiants affirment dès le début entretenir un préjugé défavorable à l'endroit des manifestations de pouvoir. À quelques reprises, les étudiants (qui sont des adultes) ont été invités à exprimer les mots, expressions ou images qu'ils associent spontanément au pouvoir. Les évocations qui reviennent le plus souvent sont manipulation, violence, abus, contrôle, domination, exploitation, clandestinité, guerre, tyrannie. Ces expressions traduisent bien le mépris et la méfiance entretenus en général à l'endroit du pouvoir. Il faut dire que l'histoire de l'humanité offre assez d'exemples déplorables pour expliquer cette perception négative.

Le fait d'avoir de la puissance ou d'en rechercher est souvent perçu comme indésirable. Dans une simulation organisationnelle conduite par l'auteur, et conçue pour stimuler l'exercice du pouvoir à l'intérieur d'un groupe, il est fréquent que les participants adoptent une attitude très défensive. Certains refusent d'accepter ou d'assumer le pouvoir qui leur est attribué, comme s'ils étaient tout à coup victimes d'une malédiction; d'autres s'offensent de voir des collègues tenter de diverses façons d'augmenter leur puissance ou celle de leur groupe. Il apparaît que peu de gens sont sereins par rapport à la réalité du pouvoir et la contestation qu'ont subie les symboles d'autorité dans la société occidentale depuis les années 1950 a certainement alimenté cet inconfort.

En fait, la réalité du pouvoir n'est pas simple et elle stimule souvent des zones enfouies dans les profondeurs du subconscient (Zaleznik, 1966; Mucchielli, 1976), de sorte que les gens ne maîtrisent pas tous les vecteurs de leurs réactions. Pouvoir et domination sont si intimement liés qu'il n'est pas étonnant de constater que les évocations de puissance aient si mauvaise presse à une époque où tant d'efforts sont consacrés à faire la promotion des droits de la personne. Toutefois, en réduisant la réalité du pouvoir à ses dimensions désagréables, non seulement risque-t-on de s'aveugler face au réel, mais en plus on s'empêche de mettre à contribution un élément fondamental de la réalité sociale. Adrien Payette, dans son volume intitulé *L'efficacité des gestionnaires et des organisations* (1988), cite cette pensée de Sun Tse : « [...] par le mot de puissance il ne faut pas entendre ici domination, mais cette faculté qui fait qu'on peut réduire en acte tout ce qu'on propose » (p. 148).

Si les éléments sains et dynamiques d'un système social s'empêchent d'être actifs dans les processus de pouvoir, les éléments malsains, eux, ne s'en priveront pas, entraînant tous les risques que cela comporte. L'exercice du pouvoir ne peut être exclu de la réalité des organisations. Il est possible de le neutraliser, mais le plus souvent ce sera au prix de la sclérose de l'organisation.

En plus de ces écueils, le pouvoir souffre d'une certaine confusion au point de vue du langage. Non seulement la définition que les gens en donnent est-elle habituellement limitée et tendancieuse, mais en plus elle est rarement claire. À preuve, des énoncés comme le suivant, entendu dans une session de formation : « Le pouvoir de l'autorité est de s'appuyer sur l'influence de son leadership »...! La documentation est pauvre sur cet aspect. Par exemple, on utilise fréquemment comme synonymes pouvoir et influence, leader et gestionnaire, autorité et pouvoir.

Notre effort principal dans ce chapitre, comme dans le volume d'ailleurs, consiste à proposer une approche descriptive des phénomènes de pouvoir. Pour en saisir les divers aspects, le lecteur aurait avantage à mettre « provisoirement » de côté ses préceptes moraux. Il ne s'agit évidemment pas d'évacuer les préoccupations morales, mais plutôt d'en déplacer l'utilisation : analyser d'abord, juger ensuite, plutôt que de juger à priori, ce qui risquerait de nuire à la compréhension. En somme c'est une invitation à la lucidité que nous lançons, ce qui ne peut que donner plus de valeur au sens moral, car il s'exerce alors sur une perception plus riche du réel.

3.1. Le pouvoir

Avant de proposer notre propre définition du pouvoir, examinons diverses définitions présentées au fil des années par différents auteurs. Ces définitions vont des plus complexes aux plus simples, des plus abstraites aux plus concrètes.

- l'influence potentielle d'un agent influent O, sur une personne P (French et Raven, 1959, p. 151);

- le pouvoir d'un homme, pour l'aborder de façon universelle, c'est les moyens dont il dispose au moment présent pour obtenir d'éventuels biens apparents (Hobbes, 1958, p. 78);

- la production des effets recherchés (Russell, 1938, p. 35);

- le pouvoir de A sur B est égal à la force maximale avec laquelle A peut agir sur B moins la force maximale de résistance que B peut mobiliser dans la direction opposée (French, 1956, p. 182);

- le pouvoir de l'acteur A sur l'acteur B, c'est le degré de résistance de la part de B qui peut être potentiellement dépassé par A (Emerson, 1962, p. 32);

- le pouvoir est la force latente.[...] En lui-même, le pouvoir est la prédisposition ou la capacité acquise qui rend l'application de la force possible.[...] Le pouvoir est la possibilité de recourir à la force, non son emploi immédiat, la possibilité d'appliquer des sanctions, non leur application immédiate.[...] Contrairement à la force, incidemment, le pouvoir est toujours réussi; lorsqu'il n'est pas réussi, ce n'est pas du pouvoir, ou cela cesse d'en être (Bierstedt, 1950, p. 733);

- l'habileté qu'a une personne ou un groupe de personnes d'influencer le comportement des autres, c'est-à-dire de changer la probabilité que les autres vont répondre de certaines façons au stimulus spécifique (Kaplan, 1964, p. 12);

- probabilité qu'un acteur dans une relation sociale sera en position d'exercer sa propre volonté en dépit des résistances (Weber, 1947, p. 152);

- capacité d'un individu ou d'un groupe d'individus de modifier la conduite d'autres individus ou d'autres groupes, de la façon dont il le désire et de prévenir que sa propre conduite soit modifiée de la façon dont il ne veut pas (Tawney, 1931, p. 229);

- habileté des personnes ou des groupes à imposer leur volonté aux autres malgré la résistance de ceux-ci, par la menace de retenir des récompenses habituellement accordées ou de punir (Blau, 1964, p. 117);

- habileté à amener les autres à se conformer à nos besoins (Sayles, 1979, p. 93);

- A a du pouvoir sur B dans la mesure où il peut amener B à faire quelque chose qu'il n'aurait pas fait autrement (Dahl, 1957, p. 203).

Les définitions dont nous nous sommes surtout inspiré pour élaborer notre propre définition du pouvoir sont celles de Dahl, de Weber, de Bierstedt et de Russell. Comme cette définition s'inscrit dans une approche descriptive du pouvoir, elle est formulée en fonction de ce qu'il permet, et non en fonction des réactions qu'il suscite chez les destinataires :

- le pouvoir, c'est la capacité qu'a un individu (ou un groupe) d'obtenir que quelqu'un (ou un groupe) agisse ou pense autrement qu'il ne l'aurait fait sans son intervention.

Cette définition s'inscrit dans le même esprit que celle de Mintzberg selon qui « le pouvoir revient à être capable de faire exécuter ce que l'on souhaite, à obtenir des résultats, ainsi que les actions et les décisions qui les précèdent » (1986).

3.1.1. Le pouvoir, une capacité

Cette définition véhicule une perception du réel qu'il est nécessaire d'expliciter. D'abord, le pouvoir est présenté comme une réalité acquise : c'est « la capacité de ». Comme le suggère Bierstedt, le pouvoir est un acquis qui permet de faire des choses. Ce n'est pas un processus, mais un résultat qui découle de gestes ou d'événements antérieurs. Par exemple, un cadre supérieur qui a du pouvoir n'est pas nécessairement en train de l'utiliser. C'est une situation de fait, qui résulte de démonstrations antérieures ou de circonstances qui l'ont favorisé à un moment ou l'autre. À des moments précis, il pourra se servir de ce pouvoir pour obtenir des choses qu'il ne pourrait obtenir autrement.

Illustrons cet aspect à partir de quelques-uns des cas présentés au chapitre 1. Louis-Paul Dupuis est perçu comme un personnage puissant dans son organisation. Son pouvoir n'est cependant pas illimité, de sorte qu'il n'a pu obtenir à court terme tous les changements qu'il projetait. Il a dû au préalable consolider son pouvoir, pour ensuite passer à des actions décisives. Albert Langlois occupe un poste qui, en principe, lui fournit beaucoup de pouvoir, celui de directeur général. Toutefois, la pratique quotidienne lui fait découvrir que les gens lui résistent et il ne réussit pas à obtenir ce qu'il désire; il n'a, dans les faits, que très peu de pouvoir.

Denis Lalande, l'homme d'affaires, n'a pas de difficulté à obtenir de son personnel et des institutions financières ce qu'il désire. Sa crédibilité est élevée et il a un pouvoir réel dans ces milieux. Il n'en va cependant pas de même comme président de l'Association. En dépit de son prestige social et de sa position de président, ses tentatives pour amener ses partenaires à penser comme lui sont vaines. Il n'a que peu de pouvoir *sur eux*. Julie Dubois, pour sa part, n'occupe pas un poste d'autorité et ne détient pas de titre de prestige. Elle est néanmoins respectée de ses collègues et surtout, ses suggestions sont souvent retenues; on doit constater qu'elle a du pouvoir.

Le pouvoir est donc équivalent à une sorte de crédit qu'a accumulé la personne et qu'elle peut utiliser pour obtenir des choses *dont le coût est à sa portée*. À cet égard, il est intéressant de constater que le mot latin *potentia* se traduit autant par pouvoir que par crédit. La sagesse populaire accrédite d'ailleurs cette vision, car on considère qu'une personne qui a de la crédibilité pourra obtenir de son environnement des choses que d'autres ne pourraient obtenir. Ainsi, le pouvoir n'est pas un processus actif mais un état de fait qui, lui, découle de processus psychosociaux. Cela signifie également que le pouvoir n'arrive pas de lui-même; il s'acquiert ou se développe.

Toutefois, le pouvoir n'a un caractère ni absolu ni permanent; au contraire, comme un crédit, il peut s'effriter et disparaître. Il faut donc voir le pouvoir comme une réalité généralement conjoncturelle. Les politiciens le savent bien et l'histoire des nations est remplie de personnages qui ont vu leur pouvoir s'évaporer. Pensons à Richard Nixon dont la destitution a fait perdre le pouvoir associé à la présidence des États-Unis; pensons à Jean-Claude Duvalier, dont le pouvoir en Haïti s'est effondré en une nuit. Plusieurs ont aussi perdu beaucoup de pouvoir dans des circonstances moins théâtrales; c'est le cas à chaque fois qu'un parti politique cède le *pouvoir* à un autre, à la suite d'une élection démocratique. Le même phénomène s'observe dans les organisations. Un directeur de service subit une démotion et du même coup perd le pouvoir qui découlait de son statut d'autorité. La direction d'une organisation change et les acteurs qui tiraient du pouvoir à être associés à l'ancienne direction sont susceptibles de perdre leurs acquis, car la nouvelle direction peut introduire de nouvelles règles.

L'exemple suivant illustre ce phénomène. Jean-Claude dirige un centre de distribution de produits usinés à l'intérieur d'une entreprise relativement diversifiée. Avec quatre autres cadres, il forme un comité de gestion autour du directeur général. Les relations dans l'organisation et entre les cadres sont conflictuelles, mais Jean-Claude réussit néanmoins à s'approprier passablement de pouvoir, car il est fortement associé au directeur général. Celui-ci est peu apprécié du personnel mais on le craint. Lorsque le directeur général est remplacé par une autre personne, Jean-Claude perd presque tout son pouvoir, car il n'a pas pu maintenir sa complicité avec le nouveau directeur général. Son crédit s'est épuisé rapidement et il s'est trouvé assez limité dans sa capacité d'obtenir des choses qu'il aurait voulues pour son service.

En fait, la stabilité et la durabilité du pouvoir d'un individu sont conditionnées par la qualité des sources ou bases sur lesquelles s'appuie ce pouvoir. Plus les sources sont solides, plus le pouvoir est stable. Ainsi, un gouvernement élu par une forte majorité jouira, au début de son mandat, d'une crédibilité élevée qui se traduira par un pouvoir difficile à ébranler, lequel fournira une grande marge de manœuvre. Il en va de même pour le cadre nouvellement entré en fonction qui, à cause de sa réputation ou de ses réalisations antérieures, est d'emblée accepté de son personnel. C'est cependant l'inverse qui se produit pour un cadre dont l'utilité du service est remise en cause par la direction.

Il faut également voir le pouvoir comme une donnée relative, c'est-à-dire qui varie en quantité au hasard des événements, mais surtout qui ne permet d'obtenir que *l'équivalent de son crédit*. En d'autres termes, une personne ne détient pas « le pouvoir » :

- elle détient une certaine quantité de pouvoir,
- dans une situation donnée,
- qui lui permet d'obtenir des autres,
- un certain nombre de choses.

Par exemple, le directeur d'un service, aussi puissant soit-il, est limité aux dimensions qui touchent le travail de son personnel et habituellement n'aura pas de prise sur la vie personnelle de ses subordonnés. Vu sous un autre angle, le cadre qui est perçu comme très puissant pourra obtenir beaucoup de choses de son personnel, comme c'est le cas pour Louis-Paul Dupuis, alors que celui qui en détient peu aura une marge d'action très limitée, comme c'est le cas pour Albert Langlois.

3.1.2. Pouvoir signifie obtenir

Une autre propriété de cette définition est d'aborder le pouvoir comme la capacité *d'obtenir* quelque chose. Souvent, dans l'esprit des gens, le pouvoir est associé à l'imposition. C'est là une vision trop étroite pour traduire correctement la réalité du pouvoir. Obtenir et imposer ne sont pas synonymes; il y a de multiples façons d'obtenir des choses et l'imposition n'en constitue qu'une. On peut demander, on peut suggérer, on peut inviter, et si l'on obtient ce que l'on désire, on aura eu du pouvoir, même si c'est par des moyens non contraignants.

Comme pouvoir et domination sont souvent confondus, précisons que la domination comporte du pouvoir mais que le pouvoir ne se traduit pas nécessairement par de la domination. En fait, la vie quotidienne offre plusieurs situations où l'on peut obtenir toutes sortes de choses sans avoir recours à des gestes contraignants, ce qui signifie qu'à chaque fois, nous vivons l'expérience d'avoir un certain pouvoir sur notre environnement. Dans plusieurs cas, ce pouvoir demeure cependant limité, ce qui signifie que la personne dispose de peu de *crédit*.

Dans certaines circonstances, la personne a la possibilité d'imposer sa volonté, mais le pouvoir ne fournit pas automatiquement cette possibilité; il faut que le pouvoir détenu par la personne soit suffisant pour le lui permettre. Ajoutons que la quantité de pouvoir dont une personne a besoin pour obtenir ce qu'elle désire est inversement proportionnelle au degré de convergence des intérêts des personnes en cause (Tessier, 1973). Ainsi lorsqu'il y a convergence entre les intérêts de deux personnes, il ne leur est pas nécessaire d'user de pouvoir pour amener l'autre à partager la même idée. En fait, ce genre de circonstances ne permet pas que se manifeste le pouvoir respectif des acteurs en présence. C'est lorsque la divergence apparaît que le recours au pouvoir devient utile pour obtenir ce que l'on désire; et plus la divergence est prononcée, plus la personne a besoin de pouvoir pour obtenir ce qu'elle désire. C'est notamment le problème d'Albert Langlois, dont les objectifs sont divergents de ceux de son personnel; il ne dispose pas d'un pouvoir suffisant pour vaincre les résistances.

Si le pouvoir a si mauvaise réputation et fait vivre tant d'inconfort à plusieurs de ses utilisateurs, c'est probablement que sa manifestation est à la fois très visible et très contrariante dans les situations de divergence d'intérêts. Ces situations sont souvent sources de conflits, de tensions, et si le pouvoir d'un autre lui permet de l'emporter, il est probable que l'on gardera le souvenir d'avoir été «victime» de son pouvoir. Il ne reste alors qu'un pas à faire pour considérer que le pouvoir est mauvais.

Ajoutons que l'acceptation rapide du point de vue d'un autre ne signifie pas nécessairement qu'il y a convergence des intérêts. Dans certaines situations, les gens ont l'impression que l'autre a tellement de pouvoir qu'ils ne peuvent rien faire pour contrer ses volontés et ils réagissent alors par de la soumission passive. Si, en apparence, on pourrait croire à de la convergence d'intérêt ou au succès d'approches non contraignantes, en fait les apparences camouflent de l'impuissance et de la crainte (Lukes, 1974; Roy, 1989). On observe ce phénomène dans certains régimes totalitaires et dans certaines organisations autocratiques.

3.1.3. Avoir du pouvoir, l'utiliser et le savoir

Une autre particularité découle de cette conception du pouvoir: la personne qui en détient ne l'utilise pas nécessairement; en effet, la détention d'un pouvoir ne crée pas l'obligation de l'utiliser (Emerson, 1962). Il se trouve toutes sortes de situations où des gens choisissent, consciemment ou non, de ne pas utiliser leur pouvoir. C'est parfois pour des motifs moraux, d'autres fois pour des motifs stratégiques, d'autres fois encore par négligence ou par ignorance. Peu importe le motif, la personne disposant d'un pouvoir quelconque a le loisir de décider si elle l'utilise ou non. C'est le cas du parent qui choisit de ne pas utiliser son pouvoir pour contraindre ses enfants à se vêtir comme il le souhaiterait; c'est aussi le cas du directeur d'un service qui n'utilise pas son pouvoir pour amener les membres de son personnel à adopter ses propres méthodes de travail; c'est encore le cas du gestionnaire qui décide de ne pas utiliser son pouvoir pour sévir contre un employé dont l'assiduité au travail laisse à désirer.

Pour qu'on puisse affirmer qu'une personne a du pouvoir, faut-il qu'elle ait d'abord eu l'intention d'en acquérir? C'est ce que soutiennent certains auteurs (Russell, Tawney, Weber). D'autres, au contraire, prétendent que ce qui compte, c'est l'effet produit et non l'intention (Partridge, Oppenheim). Nous partageons cette dernière opinion. Ce qui compte, ce n'est pas que la personne ait tenté ou non d'accumuler du pouvoir, c'est le résultat: elle se retrouve dans une situation qui lui fournit la capacité d'obtenir ce qu'elle désire.

Différentes situations font qu'un individu hérite d'un pouvoir qu'il n'a pas recherché. Par exemple, un directeur d'hôpital dans une région éloignée s'est vu confier la présidence d'un comité ayant pour tâche de tracer un plan de développement économique. Il avait initialement accepté de siéger au comité pour se rendre utile à la communauté, mais il ne recherchait pas la présidence. Les membres du comité ont insisté pour qu'il l'assume et lui ont accordé beaucoup de crédibilité, à sa surprise d'ailleurs. Il a appris par la suite les éléments de la conjoncture qui l'ont favorisé à son insu : certains membres du comité étaient en désaccord quant aux priorités à retenir et les deux parties percevaient le directeur de l'hôpital comme une personne intègre.

Citons aussi l'exemple de cet individu employé dans un service public à qui l'on accordait beaucoup de pouvoir en dépit du fait qu'il était nouveau dans l'organisation, que ses compétences n'avaient pas encore été démontrées et qu'il était peu connu de ses collègues. Pourtant, on lui accordait beaucoup de pouvoir, indépendamment de sa volonté d'en détenir autant. La clé de l'énigme : cet individu était perçu, à tort d'ailleurs, comme le protégé d'un haut fonctionnaire, extérieur au service, mais qui, lui, disposait d'une puissance importante. Malgré lui, et même sans en être conscient au début, le nouveau venu disposait d'un pouvoir significatif, qu'il n'avait pas eu à gagner (et qu'il pouvait perdre cependant). Cet exemple fait toutefois figure d'exception ; il faut bien reconnaître que la plupart des personnes qui ont du pouvoir ont agi délibérément pour en acquérir. Néanmoins, il ne faut pas confondre intention et réalité.

On trouve une excellente parodie de ce phénomène dans le film *Le jardinier*, dont le personnage principal est incarné par Peter Sellers. À la suite d'un accident mineur, on se méprend, à son insu, sur l'identité d'un jardinier, simple d'esprit : on le confond avec son maître décédé qui avait des titres de noblesse. On lui accorde alors un pouvoir tel qu'on fera appel à lui pour conseiller le président de la nation. Ses propos sont incohérents, mais on en conclut qu'il s'agit de figures de style que l'on doit décoder pour en saisir la véritable signification. La dernière chose que recherche ce jardinier, c'est du pouvoir ; pourtant il en obtient beaucoup.

Dans notre définition citée plus haut, on peut être tenté de voir une contradiction dans la dernière partie de la définition qui dit : «[...] qu'il ne l'aurait fait sans son intervention». On comprendra qu'il s'agit ici des gestes posés pour obtenir ce que l'acteur désire, non pour acquérir du pouvoir. Par exemple, le fait qu'une personne exprime une préférence ne signifie pas nécessairement qu'elle désire imposer son choix aux autres; or il pourrait arriver que les autres vivent cette situation comme un exercice de pouvoir et adoptent ce choix.

S'il est quelque chose qui soit lié à l'intention, c'est plutôt la volonté d'utiliser son pouvoir lorsque l'on sait en détenir. En effet, la personne qui dispose de pouvoir sans l'avoir recherché sera peut-être moins encline à l'utiliser, contrairement à celle qui aura travaillé activement à en acquérir. C'est une observation que nous avons souvent faite dans des cours ou séminaires de formation sur le pouvoir et le leadership. Des individus se font dire par leurs collègues qu'ils ont du pouvoir sur eux, mais ils refusent d'accréditer cette réalité, prétextant qu'ils n'en ont pas recherché. Ils reçoivent même cette remarque comme une accusation et font plus ou moins consciemment le choix de ne pas l'utiliser. Certains vont jusqu'à adopter par la suite une position de retrait, pour être sûrs de ne pas exercer de pouvoir sur les autres.

3.1.4. Le pouvoir, un écart

Le pouvoir ne s'exerce pas dans un vide social. Au contraire, il s'exerce dans un milieu où plus d'un acteur sont susceptibles d'en détenir. En conséquence, le pouvoir d'un individu n'a de signification qu'en fonction de celui des autres, et l'important devient l'écart entre les acteurs. C'est cet écart qui déterminera si un individu est capable d'obtenir ce qu'il désire. En d'autres termes, celui qui a la capacité de faire en sorte que les autres agissent ou pensent à sa façon détient plus de pouvoir que les autres. Le pouvoir ne se mesure pas en lui-même, mais plutôt en plus ou en moins par rapport à celui des autres. C'est là la vision exprimée par la définition suivante:

> [...] le pouvoir de A sur B est égal à la force maximale avec laquelle A peut agir sur B MOINS la force maximale de résistance que B peut mobiliser dans la direction opposée. (French, 1956, p. 182)

3.1.5. Pouvoir et moralité

Terminons cette série de considérations relatives à la définition du pouvoir en soulignant le fait que cette définition ne préjuge pas de la valeur morale du pouvoir. En soi, le pouvoir n'est ni bon ni mauvais;

c'est d'abord une réalité qui existe et qui en plus est omniprésente. On croit parfois que les rapports égalitaires entre personnes éliminent l'exercice du pouvoir. À notre avis, c'est une conception erronée. Il faut plutôt dire que, dans les rapports égalitaires, les manifestations de pouvoir ne sont pas apparentes ou encore qu'il y a équilibre de pouvoir entre les acteurs. Lorsque des divergences d'intérêts apparaissent et que l'on n'arrive pas à concilier aisément un différend, les manifestations du pouvoir redeviennent habituellement visibles et sont mises à contribution pour activer la résolution du litige. Cela ne veut pas dire qu'il sera résolu avec des mesures contraignantes, mais bien plutôt que les acteurs examineront (ne serait-ce qu'implicitement) l'équilibre du pouvoir entre eux pour décider de l'issue. Comprenons bien qu'il ne s'agit pas d'une charge contre les mérites de l'égalité. C'est là une aspiration sociale qui nous semble légitime et souhaitable dans une société en santé. Mais si l'égalité signifie l'absence de rapports de pouvoir, il risque d'en résulter une situation d'inertie à chaque fois que les gens ne réussiront pas à arriver à un consensus.

À notre avis, les problèmes moraux trouvent leur source dans l'utilisation qui est faite du pouvoir. Selon les cas, il est utilisé au profit du bien ou au profit du mal. C'est donc son usage qui sera positif ou négatif, selon l'opinion de l'observateur d'ailleurs. Il serait sans doute plus approprié de parler de pouvoir légitime et de pouvoir illégitime pour distinguer le pouvoir socialement accepté du pouvoir maintenu par la coercition (Parsons, 1963). Il en est explicitement question dans les chapitres suivants.

3.2. L'influence

Les expressions «pouvoir» et «influence» sont souvent employées comme synonymes dans le langage courant. Peu d'auteurs ou de chercheurs se sont souciés de définir la notion d'influence. À la lecture des textes et des articles sur le sujet, on reste avec l'impression que plusieurs considèrent pouvoir et influence comme des expressions interchangeables. Certains suggèrent que l'influence serait une forme plus douce ou informelle (Jacques, 1986) d'expression du pouvoir.

Par exemple, si on se reporte à l'exemple 1.2., que veut-on exprimer lorsque l'on dit que les idées de Julie ont de l'influence sur ses collègues? Voici quelques définitions de ce concept que divers auteurs ont tenté de préciser:

- Le comportement de C influence le comportement de R si et seulement si le comportement de C produit des changements dans le comportement de R (McFarland, 1969, p. 6);

- Mécanisme par lequel les sous-groupes divergents, sans autorité les uns sur les autres, peuvent compétitionner pour le pouvoir à l'intérieur d'une organisation (Bacharach et Lawler, 1980, p. 30);

- [Un] mécanisme de «facilitation» par lequel un individu est mis en mesure de trancher des difficultés qui l'embarrassaient (Bourricaud, 1969, p. 323);

Pour notre part, nous proposons la définition suivante:

- *l'influence est un processus par lequel un individu produit un effet, suscite une réaction chez les autres.*

Alors que le pouvoir a été défini comme un résultat, un état de fait, l'influence de son côté est présentée comme un processus, donc une réalité active, dynamique. L'influence correspond à la dynamique qui s'exerce dans une relation où les divers acteurs ont des effets les uns sur les autres. Parfois l'influence d'une personne traduit qu'elle a du pouvoir; c'est le cas lorsqu'elle réussit régulièrement à influencer son environnement social dans le sens qu'elle désire; elle a ainsi la capacité d'obtenir que les autres agissent ou pensent à sa façon. Comme le suggère Nicole Côté-Léger, le pouvoir permet d'influencer (1979).

Reprenons l'exemple d'Albert Langlois. En principe, il a du pouvoir qui découle de son statut de directeur général. Albert fait différentes tentatives pour influencer les membres de son personnel, c'est-à-dire pour les amener à agir dans le sens qu'il désire, mais il échoue à plusieurs reprises. Ces échecs indiquent bien qu'il a de fait peu de pouvoir dans ce système. Toutefois ses interventions ne sont pas sans effets sur l'organisation: des conflits apparaissent, les communications s'appauvrissent, les décisions deviennent difficiles à prendre, le personnel perd sa motivation. Albert suscite des réactions et produit des effets; donc il influence les membres de son organisation, mais pas dans le sens qu'il le désire. Par ailleurs, à certaines occasions il réussit à produire l'effet qu'il recherche; dans ces situations, il influence les gens et exerce du pouvoir. Ainsi, l'influence a un caractère très immédiat relié au processus qui se déroule. Le pouvoir quant à lui est un état antérieur au moment où se fait la tentative d'influence, ou encore, c'est le résultat de plusieurs tentatives d'influence réussies.

L'influence est un phénomène que la personne ne contrôle pas nécessairement et qui, d'ailleurs, procède probablement autant par attribution (Jaspers, 1984) de la part des autres que par intention de la personne qui l'exerce. Par exemple, un professionnel victime d'épuisement professionnel dans son travail demande et obtient un congé sans solde d'un an pour refaire ses énergies en se consacrant à d'autres activités. Dans les mois qui suivent, trois autres professionnels font des demandes analogues, après avoir été influencés par le comportement de leur collègue. Dans cet exemple, le premier professionnel n'a aucune intention de susciter cette réaction chez ses collègues ; ce sont eux qui ont choisi d'être influencés. Il n'était pas nécessaire que le premier professionnel ait du pouvoir pour que ses collègues soient influencés par son comportement. Peut-être était-ce même quelqu'un d'assez effacé dans l'organisation ?

Le fait d'avoir de l'influence dans une situation donnée ne suppose donc pas que l'on ait du pouvoir (Blau, 1964). Par ailleurs le pouvoir peut découler de quelques tentatives d'influence réussies ; les expériences répétées de succès développent l'image que la personne « a la capacité d'obtenir des autres qu'ils agissent ou pensent différemment... ».

Il faut retenir deux choses au sujet de l'influence. D'une part, l'influence se déroule au sein du processus psychosocial qui se vit entre des personnes en interaction directe ou indirecte. D'autre part, l'influence a un caractère immédiat ; elle est liée aux événements actuels qui se déroulent. Aussi, lorsqu'on dit de quelqu'un qu'il a beaucoup d'influence ou qu'il en a souvent, c'est une façon de dire qu'il a du pouvoir.

Prenons l'exemple suivant pour illustrer encore plus clairement la différence entre influence et pouvoir. Jacques et Louise ont des points de vue différents sur une question et discutent tous deux avec leur patron pour essayer de le convaincre qu'ils ont respectivement raison. Celui-ci acquiesce à plusieurs des arguments de Louise et se montre manifestement irrité par certains arguments de Jacques. Les deux employés ont donc de l'influence sur lui, mais seule Louise l'affecte dans le sens qu'elle le désire et exerce alors du pouvoir.

Notons que l'influence n'agit pas uniquement du haut vers le bas, mais bien dans trois directions, soit du bas vers le haut (l'employé qui tente d'influencer son supérieur), entre collègues de même niveau (deux professionnels dans un service) et du haut vers le bas. Il faut donc éviter de concevoir les processus d'influence comme des outils au service de ceux qui ont un statut d'autorité.

3.3. Les modalités de l'exercice du pouvoir

Divers auteurs ont attiré l'attention sur l'existence d'une dimension formelle et d'une dimension informelle dans la réalité des organisations et des systèmes sociaux (Leavitt, 1978). Bierstedt l'illustre bien dans les propos suivants:

> Mais dans toute association, les membres deviennent liés les uns avec les autres et interagissent non seulement extrinsèquement et par catégories, selon le statut qu'ils occupent, mais aussi intrinsèquement et personnellement selon les rôles qu'ils exercent et les personnalités qu'ils affichent. (Bierstedt, 1960, p. 735)

Le pouvoir s'exerce sur ces deux plans, c'est-à-dire le plan formel et le plan informel, et peut donc s'exprimer et s'acquérir par des voies formelles et informelles.

FIGURE 7
Les modes d'exercice du pouvoir

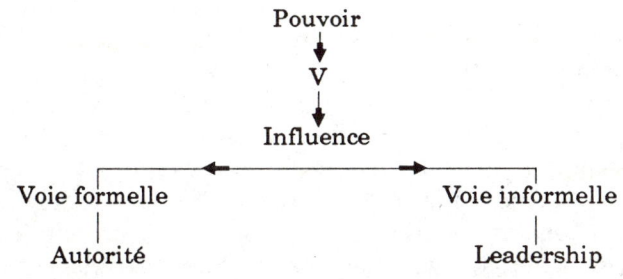

La dimension formelle est associée aux aspects institutionnalisés et structuraux des systèmes sociaux. Elle a trait aux règles officielles qui régissent l'organisation ou la société concernée. Elle traite des attentes, des droits et des devoirs officiellement établis et reconnus. C'est l'univers des règlements, des politiques, des lois, des procédures. L'exercice du pouvoir sur le plan formel se matérialise dans l'autorité, concept surtout développé par Weber et Fayol, comme nous l'avons vu au chapitre 2.

La dimension informelle correspond aux réseaux de relations et de communications qui se tissent dans un système social, mais qui ne sont pas institutionnalisés ni régis par des règles officielles. C'est l'univers des relations interpersonnelles, des mœurs, des normes sociales et des valeurs qui les sous-tendent. L'exercice du pouvoir sur plan informel se matérialise dans le leadership et a fait l'objet de recherches principalement en psychologie sociale.

Illustrons la différence entre les deux plans à partir de quelques-uns des cas décrits au chapitre 1. Albert Langlois détient un titre d'autorité et peut donc exercer de l'influence sur le plan formel. Il peut s'attendre raisonnablement à ce que ses décisions soient respectées, du moins minimalement. Par contre, on sait que son image est très négative aux yeux de son personnel et, en conséquence, il ne doit pas s'attendre à être influent par des voies informelles. Le cas de Julie Dubois représente complètement l'inverse. Elle ne dispose pas d'un statut d'autorité qui lui permettrait d'exercer officiellement son influence, par des décisions par exemple. Sur le plan informel cependant, ses idées sont appréciées de ses collègues et elle les influence effectivement assez souvent pour que l'on considère qu'elle a du pouvoir. Judith Jones, quant à elle, est aux prises avec une situation bizarre. Bien qu'elle ait un statut d'autorité comme directrice des soins infirmiers, elle a surtout utilisé le canal informel pour influencer son personnel, c'est-à-dire le leadership qu'elle s'est acquis. Toutefois, devant la nouvelle politique de l'hôpital, ses partisanes résistent aux changements qu'elle doit implanter et lui laissent subtilement comprendre que son leadership ne sera pas suffisant pour les entraîner dans cette voie. Si elle tient à obtenir leur accord, elle devra le faire par le registre formel, c'est-à-dire en utilisant son autorité, ce qu'elle accepte difficilement. Louis-Paul Dupuis, de son côté, jouit d'un statut d'autorité et bénéficie également de leadership, de sorte qu'il peut recourir autant au registre formel qu'au registre informel.

Cette distinction entre l'autorité et le leadership n'est pas souvent établie, d'où une confusion qui laisse l'impression que l'un est une variante de l'autre ou une sous-catégorie de l'autre. Peter Blau, par exemple, après avoir commenté le prestige élevé qu'entraîne la présidence des États-Unis, conclut que: «Le consensus concernant l'obligation d'obéir à une requête d'une personne [...] transforme son pouvoir personnel en un leadership autoritaire» (1964, p. 129). Foucher (1973) introduit la même confusion lorsqu'il parle du «leadership formel», qu'il explicite en disant : «Celui qui exerce un poste de gérance possède un pouvoir, une autorité en vertu de sa position» (p. 4). Hersey et Blanchard (1977) entretiennent la même ambiguïté dans leur modèle sur le leadership situationnel en identifiant quatre grandes approches utilisables par un gestionnaire, mais sans jamais spécifier si celui-ci agit sous le mode du leadership ou de l'autorité. On note cependant qu'une des approches décrites est la direction, ce qui signifie la prise de décision unilatérale, et qu'une autre approche décrite est la délégation, ce qui signifie qu'il faut être en autorité pour déléguer. Ces éléments suggèrent que les auteurs voient le leadership comme la façon d'exercer son autorité. On n'y gagne pas en clarté ! Leadership ou autorité ? ou les deux ?

À notre avis, il faut dissocier autorité et leadership si l'on veut bien saisir les deux réalités auxquelles ces concepts réfèrent, et surtout si l'on veut éviter de masquer la nature véritable des rapports de pouvoir dans les organisations.

Les dimensions formelle et informelle, donc l'expression de l'autorité et du leadership, sont parfois présentées comme des composantes antagonistes de la réalité organisationnelle. Mintzberg entre autres, donne cette impression en associant l'informel à l'illégitime :

> [...] nous envisageons la «politique» [dans une organisation] comme étant un sous-ensemble du pouvoir et nous y voyons un «pouvoir informel, illégitime» par nature. (Mintzberg, 1986, p. 40)

Nous proposons de concevoir ces deux dimensions, le formel et l'informel, comme deux volets d'une même réalité qui coexistent dans tout système organisé. Selon les cas, l'un et l'autre seront plus ou moins visibles et plus ou moins étanches, mais toujours présents. Une organisation sans la composante formelle n'est pas une organisation, c'est une foule. Une organisation sans la composante informelle est momifiée ; elle existe, mais n'a pas de vie.

Pour illustrer ces deux dimensions, reprenons une analogie qui a été faite précédemment. La dimension formelle serait équivalente à une carte routière qui indique les voies officielles normalement prévues pour communiquer d'un endroit à un autre. La dimension informelle, pour sa part, serait comparable à une carte topographique qui, elle, permet de connaître les particularités du terrain et, éventuellement, les tracés naturels qui peuvent être empruntés pour communiquer d'un lieu à un autre. De la même façon que le vent ne se soucie pas des routes pour se diriger, les communications ne suivent pas toujours les voies formelles dans une organisation. Ainsi, le formel et l'informel traitent d'aspects différents d'une même réalité et *doivent* être superposés pour offrir une compréhension juste des phénomènes de pouvoir. C'est d'ailleurs une faiblesse des diverses théories présentées au chapitre 2 que de s'intéresser à une seule des deux dimensions ou encore de les confondre complètement.

Il est possible par ailleurs que des forces antagonistes se manifestent dans l'une et l'autre dimension. C'est ce qui se passe quand, par exemple, un leader naturel dans un service est en conflit avec le chef du service, avec comme conséquence que le reste du personnel se sent déchiré entre sa loyauté à l'endroit de ce leader et l'obligation de se conformer aux demandes *officielles* du chef de service. Ce ne sont pas les dimensions formelles et informelles qui sont conflictuelles ; ce sont les individus qui les incarnent.

Nous formulons l'hypothèse que la dimension informelle aurait tendance à s'hypertrophier dans les organisations où l'exercice de l'autorité est déficient, quelles qu'en soient les raisons. En effet, si le recours aux mécanismes formels suscite trop d'insatisfactions, de frustrations ou de déceptions, les gens seront tentés de faire appel aux canaux informels pour soit court-circuiter les zones de blocage, soit compenser en établissant des relations clandestines, permettant aux gens de trouver quand même des solutions aux problèmes. D'ailleurs, souvent les personnes dont l'autorité est menacée cherchent à renforcer leur pouvoir en tentant d'empêcher les réseaux naturels de fonctionner. On aura vu par exemple des chefs de service défendre la tenue de rencontres informelles sans leur présence!

Reprenons le cas d'Albert Langlois pour illustrer ce phénomène. Albert maintenait ses orientations, son style et ses attentes. Comme les gens ne pouvaient résister ouvertement à son autorité, pour protéger leur emploi, ils se soumettaient, du moins minimalement. En parallèle cependant, l'informel s'est rapidement activé et développé. Il était fréquent que des sous-groupes se forment pour ridiculiser la direction ou pour s'en plaindre et des leaders sont apparus dans ces sous-groupes. Il était fréquent que les gens se téléphonent ou se visitent à leur domicile pour se donner des «tuyaux». Une organisation clandestine était en train de se former. Les véritables enjeux n'étaient plus discutés ouvertement par les voies formelles. La plupart des membres s'employaient à valider régulièrement les nouvelles informations auprès des leaders de l'informel. Durant ce temps, la productivité de l'organisation diminuait continuellement et Albert perdait le contact avec son personnel qu'il traitait avec de plus en plus de mépris. La situation se détériora jusqu'au point où un groupe d'employés adressa une lettre anonyme au conseil d'administration, l'informant des difficultés vécues et lui demandant de congédier le directeur général. Des problèmes dans le processus d'exercice de l'autorité ont dans ce cas entraîné une hypertrophie du système informel.

Dans certains cas, le déplacement vers le réseau informel peut être salutaire pour l'organisation, car il permet au personnel de trouver des moyens pour pallier les dysfonctions du réseau formel. C'est ce qui se passe lorsqu'on dit d'une organisation qu'elle réussit à fonctionner malgré les autorités en place...

Par ailleurs, les organisations où la dimension informelle est pauvre, c'est-à-dire là où les gens conversent peu, partagent peu entre eux et se limitent aux mécanismes formels pour faire circuler l'information et influencer les décisions, sont habituellement rigides, peu dynamiques et exposées à l'inertie. On est au pays des zombies; quelqu'un ordonne, les autres se soumettent. L'histoire de certains pays totalitaires où les libertés individuelles sont limitées illustre bien les conséquences de ce type d'organisation.

3.4. La légitimité dans l'exercice du pouvoir

Il y a un autre angle sous lequel on doit examiner les rapports d'influence pour en saisir toute la réalité et Weber est l'un des rares à l'avoir considéré, c'est celui de la légitimité. Les moyens utilisés par une personne pour tenter d'influencer d'autres personnes peuvent être acceptables ou inacceptables et le pouvoir d'un individu sera en conséquence perçu comme légitime ou illégitime. Dans la description précédente de la situation d'Albert Langlois, c'est en fait sa légitimité qui est en cause.

Le *Larousse* dit que ce qui est légitime «a les qualités requises par la loi» (1986, p. 574). Weber exprime une conception analogue. Dans le cas des organisations, il faut donc comprendre que les processus d'influence légitimes sont ceux qui sont permis par les règles officielles. Mario Roy, dans le cadre d'une recherche doctorale, a examiné de plus près cette question et en est arrivé à élargir la notion de légitimité à ce qui est officieux. Voyons ce qu'il en dit :

> La notion de légitimité dans l'exercice du pouvoir n'est pas limitée à sa composante formelle, c'est-à-dire les lois, les règles officielles de l'organisation ou la convention collective. La légitimité inclut aussi une autre composante qui traite des règles implicites et des normes partagées qui sont des dérivés tantôt de la culture organisationnelle (normes, pratiques, politiques, etc.), tantôt des ententes tacites convenues entre le supérieur et ses subordonnés (définition de rôles, procédés d'influence, proximité dans la supervision, etc.), tantôt des valeurs intériorisées par les subordonnés quant aux relations avec l'autorité (équité, honnêteté, règles de conduite, etc.). (Roy, 1990, p. 17)

Cette conception a l'avantage d'intégrer la notion du consensus social dans le processus de légitimation du pouvoir. Celui-ci s'opère non seulement à partir de critères légaux ou officiels, mais aussi à partir de critères sociaux et culturels que l'on peut qualifier d'officieux, en ce sens qu'ils ne sont pas explicités par un code officiel mais qu'ils sont largement partagés par les acteurs du système social ou organisationnel concerné. Ainsi, c'est le fait d'être l'objet d'un consensus social large qui rend légitime une façon d'exercer de l'influence dans un milieu donné.

Par exemple, un contremaître peut, en vertu de son statut, donner des ordres à un subordonné mais la culture du milieu peut *exiger* qu'il le fasse dans un langage apparenté à la suggestion, sinon il s'exposerait à une forme d'ostracisme de la part de son personnel. La règle formelle légitime le fait qu'il donne des ordres, mais les règles informelles (les mœurs) rendent illégitimes certaines façons de le faire dans la *perception* des membres de ce système. Le même contremaître peut être autorisé, en vertu de la convention collective, à distribuer le travail au personnel selon son bon jugement. Si toutefois la pratique et la tradition font que les employés sont consultés au préalable, l'attitude du contremaître sera *perçue* comme illégitime s'il ne se conforme pas à cette règle implicite (on l'a toujours fait ainsi).

Il en va de même pour le leadership, c'est-à-dire l'exercice d'influence sur le plan informel. Si certains comportements sont acceptés, donc reconnus comme légitimes, d'autres sont discrédités et considérés comme illégitimes. Dans le cas de l'informel, ce sont en général des principes moraux qui dictent ce qui est légitime et ce qui ne l'est pas. Par exemple, dans la culture occidentale, le mensonge, le recours à la violence, la démagogie sont habituellement considérés comme illégitimes pour faire valoir son point de vue, de sorte que pour avoir du leadership, on devra éviter d'afficher ces comportements.

Le caractère légitime ou illégitime du pouvoir informel est cependant une réalité difficile à décrire à cause de son caractère implicite.

Prenons l'exemple de Julie Dubois, décrit au chapitre 1. Julie possède du leadership auprès de ses collègues. Elle semble avoir recours à des procédés *acceptables* pour les influencer: on la perçoit comme honnête, elle utilise un langage respectueux avec ses collègues, elle formule ses opinions sous forme de suggestions et ne profère pas de menaces, elle n'utilise pas le pouvoir qu'elle a acquis pour diminuer ses collègues ou obtenir d'eux des gestes qu'ils jugent incorrects ou immoraux. En bref, elle respecte les normes sociales en vigueur dans le système dont elle fait partie et cela lui permet d'exercer une influence jugée légitime, sous le mode du leadership dans son cas.

Les théories existantes sur le pouvoir dans les organisations, qu'elles traitent d'autorité ou de leadership, se sont presque exclusivement penchées sur les formes légitimes d'exercice de l'influence.

Peut-il exister des tentatives d'influence informelle qui seraient illégitimes ? Certes. Prenons l'exemple de ce chef d'équipe qui maintenait son emprise sur ses cinq collègues en manipulant systématiquement l'information, en les empêchant d'avoir accès aux sources d'information et en usant de menaces voilées. Bien qu'il ait eu le titre de chef d'équipe, il ne disposait pas vraiment d'autorité, de sorte qu'il ne pouvait avoir recours qu'à des moyens informels. Comme il était le plus ancien de l'équipe, qu'il était un comédien de premier ordre et qu'il était très habile à manier le mensonge pour maintenir un climat de menace chez ses collègues, il a réussi à maintenir son emprise durant quelques années. Avec le temps, ses collègues en sont arrivés à considérer son influence comme illégitime, mais manquaient de savoir-faire pour s'y soustraire... jusqu'au jour où les cinq formèrent une coalition pour lui faire perdre son rôle de chef d'équipe. Son mode de fonctionnement avait donc été perçu comme illégitime, mais cet individu réussit néanmoins à maintenir son pouvoir durant un certain temps. Il se servait de moyens jugés immoraux, qui avaient pour effet de placer les gens soit dans l'ignorance soit dans la peur. De tels personnages n'occupent habituellement pas très longtemps leur rôle car, tôt ou tard, les gens cessent de tolérer la situation et les écartent d'une façon ou d'une autre.

Voyons maintenant quelle forme prend l'illégitimité sur le plan formel. Elle s'exprime habituellement par l'appropriation du pouvoir par des moyens illégaux et surtout, par le maintien au pouvoir en dépit du désaveu populaire. Lorsqu'il s'agit de nations, on se trouve en présence de tyrans qui sont arrivés au pouvoir en recourant à la force et qui par la suite ne se sont pas exposés au scrutin populaire pour s'assurer d'être légitimés par la population qu'ils dirigent. Par exemple, Hitler avait en fait obligé le gouvernement allemand à le nommer dictateur à vie. Au début de son mandat, il jouissait d'une certaine popularité auprès de la population allemande, mais assez rapidement, il s'est doté de moyens efficaces (lois et police) pour empêcher l'expression de toute forme de contestation de sa légitimité. Durant la dernière année de la guerre contre les alliés, tout indique qu'un grand nombre de citoyens ne reconnaissaient plus sa légitimité, mais peu osaient l'exprimer. À l'intérieur même de l'armée allemande, plusieurs officiers ne reconnaissaient plus sa légitimité mais ne disposaient pas de moyens pour l'exprimer. Il y eut d'ailleurs plusieurs complots pour le destituer mais tous ont échoué (Toland, 1978). On a vu le même phénomène se produire aussi en Haïti avec les Duvalier père et fils, et il aura fallu attendre de longues années avant que la population se mobilise en assez grand nombre pour obtenir le départ du dictateur.

Ce phénomène s'observe également dans certains gouvernements élus démocratiquement. Il arrive en effet qu'un gouvernement, vers la fin de son mandat, ait perdu l'appui populaire de la population mais tente néanmoins d'adopter des lois controversées. Ce gouvernement est légitime au point de vue strictement légal, mais au point de vue politique, sa légitimité est douteuse.

Dans les organisations, on imagine difficilement que quelqu'un puisse s'approprier du pouvoir par la force. Il s'y produit cependant des situations analogues à celles des gouvernements usés en fin de mandat. En effet, il arrive que certains gestionnaires, donc des individus avec un statut d'autorité, perdent tellement de crédibilité auprès de leurs subordonnés qu'ils sont considérés désormais comme illégitimes par ces derniers. Typiquement, on observe alors de la contestation systématique, du sabotage, de l'insubordination. C'est précisément ce qui s'est produit dans le cas d'Albert Langlois, dont il a été question précédemment. Les gens ne reconnaissaient plus sa compétence et refusaient désormais de travailler sous ses ordres. Aussi longtemps que le conseil d'administration de l'entreprise ne lui eut pas retiré son mandat, Albert était toujours légitimé, au point de vue formel, d'exercer son autorité. Au point de vue psychosocial cependant, on ne peut pas en dire autant, car le système social dont il faisait partie ne cherchait plus que les occasions de neutraliser ses gestes. Dans les organisations donc, les cas d'influence illégitime sont surtout en fonction des critères officieux, c'est-à-dire des normes, des valeurs, des pratiques.

Il se produit des situations où le pouvoir de certains individus ou groupes paraît illégitime aux yeux de la société ambiante, mais est considéré comme légitime par un sous-groupe particulier. C'est le cas dans le monde du crime où les moyens d'exercer de l'influence sont peu compatibles avec ceux acceptés dans la société en général, mais sont tout à fait légitimes dans cette sous-culture. Ce sont donc les règles spécifiques à chaque sous-système qui déterminent ce qui est légitime. L'exemple de Don Corleone dans le célèbre roman *Le parrain* illustre bien ce phénomène. Don Corleone est un personnage puissant, bien qu'il ne détienne pas de statut *officiel* d'autorité. Il s'est cependant attribué le statut *officieux* de parrain, titre qui suggère un pouvoir de type paternaliste et protecteur. Le parrain exerce son influence par des moyens parfois illégaux (corruption et crimes par exemple), parfois immoraux (menaces, chantage par exemple), parfois les deux. Dans la société américaine, ce sont des modes d'influence désapprouvés et prohibés. Toutefois, au sein de la mafia, ces mêmes comportements deviennent tout à fait légitimes, en ce sens qu'ils font naturellement partie des règles du jeu. Ainsi, le parrain a institué un système parallèle avec son propre code social et selon ce code, son autorité est reconnue, légitimée. Son statut est officialisé à un point tel qu'on l'identifie clairement comme le chef du clan, sans que toutefois ce clan n'ait d'existence formelle.

Des discussions avec Mario Roy sur ces divers aspects du processus d'influence nous ont amené à dresser la grille présentée au tableau 2. Cette grille identifie les modes typiques d'exercice du pouvoir en fonction du caractère formel de la relation et du degré de légitimité des moyens utilisés.

TABLEAU 2

Typologie des modes d'exercice du pouvoir

Modes	Légitime	Illégitime
Formel	Autorité (influence acceptée)	Dictature (influence subie)
Informel	Leadership (influence choisie)	Domination (influence tolérée)

Nous ne nous intéressons ici qu'aux modes légitimes de l'exercice du pouvoir, à savoir l'autorité et le leadership. Quant aux modes illégitimes, le sujet est très peu documenté et pourrait certainement alimenter des recherches très instructives.

3.5. Le leadership et l'autorité

Comme un chapitre complet est consacré à l'autorité et un autre au leadership, nous nous bornerons pour l'instant à les définir sommairement.

Nous définissons le leadership comme:

> *la capacité qu'a un individu d'influencer les autres dans le sens qu'il désire, sans avoir à recourir, explicitement ou implicitement, à des sanctions formelles.*

Ainsi, le leadership constitue une façon d'exercer son pouvoir, caractérisée par le fait que les destinataires ne sont pas *forcés* d'accepter l'influence. En d'autres termes, le leadership ne résulte pas de la décision de celui ou celle qui exerce l'influence, mais bien de la volonté de ceux qui choisissent de se laisser influencer.

Quant à l'autorité, pour l'instant, présentons-la comme:

> *la capacité d'influencer les autres dans le sens désiré, en s'appuyant sur la possibilité de recourir à des sanctions formelles.*

Dans le chapitre portant sur l'autorité, une définition plus nuancée sera présentée. Celle-ci est cependant suffisante à ce stade-ci pour illustrer que, contrairement au leadership, dans le cas de l'autorité les gens sont dans une certaine mesure obligés de se conformer à l'influence qu'ils reçoivent. En d'autres termes, en situation d'autorité, l'exercice de l'influence résulte de la volonté de celui ou celle qui détient l'autorité (dans la mesure toutefois où les destinataires ne peuvent pas aisément s'y soustraire).

Le tableau 3 présente, de façon synthétique, le parallèle que l'on peut tracer entre l'autorité et le leadership.

TABLEAU 3
Parallèle entre l'autorité et le leadership

L'autorité	*Le leadership*
▪ est obtenue formellement	▪ est obtenu informellement
▪ est confiée à un individu par l'institution	▪ est attribué à l'individu par le groupe
▪ se traduit par un organigramme et des règles officielles	▪ se traduit par un sociogramme et des normes sociales
▪ est clairement concentrée sur certaines personnes	▪ tend à être dispersé à l'intérieur d'un groupe
▪ est généralement contrôlée par l'institution	▪ est contrôlé par le groupe
▪ est généralement assez stable	▪ est généralement situationnel

Chapitre 4
Les sources du pouvoir

4.1. Les conditions requises pour détenir des ressources valorisées 95
4.2. La conception de French et Raven 97
4.3. Les mécanismes de l'acquisition du pouvoir 97
4.4. Rationalité et pouvoir 98
4.5. Les sources de pouvoir dans l'autorité 99
4.6. Les sources de pouvoir dans le leadership 100
4.7. Le contre-pouvoir 101

Savoir ce qu'est le pouvoir et connaître ses modes d'expression n'est pas suffisant pour en bien comprendre la dynamique: il faut surtout en connaître la source. Formulée sous une forme interrogative, cette assertion revient à répondre à la question suivante: Qu'est-ce qui permet à un individu d'avoir du pouvoir dans une situation donnée? En nous inspirant de la pensée de Peter Blau (1964), nous estimons que les sources du pouvoir reposent sur:

- *la détention, réelle ou présumée, de ressources valorisées par les personnes à influencer.*

Selon cette formule, une personne peut exercer du pouvoir dans une situation donnée si elle détient des ressources valorisées dans le système social où cette situation se déroule. Insistons sur le fait que la personne *peut* exercer du pouvoir, mais que ce n'est ni automatique ni inconditionnel.

FIGURE 8

Les sources du pouvoir

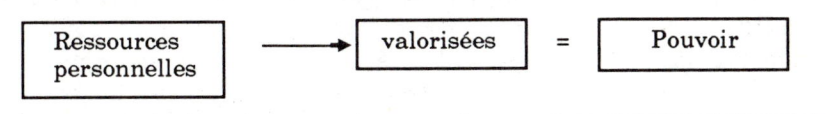

Qu'est-ce que l'on entend par ressources? Il s'agit de tout élément qui peut être utilisé dans le système social ou l'organisation, par exemple la force physique, l'intelligence, les habiletés, les connaissances, les droits, le style personnel, le type de langage, l'argent, la propriété, la réputation, etc.

Comme chacun d'entre nous dispose de ressources personnelles, nous sommes tous potentiellement en mesure d'exercer un certain pouvoir, contrairement à l'opinion des virtuoses de l'impuissance. À ce sujet, Saul Alinski (1976) rapporte l'exemple des disciples de Ghandi lors des actions qui ont entraîné l'indépendance de l'Inde. Au premier abord, les gens paraissaient tellement démunis qu'ils ne semblaient disposer d'aucune ressource. Erreur! Dans l'état de sous-alimentation où plusieurs se trouvaient, ils pouvaient s'asseoir durant des heures sur des rails de chemin de fer et ainsi perturber tout le système de communications dans le pays. Ce peuple a su détecter cette ressource avec laquelle il a pu se donner du pouvoir et ainsi ébranler la domination des Britanniques.

Toutefois, le fait de détenir des ressources est à lui seul insuffisant pour procurer du pouvoir. Les ressources détenues doivent être *valorisées par les personnes que l'on désire influencer*. Autrement dit, ces ressources doivent être appréciées, désirées par les gens pour devenir sources de pouvoir; ils doivent en avoir besoin.

Le fait de détenir une force herculéenne, par exemple, ne constitue pas une source de pouvoir en soi. Elle le devient si une organisation en a besoin pour fonctionner. Dans une situation où un groupe tenterait de se défendre contre un agresseur physique, l'individu possédant une grande force physique détiendrait une source de pouvoir importante. Cette même force, dans une situation où le groupe serait confronté à un problème complexe de financement, ne représenterait sûrement pas une source de pouvoir, car les ressources valorisées seraient alors d'un tout autre ordre.

Pour acquérir du pouvoir et le maintenir, il faut donc détenir des ressources perçues comme significatives pour les gens à influencer. Dans le domaine des organisations, ces ressources sont de différentes natures selon les fonctions, selon la position dans l'organisation et selon les conjonctures. Ainsi, les ressources qui donnent du pouvoir à un contremaître d'usine peuvent être sa compétence technique et sa façon de transiger avec ses subordonnés, alors que les ressources recherchées chez un cadre supérieur pourraient être l'esprit d'analyse et le jugement dans les prises de décisions.

Il faut bien comprendre que les ressources valorisées chez une personne ne lui donnent du pouvoir que sur les individus qui les valorisent. Pour illustrer ce fait, prenons l'exemple du directeur d'une école polyvalente qui avait beaucoup de pouvoir sur les enseignants, mais peu sur les cadres de la commission scolaire. Ce directeur était une personne enthousiaste, ce qui dynamisait les enseignants. De plus, il était très humain avec son personnel, tout en maintenant des normes d'excellence élevées. De surcroît, il savait traiter les problèmes de discipline avec les étudiants, ce qui facilitait le travail des enseignants. Voilà autant de ressources importantes aux yeux des enseignants, et pour ces raisons, ils attribuaient au directeur beaucoup de pouvoir: ils se laissaient aisément influencer par lui.

La situation était cependant différente chez les dirigeants de la commission scolaire. Ces qualités que le directeur affichait dans l'école étaient reconnues, mais il manifestait aussi d'autres comportements et attitudes qui, ceux-là, étaient peu appréciés par les dirigeants. Par exemple, il se montrait indépendant et même peu transparent avec la commission scolaire, de sorte qu'il créait l'impression de cacher des choses. De plus, ses rapports administratifs étaient continuellement en retard, ce qui nuisait aux opérations de la commission scolaire. En outre, il faisait figure de contestataire à la commission scolaire qui ne prisait pas toujours ses prises de position un peu acerbes. Ces comportements n'étaient pas valorisés par les dirigeants de la commission scolaire et le pouvoir du directeur d'école auprès d'eux se trouvait très limité. Chaque fois qu'il désirait obtenir quelque chose d'inhabituel ou d'imprévu, il devait livrer des combats de titan, ce qui ne faisait que renforcer la polarisation.

Il peut donc arriver que les ressources que possède un individu soient valorisées par certains groupes et non par d'autres. Pensons à ce cadre supérieur à l'emploi d'un gouvernement, qui reçut le mandat de réorganiser un service comptant près de 200 employés et dont le fonctionnement était déficient. Il choisit d'adopter une approche participative et de faire participer le personnel du service pour introduire de nombreuses modifications dans l'organisation. Cette façon de procéder fut efficace et très appréciée, de sorte qu'il en acquit une grande crédibilité. Deux ans plus tard, on lui confia un mandat identique, cette fois dans une autre région du pays. Encouragé par son expérience précédente, il décida d'adopter la même approche. Au bout de six mois, il dut conclure à l'échec et réviser sa stratégie. Il observa en effet que les employés de ce service ne cherchaient pas à prendre part dans la gestion de l'organisation. De fait, cela leur rendait la vie plus difficile, car ce mode de fonctionnement fournissait de nombreuses occasions d'alimenter les conflits entre les employés. Il adopta alors une approche beaucoup plus directive, qu'il annonça d'ailleurs ouvertement, et il réussit à réaliser son mandat dans l'année qui suivit. Ce cadre a donc réussi à avoir du pouvoir dans les deux situations, mais en s'appuyant sur des ressources différentes, parce que les personnes dans les deux organisations ne valorisaient pas les mêmes choses.

Si les ressources valorisées ne sont pas les mêmes d'un individu à l'autre ou d'un groupe à l'autre, cela signifie qu'il peut être très difficile d'acquérir du pouvoir et de le maintenir dans un système où cohabitent plusieurs clans ou plusieurs cultures. C'est le cas, entre autres, lorsqu'un individu ou un groupe ne réussit pas à rallier une masse suffisante de partisans pour que l'équilibre du pouvoir verse nettement dans une même direction. Les personnes qui désirent acquérir du pouvoir dans ce type de contexte doivent soit détenir des ressources qui correspondent au plus petit commun dénominateur des divers sous-groupes, de façon à obtenir un minimum de consensus, soit afficher des ressources valorisées par le ou les sous-groupes les plus forts ou les plus nombreux (c'est le phénomène des alliances). Dans une organisation monolithique, il est plus facile que des individus possèdent des ressources valorisées par l'ensemble du personnel, ce qui favorise l'apparition de leaders forts.

Ajoutons que les ressources d'un individu seront inégalement valorisées selon les circonstances, d'où d'ailleurs des expressions comme «la personne du moment» ou «il ou elle a fait son temps». En effet, ce sont souvent les circonstances qui vont déterminer l'utilité des ressources des individus. Par exemple, dans un hôpital, on peut penser que lorsque la situation est stable, le personnel d'une unité de soins va rechercher chez son supérieur des capacités de concertation, d'écoute, de tolérance, alors qu'en situation d'urgence la même équipe pourra valoriser la directivité, l'esprit de décision, la fermeté. Si l'infirmière-chef de cette unité est incapable de s'ajuster à ces fluctuations de circonstances, elle risque de disposer de peu de pouvoir auprès de son personnel. Bien sûr, en général la vie des organisations n'est pas à ce point instable que les circonstances fluctuent sans cesse. Il n'en reste pas moins que de telles fluctuations se produisent et qu'elles affectent la dynamique du pouvoir.

La définition proposée plus haut stipule que les ressources doivent être *réelles* ou *présumées*. Cela signifie qu'il n'est pas indispensable que la personne détienne effectivement les ressources qui lui donnent du pouvoir ou encore qu'elle en ait fait une démonstration claire; il suffit que les gens présument qu'elle les détient. Certains individus réussissent, par exemple, à se rendre crédibles auprès des autres en laissant l'impression qu'ils sont associés à des personnages prestigieux ou dont la compétence est largement établie. Toutefois, l'effet de cette tactique est habituellement de courte durée et à l'expérience, les gens ajustent leurs perceptions aux performances réelles de l'individu. D'autres personnes réussissent à acquérir du pouvoir à partir de ressources présumées parce qu'elles ont acquis une réputation laissant présumer de leurs ressources, même si on n'en a pas vu soi-même la preuve. Les recherches sur le statut social ont montré que, dans un groupe où les individus ne se connaissent pas, ceux qui disposent d'un statut élevé se voient attribuer du pouvoir plus rapidement (Bass, 1981).

4.1. Les conditions requises pour détenir des ressources valorisées

Michel Crozier (1977) s'est intéressé aux phénomènes de pouvoir dans les organisations et il a proposé une conception des sources du pouvoir semblable à celle présentée ici. Il est d'avis que c'est le contrôle de ressources stratégiques dans une circonstance donnée qui donne du pouvoir. On reconnaît là une façon de parler des ressources valorisées. En effet, une ressource ayant une valeur stratégique sera normalement valorisée.

La formule de Crozier a le mérite de soulever la question suivante: L'utilité d'une ressource est-elle suffisante pour la rendre stratégique? Vraisemblablement pas. Dans un village où chacun possède son puits, le vendeur d'eau ne contrôle pas une ressource stratégique, alors que c'est le cas dans une région qui subit une sécheresse. C'est la rareté d'une ressource qui la rend stratégique et qui fait qu'elle sera valorisée. En effet, la demande s'oriente non seulement vers des ressources utiles, mais surtout rares. Par exemple, le programmeur en informatique qui travaille au sein d'une équipe de programmeurs ne pourra s'appuyer uniquement sur cette compétence pour acquérir du pouvoir sur ses collègues, puisque ceux-ci la possèdent également. Si toutefois ce même programmeur était le seul informaticien au sein d'un service d'informatique d'une petite entreprise, ses compétences seraient alors plus rares et pourraient constituer une source de pouvoir sur ses collègues du service.

Notons qu'une ressource peut être valorisée autant par son caractère attrayant que par son caractère menaçant. L'individu qui, dans une organisation, détient des compétences professionnelles rares peut acquérir du pouvoir auprès de certains parce que ses compétences leur rendent service; d'autres cependant lui accorderont du pouvoir parce que ses compétences le placent dans une position d'où il peut leur causer des ennuis; ces derniers ne l'estiment pas, ils le craignent.

C'est en partie ce qui se produit pour Louis-Paul Dupuis dans le cas 1.4., présenté au chapitre 1. Certains membres de son personnel se laissent volontairement influencer par lui parce qu'ils estiment que ses propositions leur sont utiles pour accomplir leur travail avec satisfaction. Ils éprouvent donc une motivation positive à son endroit. D'autres cependant ne partagent pas ses opinions quant aux approches à adopter pour transiger avec les employeurs. Les nouvelles orientations de l'entreprise les obligent à modifier leurs méthodes de travail et ils y perdent sans doute un certain prestige. Néanmoins, ils choisissent pour la plupart de se conformer à l'influence de Louis-Paul, et ce, principalement pour deux raisons : d'une part, ils sont conscients de sa crédibilité auprès du personnel et ils veulent éviter d'être marginalisés (ils valorisent ce qu'ils risquent de perdre, soit leur intégration dans le groupe); d'autre part, ils sont beaucoup moins habiles que lui pour défendre leur point de vue et ils craignent de perdre la face devant leurs collègues (encore une fois, ils valorisent ce qu'ils risquent de perdre, ici l'estime du groupe). Dans leur cas, ils réagissent à partir d'une motivation défensive à son endroit; ils montrent donc moins d'enthousiasme que les autres, mais ils choisissent néanmoins de se laisser influencer, car l'intégration au groupe et l'estime des pairs sont perçues comme des ressources rares (difficiles à obtenir) qu'ils veulent préserver.

Les motivations défensives sont souvent associées aux punitions. Comme on a pu le voir dans cet exemple, en fait elles débordent du champ des punitions pour englober les mécanismes d'évitement. Cela nous amène à préciser qu'une ressource est valorisée autant parce qu'elle peut procurer des gratifications que parce qu'elle peut entraîner des désagréments. En conséquence, le pouvoir s'obtient par la voie de motivations positives (attrait) et par la voie de motivations défensives (évitement).

Un exemple intéressant de motivation négative est celui des rapports entre une majorité et une *minorité agissante* (Moscovici, 1976, a entre autres exploré ce phénomène). Lorsqu'une minorité s'agite et devient tumultueuse, il est fréquent que la majorité lui fasse des concessions. On peut se demander pourquoi, puisque la majorité jouit de la force du nombre. En fait c'est souvent parce que la majorité veut conserver une certaine paix sociale et, en conséquence, est disposée à se rendre vulnérable à un certain degré d'influence de la minorité pour protéger cette paix sociale. Habituellement, ce mécanisme cesse lorsque les conséquences de l'influence de la minorité sont plus irritantes que le conflit que l'on tente d'éviter ; la majorité mobilise alors ses énergies pour faire taire les demandes de la minorité. C'est fréquemment ce que l'on observe dans le cas des personnes qui tentent d'agir en innovateurs dans une organisation.

4.2. La conception de French et Raven

Il existe d'autres façons de concevoir la source du pouvoir. French et Raven (1960) en ont élaboré une qui est très répandue, mais qui nous satisfait moins parce qu'elle nous paraît trop limitative. Ils estiment que le pouvoir s'appuie sur cinq bases qui seraient: la coercition, les récompenses, l'expertise, la légitimité, l'identification (le charisme).

Cette façon d'envisager les sources du pouvoir permet sans doute de couvrir un bon nombre de situations du réel organisationnel. Elle a cependant le défaut de ne pas permettre de distinction entre le leadership et l'autorité. De plus, elle présente la légitimité comme une base alors que nous avons suggéré plus haut qu'il s'agit plutôt d'une modalité de l'exercice de l'influence.

Certains auteurs considèrent que le modèle de French et Raven contient en fait deux grandes sources de pouvoir: des sources personnelles et des sources organisationnelles. Après avoir effectué une revue des recherches sur le sujet, Bass (1981) en conclut que l'expertise et l'identification sont des sources personnelles et qu'il s'agit très souvent d'une seule et même source de pouvoir, car la probabilité de les retrouver chez la même personne est élevée. Il estime que la légitimité, la coercition et la capacité de récompenser représentent trois aspects caractéristiques des personnes qui occupent une position de pouvoir dans une structure (autorité) et qu'il s'agit en somme d'une seule base de pouvoir.

4.3. Les mécanismes de l'acquisition du pouvoir

En règle générale, lorsque la motivation est positive le pouvoir est accordé par attribution (Jaspers, 1984); les gens concernés choisissent volontairement de donner du pouvoir à la personne, de se rendre vulnérables à son influence, parfois sans que celle-ci n'y ait même aspiré. On verra plus loin que c'est ce qui se passe habituellement dans le leadership. Lorsque la motivation est défensive, le pouvoir est généralement accordé par soumission passive et les gens le vivent comme une domination; ils ne choisissent pas vraiment cette forme de pouvoir mais plutôt s'y résignent pour éviter les risques liés à la non-soumission. Ils se laissent dominer. L'exemple de Louis-Paul Dupuis (1.4.) illustre très bien ces deux mécanismes.

Cette façon d'envisager la source du pouvoir a l'avantage de mettre l'accent sur le caractère relatif et situationnel du processus d'influence. Elle illustre le fait que le pouvoir n'est pas un acquis absolu et durable, mais qu'il est déterminé par différentes variables dont le contexte, le groupe, le problème, les événements, les objectifs, les normes, etc.

4.4. Rationalité et pouvoir

Ajoutons un élément à la discussion sur les sources du pouvoir. Certaines personnes réagissent à la notion de ressource valorisée en rétorquant qu'elle ne place pas la rationalité au cœur du processus d'influence. Dans la culture occidentale, comme dans d'autres sans doute, on consomme beaucoup d'énergie en discussions de toutes sortes pour convaincre les autres du mérite de son opinion. Quelle est alors la place de l'argumentation et de la rationalité dans l'exercice de l'influence?

Disons d'abord que la communication verbale constitue un moyen privilégié d'afficher ses ressources et de vérifier celles des autres. Les arguments utilisés représentent autant de ressources mobilisées pour tenter d'influencer les interlocuteurs et ceux-ci y réagiront en fonction de ce qu'ils valorisent. Par exemple, autour d'une table où sont réunis les chefs de services rattachés aux soins infirmiers dans un hôpital, il est possible que les personnes se laissent influencer par des arguments qui touchent à la qualité des services au patient, si c'est une dimension qu'ils valorisent. Si la discussion se déroule durant une période où les chefs de services sont débordés de travail et aux prises avec des problèmes de gestion, il est possible qu'ils trouvent louables les arguments touchant à la qualité des services, mais qu'ils soient plus sensibles à des arguments visant la diminution du fardeau de travail. Et la rationalité? Elle sera une ressource utile... pour des gens qui la valorisent.

En fait, les personnes qui valorisent la rationalité seront particulièrement sensibles aux arguments qui auront une apparence de logique et elles seront généralement portées à y recourir elles-mêmes pour tenter d'influencer les autres. Toutefois, celles qui ne valorisent pas spécialement la rationalité seront plutôt imperméables à ce mode d'influence. Soulignons par ailleurs qu'il n'existe pas une logique unique. Il est de plus en plus reconnu, et Watzlawick (1978) l'a particulièrement bien démontré, que les postulats sur lesquels s'appuie tout système de pensée sont fortement colorés par les cultures et qu'en conséquence, il ne peut y avoir de logique universelle.

L'humain est un être sans doute trop complexe pour n'être influençable que par les voies de la rationalité. Il n'en reste pas moins que la culture occidentale accorde beaucoup d'importance à l'usage de la rationalité. Par exemple, on exige (et on est souvent déçu) que les gouvernements prennent des décisions «logiques» plutôt que «politiques». Cette caractéristique de notre culture fait en sorte que nous consacrons beaucoup d'énergie à donner aux décisions une apparence de rationalité. Cette façon de faire crée l'impression que le recours à la rationalité constitue la façon correcte (légitime) d'exercer de l'influence. Toutefois, les efforts que la plupart d'entre nous faisons pour se donner des apparences de rationalité montrent bien que cet élément est insuffisant pour expliquer les phénomènes d'influence.

4.5. Les sources de pouvoir dans l'autorité

L'exercice de l'autorité s'appuie sur le contrôle de deux ressources stratégiques: les moyens de récompense et les moyens de punition. Ces deux ressources sont habituellement valorisées dans les organisations parce qu'elles déterminent en bonne partie la survie et le devenir des membres. Dans une certaine mesure, ce contrôle affecte l'accès aux gratifications, ce qui n'est pas négligeable.

FIGURE 9
Les sources de pouvoir dans l'autorité

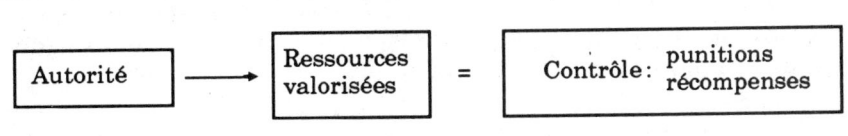

L'individu qui, systématiquement, refuserait l'influence des personnes en autorité (qu'il s'agisse de directives, d'ordres, de règlements, de suggestions) s'exposerait à une série de mesures punitives, dont le congédiement représente la forme ultime. Si un individu veut survivre dans une organisation (peu importe les motifs), il doit valoriser (ne serait-ce que par évitement) cette source d'influence qu'est le contrôle des moyens de punition.

De la même façon, l'individu qui veut progresser dans l'organisation est obligé de valoriser les sources de récompense. Or comment un individu peut-il espérer recevoir des récompenses de l'organisation (salaire, promotions, privilèges, etc.), sinon en acceptant de respecter les règles du jeu, dont l'une consiste à accepter l'influence de ceux qui détiennent l'autorité? C'est pourquoi le contrôle des sources de récompense et de punition confère du pouvoir à ceux qui le détiennent. Ils se trouvent dans une position qui peut affecter significativement le degré de satisfaction des autres.

Précisons cependant que ce contrôle n'est source de pouvoir que dans la mesure où il est valorisé. Le jour où cette ressource n'est plus valorisée, elle perd automatiquement de son efficacité. Par exemple, dans une conjoncture où les possibilités d'emploi sont nombreuses, les moyens de punition sont moins valorisés (moins craints) par les travailleurs, car des changements d'emploi leur seront facilement accessibles. De la même façon, la capacité d'offrir des promotions n'est pas une source d'autorité réelle envers des personnes qui n'aspirent pas à ces promotions.

4.6. Les sources de pouvoir dans le leadership

Dans le cas du leadership, il est impossible de déterminer à priori les ressources valorisées sur lesquelles l'individu s'appuie, car elles varient d'une situation à une autre. En fait, les ressources à la base du leadership sont beaucoup plus incertaines que celles à la base de l'autorité; les ressources de l'autorité sont conférées par une source extérieure au groupe, la structure, et de ce fait sont assez stables. Le leadership, lui, émane des personnes mêmes sur lequel il est exercé, ce qui en rend l'exercice moins prévisible.

FIGURE 10

Les sources de pouvoir dans le leadership

Faute de pouvoir identifier des sources constantes de pouvoir dans le leadership, nous avons examiné les mécanismes par lesquels les ressources des personnes sont valorisées et avons élaboré un modèle pour les décrire (voir le chapitre 7).

Sommairement, limitons-nous pour l'instant à dire que les ressources des individus seraient affectées par deux types de variables qui déterminent si ces ressources seront valorisées : les propriétés psychosociales (culture) des individus ou groupes à influencer, et les circonstances (nature de la tâche) dans lesquelles s'exerce l'influence.

FIGURE 11
Les ressources valorisées dans le leadership

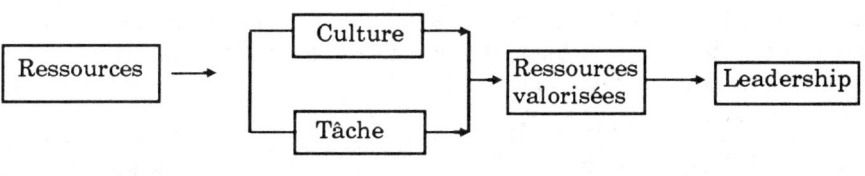

4.7. Le contre-pouvoir

Il a été mentionné précédemment que, pour être valorisées, les ressources doivent être stratégiques, rares. Mais pour que ces ressources soient une véritable source de pouvoir, il faut que les personnes à influencer ne puissent pas se soustraire à la nécessité de ces ressources, car celles-ci perdraient de leur utilité. Autrement dit, les personnes qui vivent une situation de dépendance envers les ressources de quelqu'un peuvent trouver des moyens pour échapper à la situation ; ils tentent alors d'exercer ce que l'on peut appeler un contre-pouvoir.

Mario Roy, dans un document non publié, a identifié six situations qui permettent habituellement aux personnes d'exercer un contre-pouvoir par rapport à une figure d'autorité. Ce sont :

- la faible dépendance du subordonné à l'endroit de son supérieur ;
- la difficulté pour le supérieur à trouver un substitut au subordonné ;
- la présence d'un mécanisme d'appel des décisions ;

- la force du réseau politique du subordonné;
- le degré de soutien et de cohésion parmi les subordonnés;
- les compétences personnelles du subordonné.

Ces situations fournissent à la personne présumée dépendante (le subordonné) des ressources qui sont valorisées par le supérieur, que ce soit par choix ou par évitement. Cet accès à des ressources valorisées permet au subordonné d'acquérir à son tour du pouvoir et de contrer celui de la personne qui tente de l'influencer. Il se produit ainsi un contexte où les acteurs en cause examinent l'équilibre relatif entre leurs ressources et c'est cet équilibre qui déterminera l'issue de la relation.

Selon le point de vue d'où on l'observe, le contre-pouvoir peut être perçu comme un obstacle (pour l'individu qui veut exercer de l'influence) ou comme un moyen de protection (pour l'individu qui vit la situation apparente de dépendance).

Prenons l'exemple suivant pour illustrer la notion de contre-pouvoir. À l'occasion du recrutement d'un commis à l'administration pour un service d'exploitation, le directeur du personnel et le directeur du service concerné ne s'entendent pas sur la pertinence d'un candidat déjà à l'emploi de l'organisation (une usine de fabrication d'articles en métal). Le directeur du personnel estime que le candidat a les compétences suffisantes pour satisfaire aux exigences du poste, avis que ne partage pas du tout le directeur du service. S'appuyant sur son autorité et sur les politiques en vigueur dans l'organisation, le directeur du personnel tente d'imposer à l'essai, au directeur de service, l'individu pour une période de quarante jours, au terme de laquelle sa performance serait évaluée.

En prenant cette décision, il a cependant négligé d'évaluer le contre-pouvoir que possède le directeur du service. Or celui-ci bénéficie d'excellents rapports avec son supérieur hiérarchique (réseau politique), dépend très peu du directeur du personnel pour la conduite de ses activités habituelles et jouit d'un bon soutien de la part des autres directeurs de service de son niveau. Deux jours après cette décision, il a mobilisé son patron ainsi que ses pairs et ils ont tôt fait d'obtenir que le recrutement soit repris selon le principe de la recherche de la personne la mieux préparée pour occuper le poste.

Blau (1964) s'est aussi intéressé à ce sujet et il en a parlé sous forme de stratégies d'évitement du pouvoir. Nous en traiterons au chapitre suivant.

Chapitre 5

Une vision transactionnelle du pouvoir

5.1. L'équilibre dans les relations de pouvoir 106
5.2. Les relations vues comme des transactions 107
5.3. Les fluctuations dans les transactions 109
5.4. L'inspiration vue comme une transaction 110
5.5. Le pouvoir sous l'angle des stratégies 112
    5.5.1. Les stratégies d'acquisition du pouvoir 112
    5.5.2. Les stratégies d'évitement du pouvoir 115
    5.5.3. Les stratégies de maintien du pouvoir 117
5.6. L'indépendance sociale 120
5.7. L'exercice du pouvoir et le sens moral 121
5.8. Le pouvoir et la position hiérarchique 121
5.9. Les niveaux de réalité dans l'exercice du pouvoir 123

La façon de concevoir les rapports de pouvoir, qui a été présentée dans les deux chapitres précédents, s'inscrit dans la vision transactionnelle. Comme nous l'avons mentionné au chapitre 2, cette vision s'apparente à la vision situationnelle, mais elle l'enrichit considérablement en mettant en relief les dynamiques psychosociales qui se jouent entre les acteurs. Certains auteurs l'ont aussi présentée comme une théorie de «l'échange social» (Blau, 1964).

Le modèle proposé ici est qualifié de «transactionnel» parce qu'il insiste sur les transactions qui s'opèrent entre les personnes lorsqu'elles tentent de s'influencer ou de résister à l'influence des autres (Hollander, 1978). Qu'il s'agisse d'autorité ou de leadership, c'est la nature de la transaction entre les personnes qui détermine l'issue du rapport de pouvoir. Plus précisément, ce modèle stipule que la nature et l'importance des ressources détenues par les divers acteurs conditionne l'équilibre qui se développe dans la transaction ainsi que la position occupée par chacun. Ainsi, dans ce modèle, l'attention ne porte pas sur la personne qui influence ni sur celle qui est influencée, mais plutôt sur le type d'équilibre qui s'établit dans leur relation en fonction de leurs ressources respectives.

Dire que des transactions s'opèrent entre les acteurs, c'est dire qu'ils entretiennent des relations d'échange (Homans, 1958). Mais qu'échangent-ils au juste? Bien sûr, ils échangent ce qu'ils valorisent mutuellement, c'est-à-dire ce dont ils ont besoin ou ce qu'ils recherchent pour vivre, fonctionner et obtenir des gratifications dans l'organisation.

Par exemple, un subordonné accepte de se soumettre volontairement à certaines demandes de son patron et, en retour, s'attend à des égards sous forme de privilèges, de considérations, de reconnaissance professionnelle, de félicitations. Si certains de ces bénéfices peuvent sembler mercantiles, c'est essentiellement leur caractère matériel qui donne cette coloration (très réelle par ailleurs). Au-delà des gratifications immédiates, la personne peut aussi retirer des avantages plus symboliques: un statut social élevé, l'identification de «bon employé» et la satisfaction consécutive, etc.

La même dynamique joue du côté des personnes en position de domination. Elles peuvent se rendre vulnérables à l'influence de personnes moins puissantes dans l'espoir d'y gagner quelque chose en retour, par exemple obtenir une plus grande participation des subordonnés, être apprécié comme patron, éviter l'apparition de griefs, obtenir des gens l'utilisation maximale de leurs compétences.

Souvent les gens reprochent à cette vision de véhiculer une conception trop «intéressée» des relations humaines. Elle présente effectivement les relations d'influence comme intéressées, du moins la plupart du temps. En fait, cette vision suggère que les gens, lorsqu'ils entrent en relation, tentent d'abord de répondre à leurs propres besoins, donc cherchent des gratifications. Les motivations sont parfois de nature très concrète et immédiate (ce qui fait rapidement apparaître la coloration mercantile), alors que d'autres fois, elles revêtent un caractère plutôt abstrait, plutôt symbolique.

5.1. L'équilibre dans les relations de pouvoir

Selon le degré d'équilibre entre les ressources dont disposent les individus dans une relation donnée, on trouve deux grands types de relations de pouvoir : des relations symétriques et des relations asymétriques (Racine, 1979). Dans une relation symétrique, les individus disposent de ressources comparables du point de vue de l'importance et de la rareté; il en résulte normalement une relation égalitaire. Dans une relation asymétrique, un des individus dispose de plus de ressources valorisées que les autres et se retrouve dans une position supérieure, d'où il peut exercer de la domination; les autres se trouvent alors dans une position de dépendance potentielle. Ce dernier type de situation se traduit par des relations non égalitaires si l'individu qui affiche un excédent de ressources les utilise dans la relation (il pourrait en effet choisir de ne pas les utiliser pour plutôt entretenir, en apparence du moins, une relation égalitaire).

Il arrive que cette relation dominant–dominé soit satisfaisante pour les dominés. Habituellement, on observe au moins deux caractéristiques dans une telle situation : le dominant manifeste de la bienveillance envers les dominés et ceux-ci tirent des gratifications de ce mode de fonctionnement. Par exemple, le phénomène apparaît dans les situations où un leader charismatique devient puissant auprès d'un groupe. Il se produit alors un échange que l'on pourrait caricaturer de la façon suivante : nous nous soumettons à l'influence du leader parce qu'en retour nous pensons obtenir du succès, de la prospérité ou son affection. Dans les situations où ces conditions ne sont pas réunies,

Une vision transactionnelle du pouvoir 107

on peut prévoir que les dominés vont chercher à développer une force de résistance pour rééquilibrer la relation, c'est-à-dire la rendre moins coûteuse dans l'échange (Ng, 1980).

5.2. Les relations vues comme des transactions

Reprenons les cinq cas du chapitre 1 pour illustrer le processus d'échange à l'intérieur des relations de pouvoir.

Denis Lalande (président de l'Association de gens d'affaires) et Albert Langlois (directeur de l'entreprise agro-alimentaire) ont vu décroître leur puissance sur leur organisation. Dans les deux cas, leurs ressources ont cessé graduellement d'être valorisées, de sorte que les autres acteurs n'ont plus voulu faire d'échanges avec eux, que ce soit sur un plan concret ou symbolique. Pour Albert Langlois, la relation est devenue complètement bloquée : il n'y avait plus d'interinfluence possible et son statut avait atteint le niveau le plus bas. Pour Denis Lalande, la relation n'est pas devenue conflictuelle, mais il a bien perçu qu'il ne jouissait plus du prestige et de la considération normalement associés à son poste ; parce qu'il ne détenait pas les ressources recherchées par les gens du milieu, ceux-ci se sont rendus imperméables à son influence et ne lui ont pas accordé les gratifications symboliques qu'ils auraient normalement dû, en retour de sa contribution. Pourquoi alors ont-ils accepté qu'il reste en poste ? Parce qu'il avait de bonnes entrées dans le monde des affaires ; en retour de ses contacts, on lui a donc laissé un poste lui procurant un certain prestige dans son milieu.

Judith Jones était, pour sa part, aux prises avec une situation équivoque. Durant une bonne période, son personnel avait été réceptif à son influence et sa contribution avait été gratifiée de manifestations de soutien, de respect et d'appréciation. Elle apportait à son personnel la protection et la bienveillance qu'il requérait et, en retour, celui-ci se conformait volontiers à ses souhaits et directives. Toutefois, en voulant introduire des changements peu populaires, elle a perturbé cet équilibre. Ce qu'elle apportait désormais, c'était de l'insécurité et de la pression, ce à quoi le personnel plus ancien était réfractaire. Ce personnel a manifesté des résistances à son influence et a cessé de lui fournir les gratifications habituelles (considération, prestige, soumission, respect). Judith s'est retrouvée en état de déséquilibre ; elle avait du mal à accepter d'être privée de cet échange. Il lui fallait s'appuyer désormais sur des motivations négatives en utilisant son statut d'autorité pour implanter les changements (obtenir la soumission en retour de menaces implicites ou explicites).

Julie Dubois et Louis-Paul Dupuis jouissaient quant à eux d'une situation plus avantageuse. Julie, en échange de sa contribution à l'équipe, recevait toutes sortes de manifestations d'affection et de considération, allant du sourire jusqu'à des expressions comme «si on ne t'avait pas...!»; on n'hésitait jamais à lui rendre un service. Même chose pour Louis-Paul qui faisait figure de héros aux yeux de certains, jouissant des attentions et de la déférence rattachées à ce statut. En outre, il pouvait proposer des expériences audacieuses en échange de l'inspiration et du succès qu'il apportait à ses troupes et en échange de la tolérance qu'il manifestait envers les individus plus distants.

Selon la perspective présentée ici, le pouvoir apparaît comme un capital qui peut être accru ou dépensé. Il est accru lorsque la personne acquiert de nouvelles ressources stratégiques, ou encore lorsque ses ressources deviennent plus valorisées. Par exemple, un cadre pourrait espérer accroître son pouvoir auprès de son personnel en suivant des cours de perfectionnement afin de disposer de compétences nouvelles. Mais pour qu'il accroisse effectivement son pouvoir, son personnel devrait avoir besoin de ces compétences pour s'acquitter de ses fonctions. Il pourrait aussi accroître son pouvoir en se rendant régulièrement utile à son personnel dans la résolution de difficultés diverses. En agissant ainsi, il placerait les autres dans une position où ils devraient se sentir en dette à son endroit.

Lorsque ce genre de relation est évoqué, il est fréquent que les gens réagissent avec méfiance et même hostilité. Pourtant, il ne s'agit pas nécessairement d'une source de frustration pour les acteurs concernés. En fait, c'est habituellement lorsque le dominant abuse de sa situation que la relation devient problématique ; son pouvoir est alors perçu comme illégitime.

Et quand dépense-t-on son pouvoir ? C'est lorsque la personne qui en détient l'utilise pour obtenir à son tour des gratifications, sans offrir de gratification immédiate en contrepartie aux interlocuteurs. Prenons l'exemple suivant. Un directeur du service de la comptabilité s'est acquis de la crédibilité auprès des membres de son personnel en implantant des méthodes de travail qui leur rendent la tâche facile et leur attirent des félicitations de la part des fournisseurs comme des clients. À la fin du mois, le directeur a besoin d'un effort supplémentaire du personnel pour, exceptionnellement, produire le rapport mensuel le cinq du mois plutôt que le quinze, comme c'est l'habitude. Parce qu'il a du crédit accumulé, il peut demander cet effort supplémentaire et il est probable qu'il obtiendra une réponse positive. Certains diront : « On lui doit bien cela », et d'autres ajouteront : « Mais cette fois-ci seulement ». Cette dernière réaction illustre bien que le directeur vient de dépenser le pouvoir excédentaire (capital) qu'il avait accumulé. Son crédit n'est pas inépuisable ; quelques demandes encore et il pourrait rencontrer sinon un refus, du moins des hésitations.

Il arrive des situations où c'est le supérieur qui se trouve en dette par rapport à son personnel ; par exemple, les événements peuvent faire en sorte que ses ressources soient moins valorisées que les leurs. Il se trouve alors dans une situation où il pourrait être dominé par son personnel. C'est le cas du directeur commercial dont les compétences en marketing sont éclipsées par celles de jeunes vendeurs qui ont une formation récente en la matière.

5.3. Les fluctuations dans les transactions

Les principes relatifs à l'équilibre dans les transactions nous amènent à conclure que le pouvoir d'un individu peut s'accroître ou diminuer selon l'issue des transactions qu'il effectue avec son entourage.

Examinons un aspect qui illustre bien cette réalité, à savoir le degré d'efficacité des idées d'une personne. Lorsqu'une personne dispose d'une certaine crédibilité, elle peut réussir à convaincre d'autres individus d'adhérer à une idée qu'elle propose. En d'autres termes, les autres acceptent cette idée non pour sa valeur intrinsèque, mais parce qu'ils ont confiance en la personne qui l'exprime. Si l'idée s'avère fructueuse et qu'elle rapporte des gratifications aux gens qui l'ont adoptée, la crédibilité de cette personne s'en trouvera augmentée ; par contre, sa crédibilité diminuera si l'idée n'est pas efficace ou si elle ne rapporte pas de gratifications aux gens qui l'ont acceptée. Les idées sont en quelque sorte des ressources ; si elles sont utiles, elles peuvent être valorisées, en retour de quoi l'auteur en tire de la considération qui se traduit par une crédibilité plus élevée. Cette crédibilité constitue alors l'équivalent d'une réserve (une banque) de puissance potentielle.

Dans ces circonstances où un individu acquiert de la crédibilité, il est courant, et tout à fait compréhensible, que ceux et celles qui craignent cet individu éprouvent le sentiment désagréable d'être en dette avec lui. Par contre, ceux et celles qui sont plutôt en bons termes avec l'individu éprouveront probablement un sentiment de confiance à son endroit, qui s'exprimera par une plus grande ouverture à son influence.

Prenons l'exemple d'un enseignant au secondaire qui aurait acquis beaucoup de crédibilité professionnelle auprès de ses collègues. Un jour, il prend l'initiative de suggérer une nouvelle méthode d'enseignement qu'il a expérimentée et qu'il juge très efficace. Ses collègues cèdent à ses incitations et expérimentent cette méthode à leur tour. Si, à l'usage, ils en retirent effectivement plus d'efficacité ou de satisfaction, la crédibilité de l'instigateur de la méthode augmentera d'autant. Une prochaine fois, on continuera d'être réceptif à ses idées. Si toutefois ils ne font pas de gains significatifs (certains pourraient même vivre des déboires), sa crédibilité diminuera, avec la conséquence qu'une prochaine fois on sera plus vigilant à son endroit. Autrement dit, on valorisera moins spontanément ses ressources professionnelles ; il en perdra un peu de puissance.

5.4. L'inspiration vue comme une transaction

Il a été mentionné au chapitre 2 que les promoteurs de la vision transformationnelle reprochent à la théorie transactionnelle de ne s'intéresser qu'aux échanges concrets et immédiats entre les individus et, en conséquence, de négliger la présence de dimensions comme le charisme, l'inspiration, l'intelligence qui, pourtant, sont des facteurs d'influence considérable.

À notre avis, cette critique n'est pas fondée. Il est vrai que certains textes décrivant la théorie de l'échange laissent cette impression : ils traitent souvent des échanges de nature concrète, mais les échanges à caractère symbolique ou abstrait sont peu abordés. Il faut dire que les échanges symboliques sont plus difficiles à décrire parce qu'ils sont souvent implicites, peu formels, peu visibles. Ils n'en demeurent pas moins réels.

Examinons l'exemple d'un contremaître qui aurait la réputation d'avoir du pouvoir parce qu'il représente une source d'inspiration pour son personnel. Cette capacité « d'inspirer » les subordonnés constitue une ressource et elle sera valorisée lorsque les gens ressentiront (même inconsciemment) un besoin d'inspiration, ou encore lorsqu'ils feront face à des problèmes difficiles à résoudre. Autrement dit, il y aura influence basée sur l'inspiration si les acteurs en question valorisent ce mode de relation. En pareil cas, il se produit un échange. Certaines fois, la personne en tirera des gains immédiats et concrets (récompenses, services, privilèges) et d'autres fois, les gains s'exprimeront par des symboles sociaux de prestige.

Cette vision des choses écarte le côté magique, sinon mystique, associé parfois aux individus décrits comme des inspirateurs ou comme des personnages charismatiques. Elle propose tout au moins que cette «magie» fonctionne lorsque les gens décèlent des gains à en tirer. L'exemple d'Hitler l'illustre bien. Il n'a pas été une source d'inspiration pour tous les Allemands de son époque, bien au contraire. Il avait un magnétisme indéniable qui découlait notamment de son style théâtral, mais plusieurs le considéraient comme un malade mental. Les personnes qui l'ont accepté comme source d'inspiration sont sans doute, pour plusieurs, des personnes qui recherchaient des explications simples et des solutions expéditives à la mauvaise posture de l'Allemagne de l'époque. En outre, certains ont trouvé chez Hitler la légitimité dont ils avaient besoin pour satisfaire leurs besoins de prestige par des moyens douteux (Toland, 1978).

Ces considérations suggèrent que les qualités personnelles ayant pour effet de stimuler les partisans constituent autant de ressources que la personne peut mobiliser pour tenter d'influencer les autres. Elles sont efficaces si les gens en ont besoin et s'il n'y a pas de solutions plus avantageuses ou moins pénalisantes dans l'entourage.

En abordant ainsi les rapports d'influence, nous ne nions pas que l'influence de certains individus soit de nature transformationnelle, c'est-à-dire qu'elle ait pour effet de transformer les individus, de les rendre plus engagés, plus productifs, plus actifs. La précision que nous apportons, c'est que ce type de relation ne relève pas du mystère ou de processus mystiques, mais repose plutôt sur des échanges habituellement symboliques, où la personne qui acquiert du pouvoir gagne un prestige considérable aux yeux des partisans. C'est le mécanisme qui se produit lorsque des héros ou des vedettes émergent. Et qu'est-ce que les partisans y gagnent? Fierté, sécurité, orientations, modèles comportementaux, réponses aux angoisses et même, parfois, justifications pour des gestes douteux ou illégitimes.

5.5. Le pouvoir sous l'angle des stratégies

La théorie de l'échange fournit les éléments nécessaires à l'élaboration des scénarios ou «stratégies» visant, soit à acquérir du pouvoir, soit à le maintenir, soit à éviter celui des autres. Peter Blau (1964) s'est intéressé à cette question et voici comment il présente ces stratégies.

5.5.1. Les stratégies d'acquisition du pouvoir

Comme nous l'avons souligné précédemment dans ce volume, la recherche du pouvoir n'est ni désirable ni indésirable en soi. C'est un effort qui résulte du choix de chaque individu selon les circonstances. En outre, la nécessité pour l'humain de satisfaire ses besoins à un niveau optimal l'oblige à engager des rapports d'influence avec ses pairs, c'est-à-dire à tenter d'acquérir sur eux un certain degré de puissance. Dans une perspective strictement descriptive, examinons comment un individu doit agir s'il désire acquérir du pouvoir.

A. Connaître ses ressources

C'est dans la mesure où un individu perçoit correctement ses ressources qu'il peut les utiliser pour se donner du pouvoir sur son environnement, peu importe si ces ressources sont matérielles, physiques, intellectuelles, symboliques ou affectives. C'est le premier niveau de lucidité qui est requis pour acquérir du pouvoir.

B. Savoir ce que valorisent ceux auprès de qui on veut acquérir du pouvoir

Pour qu'un individu puisse avoir du pouvoir sur des gens, il doit être sensible à ce que ces personnes valorisent. Il doit être capable de détecter leurs véritables besoins et leurs aspirations profondes. Sinon, il ne saura pas quelles ressources il doit mettre en valeur pour réussir à les influencer dans le sens qu'il désire.

Par exemple, même si on valorise beaucoup la formation professionnelle dans la société occidentale, le fait d'avoir une formation de comptable ne constitue pas en soi une garantie de puissance dans une organisation. Si cette formation n'est pas valorisée dans l'organisation, il est évident qu'elle ne constituera pas une source de pouvoir. Dans un tel cas, il serait préférable pour l'individu d'identifier les habiletés jugées plus utiles (souhaitables) par les membres du système (autre formation, appartenance au même groupe socio-professionnel, intérêts politiques, etc.). En somme, l'individu doit faire l'effort de flairer, de détecter les ressources valorisées dans son organisation et de les développer s'il ne les a pas.

C. Faire connaître ses ressources à ceux que l'on veut influencer

Connaissant ses ressources et sachant ce que l'organisation valorise, l'individu doit alors trouver des points de rencontre entre les deux, c'est-à-dire faire en sorte que les gens sachent qu'il détient des ressources susceptibles de répondre à leurs besoins.

Différentes façons d'afficher ses ressources peuvent être mises à contribution. Une des plus fréquentes consiste à rechercher les occasions permettant de les démontrer. C'est un des moyens utilisés par Louis-Paul Dupuis dans l'étude de cas 1.4. présentée au chapitre 1. Toutefois, peu importe les moyens retenus, ils doivent être compatibles avec les normes du groupe. Et l'occasion de mettre en valeur ses ressources pourra parfois se faire attendre longtemps. Galilée a subi l'Inquisition pour avoir voulu convaincre les gens de son époque que la terre était ronde...!

D. Mettre ses ressources valorisées à contribution

Que les ressources d'une personne soient connues ne lui suffit pas pour acquérir du pouvoir. Encore faut-il qu'elles soient utilisées par les autres pour créer l'interdépendance où se matérialisent les relations de pouvoir. C'est la notion d'échange qui se concrétise et qui détermine l'équilibre qui se développera dans une relation. Ainsi, l'individu qui veut accroître sa puissance doit faire en sorte que les autres utilisent ses ressources. S'il désire les placer en état de dépendance, il lui faudra recourir moins aux ressources des autres comparativement à ce que lui-même offre dans la relation. Il crée alors un échange asymétrique dont le résultat est de rendre les autres vulnérables à ses demandes.

En reprenant les études de cas du chapitre 1, on constate que c'est le genre de relation établi par Louis-Paul Dupuis avec son personnel; il a plus à offrir à ses subordonnés que ce que lui-même retire d'eux et sa puissance s'accroît significativement, jusqu'au jour où il utilise ce «crédit relationnel» pour demander un changement d'orientation du service, que l'on peut difficilement lui refuser. Dans le cas de Judith Jones, elle disposait d'un certain crédit relationnel qui lui conférait un certain pouvoir sur son personnel. Ce crédit était toutefois insuffisant devant l'importance du changement d'orientation exigé de son personnel. Au mieux, ce pouvoir lui permettait d'être quand même respectée par le personnel.

Julie Dubois, quant à elle, s'est retrouvée dans une situation où elle disposait d'un crédit relationnel, mais qu'elle n'était pas portée à utiliser car elle ne l'avait pas vraiment recherché. Elle a néanmoins acquis du pouvoir; dans ses relations avec le reste de l'équipe, elle mettait plus souvent à contribution ses ressources qu'elle n'utilisait celles des autres (échange asymétrique). Quant à Albert Langlois, c'est ce qu'il aurait voulu obtenir mais il n'a pas réussi à le faire. Il n'a pu faire en sorte que ses ressources personnelles et professionnelles soient assez valorisées par les employés pour qu'ils lui accordent la crédibilité nécessaire pour les influencer comme il le souhaitait. Au contraire, il a rapidement épuisé le peu de crédit qu'il avait acquis de par ses expériences antérieures et il a dû recourir à la contrainte qui, elle aussi, s'est émoussée rapidement. Le cas de Denis Lalande est plus simple. Ses ressources n'ont jamais été assez valorisées par les membres de son conseil d'administration pour qu'il puisse vraiment les mettre à contribution, de sorte qu'il n'a jamais réussi à devenir puissant au sein de ce conseil.

E. Savoir ce que l'on valorise, ce dont on a besoin

Dans une perspective d'échange, il importe que l'individu sache aussi clairement que possible quelles ressources il valorise chez les autres, qui les détient et, donc, qui sont les personnes avec qui il peut faire des échanges susceptibles de satisfaire ses besoins. C'est ainsi que se développent des relations d'influence réciproque. Ce dernier paramètre n'est toutefois pas nécessaire pour acquérir du pouvoir. Il permet par contre de savoir comment le pouvoir acquis sera utilisé si, bien sûr, la personne désire le faire.

5.5.2. Les stratégies d'évitement du pouvoir

Il y a toute une gamme de situations où des personnes sont en position de puissance envers d'autres. Parmi ces situations, certaines sont plus difficiles à tolérer. On veut alors trouver des moyens pour s'y soustraire ou, tout au moins, pour réduire l'emprise des autres à des proportions plus acceptables. Voici quelques moyens qui peuvent permettre à un individu de réduire ou de supprimer le pouvoir exercé sur lui par quelqu'un d'autre.

A. Offrir la réciprocité

Lorsque deux personnes sont en relation d'interinfluence, cette relation sera symétrique (égalitaire) si chacune valorise les ressources de l'autre à des degrés comparables. Si l'une des personnes n'arrive pas à faire en sorte que ses ressources soient valorisées par l'autre, la relation deviendra asymétrique: la première personne deviendra dépendante du pouvoir de l'autre et celui-ci s'exercera à sens unique.

Pour rétablir la symétrie dans une telle situation, donc pour éviter un excédent de pouvoir de la part de l'autre, il faut que la personne se trouve des ressources à offrir en échange qui seront valorisées à leur tour. Si cela réussit, la personne aura en fait créé une situation de réciprocité.

B. Trouver d'autres fournisseurs pour la ressource valorisée

Plus les ressources de quelqu'un sont rares, plus son pouvoir peut prendre de l'ampleur. La conséquence de la rareté, c'est qu'en retour la personne peut exiger beaucoup de gratifications pour équilibrer la relation. Pensons par exemple aux connaissances de certains professionnels dont les tarifs sont très élevés. Pensons également au pouvoir détenu par les pays producteurs de pétrole.

Afin d'éviter le poids d'un pouvoir trop grand, l'individu qui est en état de dépendance peut chercher d'autres fournisseurs détenant les ressources qu'il valorise. S'il réussit, l'effet de la rareté ou du monopole sera réduit et la valeur de ces ressources s'en trouvera diminuée. Si, en plus, ce sont des fournisseurs avec qui il lui est plus facile de faire des échanges, l'asymétrie dans la relation s'en trouvera d'autant diminuée.

Par exemple, un gestionnaire qui aurait régulièrement besoin de conseils financiers et qui n'aurait accès qu'à un seul conseiller financier dans son organisation pourrait diminuer sa dépendance envers celui-ci en embauchant ou en formant d'autres spécialistes du domaine. Il affaiblirait ainsi le pouvoir du conseiller.

C. Forcer celui qui détient des ressources valorisées à les partager

Une façon de diminuer la puissance de la personne dont les ressources créent une situation de dépendance, c'est de tenter de mobiliser la force suffisante pour l'obliger à partager ses ressources. Il s'agit d'une approche contraignante où, par le recours à la force, l'autre sera amené à accorder moins d'importance à ses ressources. Certaines lois par exemple visent précisément à rétablir cette symétrie. C'est le cas des lois qui donnent des droits aux enfants à l'endroit des parents et qui, du même coup, limitent la puissance de ces derniers. Des législations dans le domaine des relations de travail poursuivent la même fin.

Prenons l'exemple du gérant d'un restaurant qui veut forcer un chef-cuisinier à livrer ses recettes à ses assistants, en le menaçant de renvoi. Cette stratégie est susceptible de réussir si la demande en chefs-cuisiniers est faible sur le marché ou si le gérant est assuré de trouver rapidement un remplaçant de même calibre (et que le chef le sait). La vulnérabilité du chef le place alors dans une situation de dépendance. Dans une telle circonstance, s'il veut rééquilibrer la relation, le chef-cuisinier devra tenter de développer une force de résistance suffisante. Il pourrait éventuellement y arriver en formant une «coalition» avec d'autres chefs-cuisiniers qui subissent la même pression. C'est précisément ce qui s'est produit dans l'exemple décrit au chapitre 4, où un directeur de services insatisfait d'une décision du directeur du personnel s'est uni avec ses collègues pour contester cette décision et la faire changer.

D. Cesser de valoriser les ressources qui placent en état de dépendance

Si l'individu réussit à ne plus avoir besoin des ressources qui le mettent en état de dépendance, il élimine dès lors la source du pouvoir. Dans l'exemple du chef-cuisinier, celui-ci sera beaucoup moins vulnérable à la puissance du gérant s'il ne tient pas à son emploi. Il s'agit donc de changer, d'éliminer ou de réduire le besoin qui rend l'individu dépendant du pouvoir de l'autre. Les pays occidentaux ont employé ce moyen durant les années 1970 pour réduire l'emprise des pays du Moyen-Orient producteurs de pétrole; ils ont d'une part restreint leur consommation de pétrole et d'autre part ils ont diversifié leurs sources d'énergie pour diminuer leur dépendance au pétrole.

Terminons par l'exemple d'un groupe d'étudiants qui, pour se soustraire au pouvoir d'un professeur, pourrait cesser de vouloir obtenir de bonnes notes et développerait ses propres critères de réussite et de satisfaction.

5.5.3. Les stratégies de maintien du pouvoir

Un individu qui possède un certain pouvoir dans un contexte donné peut souhaiter maintenir l'état d'équilibre existant, donc maintenir sa puissance à son niveau actuel. À partir des données qui précèdent concernant les issues possibles pour ceux qui subissent un pouvoir et qui voudraient s'y soustraire, nous pouvons dégager un certain nombre de stratégies applicables dans le cas où un individu désirerait maintenir son pouvoir.

A. Refuser les propositions d'échange

Nous l'avons vu, un échange équilibré (réciprocité) entre les acteurs a pour effet d'égaliser en quelque sorte la relation. L'individu qui, dans une relation donnée, souhaite maintenir son pouvoir sur l'autre peut plus ou moins ouvertement faire savoir à ce dernier que les ressources offertes en échange par celui-ci ne l'intéressent pas ou peu. En procédant ainsi, il refuse la réciprocité et tente de maintenir sa position de force; il empêche l'autre d'équilibrer la relation et le place en situation de dette. Par exemple, le travailleur qui dépanne souvent son patron, mais qui n'accepte jamais d'aide de sa part, réussit à maintenir son patron en état de dette à son endroit et ainsi à entretenir un certain pouvoir sur lui.

B. Supprimer ou interdire l'accès à d'autres fournisseurs

Quand un groupe de travailleurs ou de professionnels essaie d'obtenir le droit exclusif de fournir certains services, il tente en fait de consolider son pouvoir en interdisant l'accès à ces services auprès d'autres fournisseurs. C'est en quelque sorte une façon de créer de la rareté à l'endroit de ses ressources. Bien sûr, dans certains cas, cette approche est tout à fait justifiée pour protéger le consommateur, mais l'effet est le même. Pensons par exemple aux médecins, aux infirmières, aux travailleurs de la construction, aux ingénieurs et aux autres groupes qui ont des champs de pratique très protégés, si bien que d'autres catégories de travailleurs n'ont pas le droit d'offrir le même service. Par ce moyen, ils maintiennent leur pouvoir sur l'usager ou le consommateur, qui ne peut avoir accès à d'autres solutions.

Le même phénomène se manifeste aussi à un niveau plus microscopique. Quand un gestionnaire oblige les membres de son personnel à passer par lui pour transiger avec d'autres services, il leur interdit l'accès direct à des fournisseurs de ressources et peut du même coup maintenir son pouvoir. Il oblige en somme les autres à utiliser ses ressources en empêchant la diversité des fournisseurs.

C. Empêcher les coalitions

Ceux qui subissent le pouvoir d'un individu peuvent s'unir en vue de développer suffisamment de force pour lui faire perdre son pouvoir. C'est ce qui était expliqué dans l'exemple présenté plus haut où, pour résister aux demandes de son employeur, le chef-cuisinier pouvait tenter de former une coalition avec d'autres chefs-cuisiniers. Les employeurs, de leur côté, pourraient poser des gestes pour essayer d'empêcher l'émergence d'une telle coalition : ils pourraient notamment encourager la formation d'un plus grand nombre de chefs-cuisiniers, ou encore offrir des conditions plus avantageuses à certains et ainsi diminuer l'attrait d'un regroupement, etc. En d'autres termes, on tente d'empêcher la formation de coalitions afin de maintenir son pouvoir. C'est la maxime bien connue du «diviser pour régner».

D. Promouvoir des valeurs qui soutiennent son pouvoir

Nous avons expliqué dans les stratégies d'évitement du pouvoir que ceux et celles qui sont exposés au pouvoir d'un individu peuvent s'y soustraire en développant des idéaux ou des valeurs qui leur permettent de supprimer leur besoin de ses ressources. À l'inverse, pour maintenir son pouvoir, l'individu peut adopter une stratégie qui consiste à renforcer le système de valeurs sous-jacent à son pouvoir. En procédant ainsi, il fait en sorte de rendre ses ressources indispensables. Par exemple, dans une organisation où, pour survivre, les directeurs estiment avoir besoin d'une structure d'autorité forte, ils ont intérêt à promouvoir et à démontrer les mérites d'une telle approche afin d'en maintenir l'attrait; ils doivent en plus s'assurer d'être perçus comme les détenteurs des sources de promotion dans ce système.

Dans le cas de Louis-Paul Dupuis décrit au chapitre 1, les représentants de la vieille garde ont tenté de maintenir leur pouvoir en faisant la promotion de l'approche qu'ils avaient privilégiée dans le passé et à l'intérieur de laquelle ils disposaient de compétences, donc de ressources valorisées.

*
* * *

On aura remarqué que les stratégies de maintien constituent l'inverse symétrique des stratégies d'évitement. En fait, les deux types de stratégies sont du même ordre en ce sens qu'elles ont toutes deux une fonction de protection. Les stratégies d'évitement sont utilisées habituellement lorsque l'individu est en position désavantageuse par rapport aux acteurs avec qui il transige. Il cherche alors à ne pas accroître son état de dépendance ou encore à réduire l'asymétrie dans la relation. Ces stratégies ont donc un caractère plutôt défensif. Les stratégies de maintien, pour leur part, sont employées habituellement lorsque l'individu se trouve dans une position avantageuse et qu'il désire la maintenir et même la consolider. Ces stratégies ont donc un caractère plutôt offensif.

5.6. L'indépendance sociale

À partir des principes qui sous-tendent les stratégies précitées, Blau (1964) a défini les conditions de l'indépendance sociale, c'est-à-dire les conditions que l'on doit pouvoir réunir pour ne pas être vulnérable au pouvoir des autres. Ces conditions sont au nombre de quatre et le degré d'indépendance d'un individu donné est fonction du degré de présence de chacune d'elles :

- le contrôle de ressources stratégiques ;
- l'accès à plusieurs fournisseurs de ressources valorisées ;
- la force nécessaire pour contraindre les autres à partager leurs ressources ;
- l'adhésion à des valeurs qui réduisent ses besoins.

On conviendra que ce sont là des conditions rarement réunies simultanément. Aussi faut-il se rendre à l'évidence et admettre que la réalité organisationnelle est habituellement caractérisée par l'interdépendance, où le pouvoir absolu tient de l'exception (Emerson, 1962).

À partir des mêmes principes, Blau s'est aussi employé à relever les conditions qui conduisent à l'impuissance. Il estime qu'une personne est exposée à se retrouver en état d'impuissance lorsque :

- elle ne peut pas se passer du service qui la place en état de dépendance ;
- elle ne peut pas obtenir le même service ailleurs ou ne peut l'obtenir à des conditions moins pénalisantes ;
- elle ne peut pas développer la force requise pour s'approprier le service ;
- elle est incapable d'offrir des ressources que l'autre valorise, ce qui l'empêche de rétablir la réciprocité.

Tout comme les conditions de l'indépendance sociale, ces conditions aussi sont rarement réunies simultanément dans les organisations du monde occidental, ce qui signifie que les situations où les personnes sont réduites à une situation véritable d'impuissance ne sont pas nombreuses.

5.7. L'exercice du pouvoir et le sens moral

Depuis le début du volume, nous avons tenté d'éclairer un des processus humains les plus chargés d'émotions qui soit, celui du pouvoir. Jusqu'ici, notre effort a porté sur l'analyse du sujet dans une perspective essentiellement descriptive, mettant en suspens, momentanément, les considérations à caractère moral ou éthique. Implicitement, cette façon d'aborder la réalité du pouvoir suggère que les discussions à caractère moral dans les affaires humaines gagnent à être précédées d'une compréhension aussi lucide que possible des processus psychosociaux, de façon à ce qu'on puisse départager ce qui appartient aux préjugés de ce qui relève des choix moraux des individus et de la société. C'est la différence entre le fait de s'abstenir d'agir parce que l'on ne voit pas d'autres solutions et le fait de voir des solutions mais de choisir de ne pas les utiliser parce qu'elles ne sont pas conformes à ses principes moraux.

Le modèle proposé dans ce chapitre et dans les précédents peut facilement paraître cynique et immoral, d'autant plus qu'il peut laisser croire au lecteur que les relations humaines se réduisent à des dimensions essentiellement stratégiques. À l'examen, on constatera cependant que ce modèle n'a aucune valeur morale ou immorale; en fait, il ne préjuge en rien du contenu des intentions des gens. Il ne traite que des processus observés dans les rapports d'influence et des conséquences des gestes posés. Il ne prescrit pas; il décrit.

Quelle que soit la vision entretenue de l'exercice du pouvoir, chacun et chacune a des choix moraux à faire. Les processus du pouvoir sont continuellement présents dans une organisation, comme dans une société d'ailleurs. Selon les acteurs en cause, on peut utiliser ces processus pour gratifier les personnes ou, au contraire, pour les aliéner. Nous croyons que les choix moraux seront d'autant plus sains et efficaces qu'ils seront faits avec lucidité et perspective. Pour ce faire, il faut d'abord avoir une compréhension claire et juste des phénomènes en question; ensuite, les choix valoriels prennent leur sens et deviennent fructueux.

5.8. Le pouvoir et la position hiérarchique

L'exercice du pouvoir est un processus complexe. Jusqu'ici nous avons considéré principalement les dimensions qui agissent au point de vue relationnel (microscopique et macroscopique) et nous avons proposé d'adopter une vision transactionnelle pour en comprendre le fonctionnement. En procédant de la sorte, nous avons négligé certains facteurs qui eux aussi affectent l'exercice du pouvoir.

En fait, le pouvoir s'exerce dans un contexte où agissent simultanément plusieurs variables, qui chacune à sa façon va en colorer l'expression. Les variables suivantes comptent sans doute parmi les plus déterminantes :

- les ressources personnelles de l'individu ;
- les intentions de l'individu ;
- la structure particulière de l'organisation ;
- la position de l'individu dans cette structure ;
- les besoins des destinataires ;
- l'attitude des destinataires face aux figures d'autorité ;
- le contexte général.

Il est fréquent que les gens associent la puissance d'un individu à sa position dans la hiérarchie de l'organisation. Rosabeth Moss Kanter a écrit un article sur le sujet paru en 1979 et qui, depuis, a souvent été cité dans la documentation organisationnelle. L'auteure prétend, à la suite de ses recherches, que la position dans la structure de l'organisation serait le plus grand déterminant du pouvoir d'un individu dans cette organisation. Bien que cette conclusion soit probablement fondée dans plusieurs cas, d'une part elle nous paraît trop généralisée et d'autre part elle confond peut-être les apparences avec le réel.

L'expérience quotidienne des organisations nous a permis de constater qu'il se trouve dans la plupart d'entre elles des personnes qui occupent des postes élevés dans la hiérarchie mais qui, dans les faits, ont peu de pouvoir en raison de leur faible crédibilité ou encore de leur exclusion de la coalition dominante (Mintzberg, 1986). C'est précisément la situation de Denis Lalande, ce président de conseil d'administration dont le cas a été décrit au chapitre 1 (1.3.). En fait, la position dans la hiérarchie fournit un indice de la puissance de l'individu, mais c'est un indice partiel.

Par ailleurs, il faut reconnaître que certaines positions dans une organisation vont placer leurs occupants dans une posture avantageuse, entre autres parce qu'elle leur donne accès à de multiples ressources qui, à un moment ou l'autre, seront valorisées (informations, contacts, connaissances, récompenses, punitions, etc.). Dans ces circonstances, la position permet de détenir des ressources qui constituent des sources de pouvoir ; dans une certaine mesure, ce n'est pas la position en elle-même qui leur procure ce pouvoir, mais plutôt le fait qu'elle se situe au carrefour de ressources stratégiques.

Il faut aussi prendre en compte que certains individus accèdent à des postes stratégiques précisément parce qu'ils affichent des ressources valorisées qui, à priori, leur donnent de la puissance. Dans ce cas, la position structurale vient confirmer le statut de la personne et, souvent, faciliter l'utilisation de ses ressources personnelles.

5.9. Les niveaux de réalité dans l'exercice du pouvoir

Le pouvoir ne s'exerce pas toujours de façon directe dans les relations. Ng (1980) a identifié trois niveaux de réalité par lesquels le pouvoir peut s'exercer.

Le premier niveau, c'est celui de l'action directe : une personne agit et l'autre réagit.

Le deuxième porte sur le contrôle de l'expression : l'individu qui a du pouvoir fait en sorte d'empêcher que certains sujets soient abordés (inspiré de Dalh, 1961) ; en agissant ainsi, il restreint le champ de l'exercice de l'influence à celui où il exerce du contrôle. Par exemple, au cours d'une réunion, un gestionnaire décrète qu'on ne traitera que des sujets qu'il a placés à l'ordre du jour, ce qui lui permet d'éviter des sujets sur lesquels il pourrait être vulnérable.

Au troisième niveau, l'individu réussit à conditionner l'environnement de façon à ce que son pouvoir soit considéré comme allant de soi. Par exemple, des Blancs du sud des États-Unis empêchaient les esclaves noirs d'apprendre à lire afin de limiter leur sens critique et ainsi de faire en sorte que ceux-ci voient dans les rapports de domination une donnée inéluctable du réel. Ce phénomène s'observe fréquemment chez les individus et les groupes aliénés. Il s'agit en quelque sorte d'une relation de domination par apprentissage culturel. En effet, à l'usage, les gens se sont habitués à vivre sous la domination d'une élite ; ils procèdent alors à une forme de généralisation qui fait en sorte qu'ils ne s'interrogent plus sur la légitimité et l'efficacité de cette expression du pouvoir. C'est désormais du conformisme acquis et chronique, observé habituellement dans les organisations léthargiques.

Chapitre 6
L'exercice de l'autorité*

6.1.	Définition de l'autorité	127
6.2.	La source de l'autorité	129
6.3.	L'autorité attribuée au rôle formel	130
6.4.	Les fondements de l'autorité	131
	6.4.1. La fonction de l'autorité	132
	6.4.2. Le système légal	134
	6.4.3. Le processus de socialisation	135
6.5.	La légitimité de l'exercice de l'autorité	136
	6.5.1. L'occupant du poste	138
	6.5.2. Le contenu du geste	139
	6.5.3. Le processus utilisé	140
	6.5.4. La culture organisationnelle	141
	6.5.5. Le contexte	142
	6.5.6. Les caractéristiques du récepteur	142
6.6.	L'érosion de l'autorité	143
	6.6.1. Les groupes de pression	144
	6.6.2. La modification du système de valeurs	145
	6.6.3. La haute technologie et la spécialisation de la main-d'œuvre	146
	6.6.4. L'influence des modes contemporains de gestion	147
6.7.	L'avenir de l'autorité	148

---

* Ce chapitre a été composé par Mario Roy.

L'autorité est une forme de pouvoir à laquelle nous sommes tous exposés dans la vie quotidienne : que ce soit au travail, dans la rue, dans les institutions et même au sein de la famille. En fait, l'autorité est non seulement présente dans tout système social organisé, mais elle en constitue un des principes intégrateurs. Bien que chacun ait développé sa propre conception de l'autorité et de son rôle dans les rapports humains, cette notion a été relativement peu explorée dans la documentation.

Ce chapitre vise à combler en partie cette lacune. Pour ce faire, nous nous attarderons à un certain nombre de questions. Qu'est-ce que l'autorité? Quelle est sa raison d'être? À quels signes reconnaît-on son exercice? Sur quels fondements cette forme de pouvoir repose-t-elle? Quels gestes peuvent être légitimement posés en son nom? Quelle évolution a connue cette forme de pouvoir et quel est son avenir probable en tant que levier d'influence au sein des organisations? Nous ne prétendons pas apporter des réponses définitives à ces questions, mais nous proposerons sûrement des pistes de réflexion appropriées pour aborder le phénomène.

6.1. Définition de l'autorité

Lorsque l'on prononce le mot «autorité», une foule d'images et de personnages viennent spontanément à l'esprit : la loi, l'ordre, le respect, les directeurs, les policiers, les parents, les professeurs, les juges, les arbitres, etc. L'autorité entraîne avec elle des impressions contradictoires de protection et de contrainte. En plus de ces représentations, l'autorité évoque aussi une forme particulière de pouvoir associée à la stabilité et au maintien de l'ordre établi.

Quelques auteurs ont formulé des définitions pour tenter de circonscrire la notion d'autorité. Examinons-en quelques-unes parmi les mieux connues afin d'illustrer leur diversité. Nous proposerons ensuite notre propre définition.

Simon (1957) associe l'autorité au processus de prise de décisions au sein des organisations. Pour lui, l'autorité c'est le droit de décider, c'est-à-dire le droit de prendre des décisions qui affectent les activités des autres dans l'organisation.

Burns (1978), quant à lui, insiste sur le caractère officiel de ce type de pouvoir attribué à des individus : « [...] pouvoir formel qui a été investi dans des personnes en vertu de la position qu'ils détiennent » (p. 296).

Bourricaud (1969) définit pour sa part l'autorité à partir de la perspective de ceux qui y sont assujettis : « [...] c'est le pouvoir légitime, ou encore, le commandement perçu, non pas comme une force brute, mais comme une force en laquelle je peux avoir confiance parce qu'elle est fondée ou du moins pourrait l'être » (p. 10). Il ajoute que l'autorité qualifie les rapports entre les individus tout en étant relativement stable dans le temps : « [...] à la fois une relation interpersonnelle et un système de prescriptions qui débordent les circonstances où elles s'incarnent » (p. 84).

Hall (1982) définit l'autorité en l'opposant à la contrainte : « [...] forme de pouvoir qui n'implique pas la force » (p. 133).

Finalement, Weber (1971) spécifie différentes formes d'autorité qui recoupent à la fois les notions d'autorité et de leadership ; l'autorité légale est la forme qui s'approche le plus de ce que les autres auteurs entendent par autorité :

- autorité légale : type de la plupart des relations de pouvoir dans les organisations modernes ; basée sur la croyance en la légalité du droit de ceux occupant les postes supérieurs de commander et d'être obéis ;
- autorité traditionnelle : croyance dans l'ordre traditionnel établi ;
- autorité charismatique : dévotion pour le détenteur d'un pouvoir particulier basé sur ses caractéristiques personnelles (p. 222).

De l'ensemble de ces définitions, certains traits doivent être mis en relief :

– le caractère formel de l'autorité ;

– sa dimension légitime ;

– l'attribution au détenteur du droit de décider et d'être obéi.

L'exercice de l'autorité

C'est dans cette perspective que nous proposons la définition suivante:

- *L'autorité c'est le droit de réaliser des activités et de diriger les comportements d'individus dans un système social en vertu d'un rôle formel ou d'un poste occupé.*

Au chapitre 3, l'autorité a été présentée comme la capacité d'influencer l'autre dans le sens désiré en s'appuyant sur la possibilité de recourir à des sanctions formelles. La définition précitée est en continuité avec cet énoncé. En effet, le « droit » de réaliser des activités et de diriger des comportements s'appuie sur la possibilité de recourir à des sanctions formelles, sans quoi il ne s'agirait que d'un droit théorique, sans levier réel pour l'actualiser.

L'individu qui détient ce droit peut prendre des décisions, donner des directives, orienter les activités, assigner des tâches, obliger certaines choses ou les empêcher de se produire ; bref, il peut légitimement exercer son pouvoir sur les activités et les comportements des individus assujettis à son autorité à l'intérieur du système.

6.2. La source de l'autorité

L'autorité découle d'abord et avant tout d'un consensus social étendu dans le système sur le droit d'un individu de voir sa volonté avoir préséance sur celle d'un autre en vertu de son rôle ou de son poste. Pour que ce droit soit reconnu dans le système, il faut que celui qui le détient dispose de moyens concrets pour l'exercer. L'autorité d'un individu sur d'autres individus n'est réelle qu'à partir du moment où il a la possibilité de recourir légitimement à des récompenses ou à des punitions formelles pour affirmer ses volontés. Peu importe que l'accès aux sanctions formelles soit direct ou indirect, c'est-à-dire qu'elles puissent être administrées par l'individu en autorité ou par personne interposée, cet accès doit être possible et reconnu par les membres du système pour devenir une source réelle de pouvoir.

Les sanctions formelles se regroupent en deux catégories : les récompenses et les punitions. Les punitions sont habituellement les sanctions auxquelles on pense plus spontanément quand on traite d'autorité. Dans l'univers organisationnel, il s'agit de suspensions, de congédiements, de pertes de privilèges, d'évaluations négatives, d'avis de réprimande, d'affectations à des tâches impopulaires ou de toute autre mesure d'autorité qui a un effet punitif sur l'individu. Les récompenses sont des mesures officielles de gratification accordées par des personnes en autorité. Il s'agit par exemple d'évaluations positives, de promotions, d'affectations à des tâches stimulantes, de privilèges recherchés, de responsabilités valorisantes, etc.

Ce n'est pas le titre en soi qui détermine si quelqu'un a de l'autorité sur une autre personne, mais bien cette possibilité d'accès légitime à des sanctions formelles. Ainsi, un chef de service qui n'a accès à aucune sanction formelle par rapport à un employé n'a pas d'autorité «réelle» sur ce dernier puisqu'il ne peut légitimement le contraindre dans l'exercice de ses fonctions et dans l'accomplissement de ses tâches. Les ouvriers syndiqués font très facilement la différence entre un collègue de travail qui agit à titre de chef de groupe pour coordonner les activités et un contremaître qui a l'autorité nécessaire pour imposer des mesures disciplinaires s'il le juge approprié. Un vice-président au marketing qui exige d'obtenir un rapport d'analyse financière peut voir sa demande refusée par l'analyste financier qui relève du vice-président aux finances ; le vice-président au marketing ne peut alors recourir à des sanctions formelles pour l'obliger à répondre à sa demande ; il n'a aucune autorité sur ce dernier.

6.3. L'autorité attribuée au rôle formel

L'autorité est associée à un rôle ou à un poste et non à l'individu en tant que tel. Dès l'instant où quelqu'un change de rôle ou de poste, ou encore dès que la définition du rôle ou du poste change, l'autorité de cette personne en est automatiquement altérée. Comment alors expliquer que différents individus ayant occupé le même poste n'ont pas semblé jouir de la même autorité ?

L'une des explications possibles pour éclairer cet état de choses vient du fait que certains individus utilisent les droits associés à leur poste jusque dans les limites de ce qu'ils peuvent légitimement accomplir, alors que d'autres n'utilisent qu'une infime partie des prérogatives qui leur sont dévolues. L'espace de pouvoir laissé ainsi vacant est rapidement comblé par d'autres acteurs qui élargissent d'autant leur zone d'influence.

Pour illustrer le fait que l'autorité est strictement associée et limitée au rôle ou au poste occupé, prenons l'exemple de cet officier qui occupait depuis de nombreuses années une fonction élevée dans un corps policier. Cet officier avait la réputation de détenir beaucoup d'autorité dans l'organisation. Quelques années avant sa retraite, il demanda et obtint d'être affecté à d'autres tâches comprenant moins de responsabilités. Du même coup, il perdit presque tout le pouvoir dont il jouissait. Son pouvoir découlait de son rang dans la hiérarchie et il se dissipa instantanément lorsque l'officier quitta ce rôle.

De façon similaire, lorsque les enfants vieillissent et atteignent l'adolescence puis l'âge adulte, le rôle des parents envers ceux-ci se modifie. Ce changement de rôle altère automatiquement la relation d'autorité qui s'était établie au départ et oblige les membres de la famille à développer de nouveaux rapports. La psychologue Kathy White a effectué de nombreuses recherches sur le développement de la relation parent–enfant de l'adolescence jusqu'à l'âge adulte. À la fin de ses travaux, elle a conclu que la relation atteint son niveau de maturité le plus élevé lorsque parents et enfants en viennent à établir une relation égalitaire, un peu comme s'ils étaient devenus des pairs (White, 1987). À ce moment, l'autorité disparaît plus ou moins de leurs rapports. Il n'est plus question que le parent dirige le jeune adulte; il doit plutôt trouver un moyen d'échanger avec lui d'égal à égal.

6.4. Les fondements de l'autorité

L'autorité repose d'abord et avant tout sur un consensus social étendu concernant son caractère légitime, perçu à la façon des individus qui y sont assujettis. Ce consensus est essentiel pour l'exercice harmonieux de l'autorité. En effet, sans la reconnaissance et l'acceptation tacite ou explicite de la grande majorité des individus qui y sont soumis, les sanctions exercées par la personne en autorité seraient contestées au point de devenir inopérantes. La seule façon de se maintenir au pouvoir, alors, serait de recourir à la force, à la violence et à la coercition. La répression de la contestation étudiante en Chine au printemps 1989 illustre bien ce phénomène.

Lorsque l'autorité ne repose pas sur un large consensus social, elle doit s'appuyer principalement sur les contraintes; ces situations sont typiques d'une autre forme de pouvoir: la dictature. Alors que l'autorité est assez facilement acceptée en raison de son caractère légitime, la dictature l'est beaucoup moins à cause de son absence de légitimité. Dans ce dernier cas, les individus dominés, s'ils ne peuvent s'insurger ou se soustraire à leur oppresseur, s'en tiendront habituellement à poser le minimum de comportements requis pour éviter les « punitions » ou la « répression »; en même temps, ils retireront leur adhésion volontaire au système qui les subjugue. Ils vivront dans un état de soumission et de résistance passive jusqu'à ce que le rapport de force puisse être modifié.

Cela dit, on peut se demander pourquoi les gens en viennent à se soumettre à l'autorité légitime plutôt que de maintenir leur liberté de choix, leur libre arbitre et leur droit à l'autodétermination si chers aux sociétés démocratiques? Cette question renvoie aux fondements mêmes de l'autorité, c'est-à-dire à l'origine de son existence et de son maintien au sein des systèmes sociaux. Nous allons tenter de répondre à cette question en l'abordant à travers les trois volets suivants : la fonction de l'autorité, le système légal et le processus de socialisation.

6.4.1. La fonction de l'autorité

L'une des sources de la légitimité de l'autorité découle de sa fonction d'établissement et de maintien d'un certain ordre dans les activités au sein des systèmes sociaux en général et dans les organisations de travail en particulier. En effet, dès l'instant où un grand nombre d'activités diversifiées doivent être accomplies de façon concertée par un ou des groupes d'individus pour réaliser une tâche quelconque, la coordination entre les personnes ne peut plus s'accomplir par simple ajustement mutuel ou par communication informelle (Mintzberg, 1979). En l'absence d'une structure d'autorité dans ce genre de situations, une grande quantité d'énergie serait dépensée par les membres du groupe uniquement pour maintenir la cohésion, pour réduire les tensions engendrées par les désaccords, pour organiser le travail et pour prendre des décisions. Toute cette énergie serait dépensée au détriment de la réalisation de la tâche à accomplir et contribuerait à engendrer des tensions additionnelles entre les personnes. Dans un tel cas, le fait qu'un individu soit investi de l'autorité permet de limiter la dépense d'énergie dans les processus de décision et de coordination des efforts.

À titre d'illustration, prenons l'exemple d'une entreprise familiale de fabrication dans le secteur du plastique, à l'intérieur de laquelle les propriétaires travaillaient aux activités de production au même titre que les autres employés de l'organisation. Tant que le nombre d'employés fut restreint, la coordination put être assurée par ajustement mutuel; les propriétaires s'entendaient quotidiennement entre eux sur qui ferait quoi, quand et comment. Puis l'entreprise eut du succès et prit de l'essor, le nombre de ses employés passant à une cinquantaine. Très rapidement on se rendit compte des problèmes associés au manque de structure et de définition des postes d'autorité. Le même employé pouvait recevoir jusqu'à trois ou quatre directives contradictoires de la part des différents propriétaires, qui prenaient souvent sans le savoir des décisions incompatibles. La confusion et l'incertitude gagnèrent en importance, si bien que ce sont les employés eux-mêmes qui, en se syndiquant, forcèrent l'organisation à statuer sur l'autorité dévolue à chacun des cadres-propriétaires en fonction de postes déterminés.

Dans une autre organisation, un propriétaire dirigeant d'un service de buanderie, interprétant mal les théories récentes en matière de participation des employés au fonctionnement des organisations, avait décidé d'abolir le poste de surintendant à la production en demandant aux employés de se prendre en main et de gérer eux-mêmes leur travail. En dépit des bonnes intentions qui le motivaient, il dut rapidement se rendre à l'évidence que, malgré une certaine standardisation des procédés de travail, la trentaine d'employés membres de son organisation avaient besoin de s'en remettre à une personne en autorité pour l'assignation des tâches, la détermination des normes de production et la supervision du travail, afin que les activités soient réalisées efficacement. Encore une fois, ce sont les employés qui ont exigé la création de ce poste afin d'éliminer les conflits et les différends qui s'éternisaient entre eux. Personne n'avait l'autorité pour trancher les litiges.

Si l'on veut traduire cet exemple selon les termes de la théorie de l'échange, on pourrait dire que les employés ont choisi de donner du pouvoir à une personne en autorité en échange d'une réduction de la confusion et des tensions interpersonnelles qu'ils vivaient en son absence.

Dès qu'un système prend de l'importance, il devient de plus en plus évident pour les membres qu'il sera possible de sauver de l'énergie si la voix de quelqu'un a préséance sur celle des autres pour orienter les efforts de l'ensemble. De cette façon, l'incertitude est réduite et les efforts sont canalisés vers les tâches à accomplir plutôt que vers des tentatives d'ajustement mutuel entre les membres. Là comme ailleurs, la loi de la parcimonie est à l'œuvre et les membres de l'organisation essaient de minimiser l'apport d'énergie nécessaire pour arriver aux résultats escomptés.

C'est donc la nécessité de coordonner les efforts et de trancher les litiges qui engendre un consensus social sur la pertinence de confier de l'autorité à certains individus dans les organisations. Au lieu de vivre dans la confusion, l'incertitude et les tensions associées aux mécanismes d'ajustement mutuel, les gens préfèrent souvent s'en remettre à un exercice équilibré de l'autorité.

6.4.2. Le système légal

À l'échelle des sociétés, on retrouve le même besoin d'ordre, de stabilité et d'organisation des systèmes sociaux. Ce besoin est d'ailleurs à la base de la création de gouvernements investis de l'autorité nécessaire pour déterminer les lois régissant la vie des citoyens d'un territoire. Les lois dictées par un gouvernement légitimement porté au pouvoir sont donc censées refléter un certain consensus de la société par rapport aux règles qu'elle se donne. Lorsque le consensus social concernant la légitimité d'un gouvernement s'effrite, on peut conclure que son autorité sur la gestion des affaires du pays est par le fait même remise en question. C'est souvent ce qui se produit à l'approche de la fin d'un mandat politique. C'est pourquoi un parti politique au pouvoir prendra rarement le risque de décréter des lois controversées dans les mois précédant une élection.

Au point de vue légal, le droit de diriger des individus au travail est soutenu par un large consensus social selon lequel on reconnaît à des entités sociales, comme les conseils d'administration d'entreprises, le droit de gérer leurs affaires et leurs employés à l'intérieur d'un ensemble de limites et de normes prescrites dans les lois. Au Canada et au Québec, la législation sur le travail reconnaît et délimite le droit des gens aux postes de commande dans les organisations de prendre les décisions qu'ils jugent appropriées pour la bonne marche de l'entreprise et le droit de diriger les gens qu'ils embauchent. Ce droit ou cette autorité prévue dans la loi et enchâssée dans les statuts des organisations est transmise à la personne située à la tête de la hiérarchie pour être ensuite déléguée aux autres directeurs et superviseurs jusqu'aux plus bas échelons de l'organisation. C'est donc par le moyen de ses lois sur le travail que la société en général établit la légitimité de l'autorité de certains individus sur d'autres dans les organisations de travail.

6.4.3. Le processus de socialisation

L'autorité et la façon de l'exercer sont intimement liées à la culture, aux normes et aux valeurs auxquelles adhèrent les sociétés et leurs membres. En fait, dès la plus tendre enfance nous sommes assujettis à l'autorité de parents qui, en vertu de leur rôle social, dirigent notre vie et conditionnent, à l'aide de sanctions positives et négatives, les comportements jugés acceptables auxquels nous devons nous conformer et les comportements jugés inacceptables que nous devons éviter. Le rôle des parents ou des tuteurs est essentiel à cause de l'incapacité de l'enfant à subvenir seul à ses propres besoins au cours de l'enfance. Dans la plupart des sociétés, ce rôle est assumé par les parents biologiques à moins que ces derniers ne soient déclarés inaptes par des «autorités» compétentes qui veillent à protéger les droits et intérêts des enfants.

C'est à travers sa relation avec ses parents que l'enfant construit sa première représentation de l'autorité. Omnipotente au départ, elle prendra inévitablement la couleur du milieu familial dans lequel l'enfant évolue. Si, pour certains, l'autorité sera vécue comme contraignante et associée à la violence, d'autres feront l'expérience d'une autorité rassurante, bienveillante et protectrice et d'autres encore retiendront l'image plus diffuse d'une autorité caractérisée par le laisser-faire. Ces premières expériences avec l'autorité prennent une grande importance puisqu'à travers elles, l'individu développe le répertoire d'attentes, d'attitudes et de comportements qu'il adoptera plus tard à l'égard des autres figures et symboles d'autorité.

Normalement, ces autres figures d'autorité prennent la relève de la cellule familiale dans le processus de socialisation et d'intégration de l'individu à la société et à l'ensemble de ses règles, de ses normes et de sa culture. Ces figures d'autorité se trouvent partout: dans les institutions d'enseignement, dans les institutions religieuses, dans les organisations de toutes sortes, et même dans la rue; si bien que la notion d'autorité et sa fonction de maintien de l'ordre établi est intériorisée par les individus comme un fait social normal.

Le processus de socialisation se poursuit par la suite au sein des différentes organisations auxquelles les individus adhèrent. Ainsi, dès l'instant où quelqu'un choisit d'accepter un emploi et de travailler pour une organisation quelconque, il accepte tacitement (que ce soit consciemment ou non) d'agir selon les normes et les règles en vigueur à cet endroit et d'être assujetti en conséquence à l'autorité de ses supérieurs hiérarchiques dans le cadre de son travail. Autrement dit, il accepte, à l'intérieur de certaines limites que nous discuterons plus loin, que son supérieur immédiat ait autorité sur lui. C'est cette acceptation qui confirme à son supérieur hiérarchique le droit de le diriger au travail.

Pour résumer cette section sur les fondements de l'autorité, disons que celle-ci s'appuie d'abord et avant tout sur un consensus social étendu concernant sa légitimité dans un système. Ce consensus provient essentiellement:

- de la nécessité du recours à l'autorité pour faciliter la coordination des efforts et pour réduire les tensions interpersonnelles;
- du processus de socialisation qui conditionne les membres de la société à respecter l'autorité;
- du système juridique en vigueur qui reconnaît à certains individus le droit d'en commander d'autres.

Ainsi, l'autorité est maintenue à la fois par ceux qui l'exercent, par ceux qui y sont subordonnés et par la société en général.

6.5. La légitimité de l'exercice de l'autorité

Les figures et symboles d'autorité ont été abondamment contestés depuis le milieu du siècle par ceux qui les subissent. Plus que jamais auparavant, on a intérêt à comprendre à partir de quoi un individu au travail en vient à mettre en cause la légitimité de l'autorité. À ce jour, aucun auteur de théorie ou de recherche n'a véritablement réussi à décrire ou à expliquer les composantes de la légitimité dans les rapports d'autorité. Une revue récente des écrits sur le pouvoir dans les organisations a permis à Roy (1987) de mettre en lumière le fait que la perception de la légitimité ou non des gestes posés au nom de l'autorité est influencée par plusieurs facteurs, dont certains sont essentiellement psychosociaux.

En plus des critères légaux et formels (les lois, les règles officielles de l'organisation ou la convention collective de travail), les individus tiennent compte de critères informels pour juger de la légitimité des gestes posés par les personnes en autorité. En effet, un geste tout à fait légal posé par un supérieur hiérarchique peut être considéré illégitime par ses subordonnés. Par exemple, dans plusieurs

L'exercice de l'autorité

conventions collectives, il est stipulé qu'un individu qui s'absente du travail sans raisons valables pendant plus de trois jours consécutifs sera considéré comme ayant mis un terme à son emploi. Si un employé modèle ayant une quinzaine d'années d'ancienneté transgressait cette règle et se voyait congédié, il est probable que le geste de l'employeur, tout en étant légal, serait considéré comme illégitime et injuste par l'employé et ses collègues.

En fait, souvent les lois et les règlements viennent confirmer et expliciter les consensus sociaux établis à travers le temps quant aux façons de se comporter dans la société. Les normes informelles se créent, s'uniformisent pour ensuite être officialisées dans des lois.

En ce qui concerne les organisations, les gestes légalement corrects du supérieur doivent aussi respecter des règles implicites ou des comportements normalisés, eux-mêmes dérivés 1) de la culture de l'organisation, 2) d'accords tacites établis avec le temps entre le supérieur et ses subordonnés dans leurs relations quotidiennes de travail (définition des rôles, façons d'interagir, étendue du contrôle, niveaux de supervision), et 3) dérivés de valeurs intériorisées par le subordonné concernant la façon dont l'autorité peut s'exercer (justice, honnêteté, code de conduite).

Il semble donc exister un ensemble de règles tacites concernant la relation d'autorité, intériorisées par les subordonnés et par rapport auxquelles ces derniers évaluent les comportements de leurs supérieurs pour déterminer si ceux-ci posent ou non des gestes acceptables, donc légitimes.

FIGURE 12
Les facteurs affectant la légitimité de l'autorité

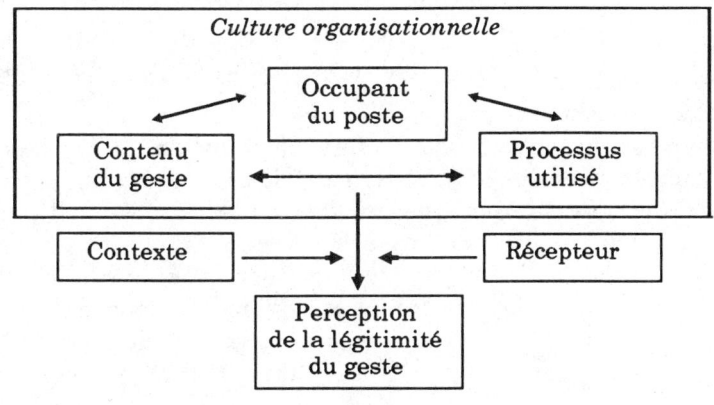

Au cours d'une étude exploratoire réalisée en 1989, Roy a demandé à des travailleurs de raconter des situations vécues au cours desquelles ils estiment que leur supérieur immédiat a posé des gestes illégitimes. L'analyse du contenu de ces récits lui a permis d'identifier trois facteurs interreliés pris en considération par le subordonné lorsqu'il détermine si le geste de son supérieur hiérarchique était légitime ou non. Ces facteurs sont : 1) l'individu qui occupe le rôle de supérieur, 2) le contenu de son action et 3) le processus utilisé au moment de l'action. En plus de ces facteurs, il est apparu que les caractéristiques individuelles du répondant, de même que la situation ou le contexte dans lequel l'événement se produisait avaient une influence sur la perception de la légitimité ou non des gestes posés. Dans les lignes qui suivent, nous allons expliciter chacun des facteurs identifiés. La figure 12 illustre schématiquement l'interaction des différents facteurs.

6.5.1. L'occupant du poste

Pour qu'une tentative d'influence soit tenue pour légitime par le subordonné, elle doit d'abord être réalisée par quelqu'un qui est considéré comme un *occupant légitime du rôle* de supérieur. En d'autres termes, la personne qui détient le rôle doit être perçue par le subordonné comme ayant le droit de détenir cette position. Dans le cas contraire, le supérieur rencontre de nombreuses difficultés à faire respecter son autorité. Par exemple, dans une entreprise manufacturière, les mesures disciplinaires infligées par l'un des contremaîtres lors des prolongements indus des pauses étaient perçues comme illégitimes parce que les employés estimaient que cet individu n'aurait jamais dû obtenir de promotion et devenir contremaître, à cause de ses comportements antérieurs. Entre autres choses, ce contremaître abusait lui-même des périodes de repos lorsqu'il était employé syndiqué.

D'après les recherches de Hollander et Julian (1970), il semble que la compétence avec laquelle le supérieur hiérarchique a assumé son rôle dans le passé peut avoir un effet sur le degré de légitimité qui lui est concédé par les employés. Un supérieur qui éprouve de la difficulté à respecter les exigences de sa tâche peut perdre en partie, sinon totalement, sa légitimité dans le système. L'absence d'expertise quant au contenu du travail du subordonné peut donc saper la légitimité d'un supérieur. Ainsi, dans une entreprise manufacturière, le département d'informatique relevait d'un ingénieur mécanique d'expérience qui avait cependant peu de connaissances en informatique. Son manque d'expertise a fait en sorte que ses opinions et décisions concernant le secteur informatique ont été largement contestées par les informaticiens qui ont finalement remis en question ouvertement la légitimité de son autorité par rapport à leurs activités.

Étant donné que la principale source de légitimité vient de l'acceptation par les subordonnés du droit qu'a le supérieur d'exercer son autorité, celle-ci fond comme neige au soleil lorsque les subordonnés lui retirent ou nient ce droit.

6.5.2. Le contenu du geste

Le *contenu* de la tentative d'influence doit aussi être jugé légitime par les subordonnés. Autrement dit, la requête doit d'une part faire partie de l'aire de juridiction du supérieur et d'autre part se situer à l'intérieur des limites du rôle attribué au subordonné pour être considérée comme légitime. Barnard (1938) a créé la notion de zone d'indifférence pour désigner cette aire à l'intérieur de laquelle un supérieur peut légitimement influencer ses subordonnés. Hors de cette zone, les requêtes du supérieur sont considérées comme illégitimes.

Par exemple, un cadre qui demande à sa secrétaire de dactylographier une lettre ou de répondre à ses appels téléphoniques pose des gestes légitimes. Mais s'il lui signifie qu'elle devra le rencontrer au bar pour prendre un verre après les heures de travail, il outrepasse les limites de son rôle et s'expose à essuyer un refus. De la même façon, si un contremaître demande à un travailleur syndiqué d'effectuer des tâches relevant d'un autre poste, il peut s'attendre à un refus puisque sa demande ne se situe pas dans les limites du rôle du subordonné.

Certains auteurs, tel Halal (1984), ont démontré que certains comportements, comme ceux qui ne sont pas directement reliés au travail des subordonnés, ne sont pas considérés comme des cibles légitimes d'intervention de la part des supérieurs. D'ailleurs, Weber (1947) a défini le droit d'influence du supérieur strictement par rapport aux questions qui relèvent directement du poste qu'il occupe puisque l'autorité est assignée au poste et que c'est uniquement par extension qu'elle est dévolue à la personne qui occupe la fonction concernée.

Dans les organisations, les rôles sont assez souvent ambigus, ce qui fait apparaître une *zone grise* où il est difficile pour le subordonné de déterminer si la demande faite par son supérieur est légitime ou non. En effet, il est impossible de couvrir, dans une description de tâches ou une convention collective, l'ensemble des rapports qui s'exercent quotidiennement entre un supérieur et un subordonné. Dans cette zone grise, le subordonné aura tendance à se poser les questions suivantes : Mon supérieur a-t-il le droit de me faire une telle requête? Cela fait-il partie de ma description de tâche? Que dit la convention collective à ce sujet? S'est-on entendu là-dessus? etc. Dans ces circonstances caractérisées par l'ambiguïté, des facteurs tels la qualité de la relation entre le supérieur et le subordonné, l'habileté du supérieur à donner du sens à ses demandes et le processus utilisé pour interagir avec le subordonné peuvent faire toute la différence entre la perception de légitimité ou d'illégitimité. La figure 13 présente un continuum sur lequel on peut situer la légitimité du contenu d'une demande d'un supérieur en fonction de la clarté de son rôle.

FIGURE 13
La légitimité selon la définition des rôles

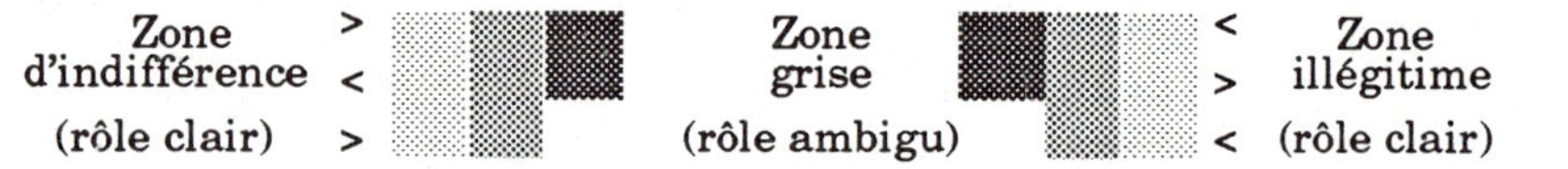

Zone d'indifférence (rôle clair)	Zone grise (rôle ambigu)	Zone illégitime (rôle clair)

6.5.3. Le processus utilisé

Le troisième facteur illustré à la figure 12 concerne la modalité ou le *processus* utilisé par le supérieur pour exercer son influence sur le subordonné. Une demande légitime transmise sur un ton méprisant peut être considérée comme illégitime, non pas à cause de son contenu mais à cause de la façon par laquelle on la communique. La supériorité hiérarchique ne donne pas droit au mépris envers les subordonnés. D'après Weick (1979) et Morgan (1986), les normes organisationnelles sont « mises en place » (*enacted*) par les acteurs dans le cadre de leurs interactions quotidiennes. Des règles implicites et des normes concernant les rapports d'influence entre supérieur et subordonnés s'établissent par ententes mutuelles tacites dans les organisations.

Récemment, au cours d'une recherche effectuée dans quatre pays différents, Henderson et Argyle (1986) ont obtenu une confirmation de l'existence de telles règles informelles dans les relations de travail, non seulement entre les supérieurs et les subordonnés mais aussi entre les pairs.

Dans la recherche exploratoire de Roy (1989) citée plus haut, certaines règles ou pratiques étaient associées à des actions jugées illégitimes (favoritisme, discrimination, contrôle abusif, iniquité, etc.). Par exemple, on tenait pour illégitime le fait que l'un des amis du supérieur immédiat obtenait toujours les tâches les plus intéressantes, alors qu'on réservait aux autres les activités les plus ingrates. Certaines normes réglementaient les modes d'influence jugés illégitimes (contrainte physique, menaces, manipulation, mensonges, humiliation, etc.). Dans l'un des cas rapportés, certains employés avaient été ridiculisés par le contremaître devant leurs collègues de travail à la cafétéria; cette pratique était dénoncée comme un geste illégitime. D'autres normes concernaient le non-respect de l'influence du subordonné (imposition de méthodes de travail, refus de considérer les demandes du subordonné): un employé avait indiqué à son contremaître que son équipement était mal réglé, ce qui affectait considérablement la qualité des produits; celui-ci a tout simplement ignoré les commentaires du subordonné, attitude qui a été taxée de geste illégitime.

Comme on peut le voir, la perception de la légitimité des gestes posés au nom de l'autorité est largement fondée sur des règles implicites qui s'établissent avec le temps entre les membres d'une organisation. Il est donc vital, pour un supérieur qui veut éviter de voir son autorité contestée dans l'exercice de ses fonctions, de demeurer attentif aux normes en vigueur dans son milieu de travail. Il devra justifier et parfois négocier des changements de normes s'il veut les légitimer dans l'organisation.

6.5.4. La culture organisationnelle

La culture d'une organisation est composée de l'ensemble des valeurs, des normes et des pratiques qui se sont établies entre ses membres à travers le temps. Grâce au processus de socialisation, les gens «apprennent» à suivre les règles du jeu en vigueur au sein de leur organisation. Ils identifient ce qui est légitime ou illégitime en observant de façon constante les comportements des autres. Ils se basent ensuite sur ces observations pour porter un jugement sur le comportement de leurs supérieurs hiérarchiques. La culture organisationnelle, c'est un peu le « fond » ou la scène sur laquelle les acteurs jouent leur rôle.

La façon dont on dirige les gens se trouve au cœur de la culture organisationnelle, car elle reflète les valeurs de l'organisation. Par exemple, les gestes tenus pour légitimes dans une usine de fabrication pourraient être considérés comme totalement illégitimes dans un hôpital ou dans une université, ou même dans une autre usine de la même organisation, à cause des différences culturelles entre ces milieux. De même, le fait de crier après des gens est vu comme normal dans certaines organisations militaires et sportives, alors que ces mêmes gestes ont été considérés comme totalement inacceptables dans une entreprise manufacturière (Roy, 1989). La légitimité ou non des gestes posés par les supérieurs hiérarchiques ne peut donc être établie dans l'absolu ; elle est déterminée en fonction de la culture dans laquelle ils sont posés.

6.5.5. Le contexte

Dans le cadre de la recherche exploratoire évoquée précédemment, Roy (1989) a pu constater que le *contexte* dans lequel le geste du supérieur est posé a un impact sur la perception du subordonné. Un geste normalement jugé comme illégitime pour un contremaître, comme le fait d'opérer un chariot élévateur à la place de l'employé syndiqué à qui cette tâche est dévolue, a été considéré comme légitime, à cause de la situation d'urgence dans laquelle le contremaître se trouvait et de la non-disponibilité momentanée de l'opérateur du chariot. Dans d'autres situations, à cause des bris de machine auxquels leur supérieur devait faire face, des répondants ont dit « comprendre » les gestes de leur supérieur qui, en d'autre temps, auraient été tenus pour illégitimes.

6.5.6. Les caractéristiques du récepteur

Finalement, les *caractéristiques du récepteur* qui observe les gestes accomplis par son supérieur hiérarchique auront un impact sur la perception de la légitimité ou non des actes posés. Comme dans tout processus perceptuel, les facteurs tels que la personnalité, les croyances, les valeurs, les expériences passées influencent l'interprétation que l'on fait des gestes posés par les autres.

Par exemple, l'une des personnes interviewées dans le cadre de la recherche de Roy (1989) indiquait qu'elle ne tenait pour illégitime aucun geste d'un supérieur hiérarchique à son égard puisque, à son avis, un supérieur hiérarchique peut faire tout ce qu'il veut étant donné qu'il supervise le travail des employés et qu'il s'assure que ceux-ci obtiennent un salaire pour leur travail. À l'autre extrémité, une personne s'insurgeait contre toute forme de contrainte fondée sur l'autorité. Pour cette personne, à peu près tous les gestes visant à dicter la conduite des autres ne pouvaient qu'être illégitimes. Ces cas extrêmes illustrent l'impact potentiel des différences individuelles sur la perception de la légitimité ou non des gestes posés par les supérieurs hiérarchiques.

En résumé, il semble que la perception de la légitimité ou non des gestes posés par une personne en autorité découle de l'interaction des cinq facteurs décrits ci-dessus. Le degré d'acceptation de celui qui occupe un poste d'autorité, le contenu de sa tentative d'influence et la façon avec laquelle l'intervention est réalisée forment un tout évalué en fonction des normes et des pratiques en vigueur dans l'organisation. Cette évaluation est elle-même colorée par les caractéristiques du subordonné qui perçoit la situation et par le contexte dans lequel l'action se déroule.

6.6. L'érosion de l'autorité

Bien que les fondements de l'autorité définis précédemment expliquent pourquoi cette forme de pouvoir est inhérente au fonctionnement des organisations, il faut aussi reconnaître qu'elle est en mutation à l'intérieur de nos sociétés. De fait, l'autorité a été fortement contestée depuis les années 1950. Si dans certains cas c'est l'autorité même de certains individus sur d'autres qui a été contestée, dans d'autres c'est l'étendue des domaines d'exercice de cette autorité qui a été mise en cause de même que l'usage discrétionnaire des sanctions visant à l'appuyer.

Au début de l'ère industrielle, lorsque les lois et les réglementations sur le travail étaient à peu près inexistantes, l'étendue de l'autorité des organisations et de leurs responsables sur leurs employés était quasi sans limites. À peu près n'importe quel type de comportement des individus, tant à l'intérieur qu'à l'extérieur des lieux du travail, pouvait tomber sous le coup de règles administratives ou de décisions de la part des supérieurs hiérarchiques. Les sanctions étaient laissées à la discrétion de l'entreprise qui pouvait congédier un employé sans avoir à justifier son geste. L'entreprise pouvait même sanctionner divers aspects de la vie privée de ses employés. À certains endroits, un employé qui n'adhérait pas aux pratiques religieuses en vigueur, comme aller à la messe le dimanche, pouvait perdre son emploi. Il n'était pas rare non plus que des employés se voient interdire certaines fréquentations ou la consommation d'alcool en tout temps pour ne pas nuire à la «réputation» de l'organisation. Ce pouvoir discrétionnaire des dirigeants d'entreprises a conduit évidemment à des excès qui ont poussé les gouvernements à légiférer et à réglementer les pratiques en milieu de travail. En Angleterre, l'une des premières lois sur les horaires de travail est apparue sous le règne de la reine Victoria en 1872, interdisant aux employeurs de faire travailler des enfants de 10 à 12 ans plus de 10 heures par jour dans les galeries souterraines des mines de charbon (Victoria, 1872)...!

Comme on peut le voir, à cette époque le pouvoir discrétionnaire des personnes en position d'autorité dans les organisations était très fort. Au cours des années, l'étendue de ce pouvoir a été réduite de façon marquée. Les gens sont encore prêts aujourd'hui à se soumettre à une personne en autorité, mais ils veulent de plus en plus avoir leur mot à dire sur l'étendue de cette autorité. Autrement dit, les subordonnés sont de plus en plus actifs dans la définition du consensus social concernant la légitimité de l'exercice de l'autorité à laquelle ils sont soumis.

Des facteurs d'ordres sociologique, politique, économique et technologique peuvent expliquer l'érosion de l'étendue du pouvoir associé à l'exercice de l'autorité. Dans les paragraphes qui suivent, nous passerons en revue certains d'entre eux qui nous apparaissent les plus importants.

6.6.1. Les groupes de pression

Rapidement après les débuts de l'ère industrielle, les entreprises ont dû faire face à l'émergence de grands syndicats nationaux et internationaux qui ont agi comme contre-pouvoir face aux dirigeants d'entreprises. En plus de négocier les conditions de travail, les salaires et les avantages sociaux, les syndicats ont aussi fait inclure dans les conventions collectives, tout un ensemble de clauses visant à encadrer le droit de gérer à l'intérieur de balises strictes. Les syndicats ont négocié de la sorte l'étendue de l'autorité du supérieur sur le subordonné.

Par la suite, divers autres groupes ont vu le jour et se sont imposés sur la scène du monde du travail en influençant la législation et la réglementation du travail en Occident. Ça été particulièrement le cas au cours des années 1960 à 1980, lorsque le mouvement pour le respect des droits de la personne, le mouvement féministe et le mouvement environnementaliste, en plus des syndicats, ont remis en question les pratiques des organisations et la nature même des décisions qui s'y prenaient.

Ces groupes ont réussi à faire voter de nombreuses lois qui régissent maintenant les activités des organisations en ce qui a trait à l'embauchage, aux promotions, aux pratiques salariales, aux normes de travail, à la santé-sécurité et à la protection de l'environnement. Auparavant, ces questions étaient considérées comme relevant de la juridiction exclusive de la direction des organisations. Ces groupes de pression ont donc réduit l'étendue des domaines dans lesquels les organisations peuvent légitimement prendre des décisions unilatérales.

En encadrant de la sorte les droits de gestion, ces organismes ont du même coup réduit l'étendue du pouvoir discrétionnaire — donc l'autorité — des gestionnaires en les obligeant à suivre des règles précises limitant et compliquant l'accès aux sanctions applicables pour affirmer leur autorité. Ces règles permettent de surcroît la contestation des sanctions imposées par l'employeur devant des tribunaux ou des arbitres externes qui sont investis de l'autorité nécessaire pour trancher les litiges et confirmer ou renverser les décisions prises par l'employeur.

6.6.2. La modification du système de valeurs

Parallèlement à la montée des groupes de pression, il semble que les valeurs associées au respect de l'autorité se sont elles aussi modifiées dans la société. Ce changement a eu pour effet d'altérer l'étendue de l'autorité du supérieur sur le subordonné. Même si l'autorité ou le droit de diriger des comportements et de donner des directives est encore généralement accepté comme normal dans une relation supérieur–subordonné stable, cela ne signifie pas pour autant que le supérieur peut légitimement influencer ses subordonnés à propos de n'importe quel comportement, même à l'intérieur des limites prescrites par la loi.

Halal (1984) rapporte que Schein et Ott (1962) ont démontré cet aspect au début des années 1960 à l'aide d'un questionnaire qu'ils ont préparé pour mesurer le degré d'accord, à l'intérieur d'une organisation, sur la légitimité de l'influence du supérieur concernant une série de comportements des subordonnés.

Les résultats ont indiqué clairement que la légitimité de l'influence du supérieur hiérarchique n'était pas remise en question pour certains types de comportements mais qu'elle était hautement contestée pour d'autres. C'est le cas notamment pour les comportements qui ne sont pas explicitement liés au travail. Halal a reproduit la même étude treize ans plus tard en utilisant le même instrument. Comparativement à l'étude initiale, les répondants ont accordé moins de légitimité à l'influence du supérieur immédiat sur le subordonné pour la plupart des comportements identifiés. C'est donc dire qu'une intervention d'un supérieur envers certains comportements d'un employé, considérée comme légitime en 1960, le devenait moins treize ans plus tard. L'auteur a conclu en précisant qu'il semble exister une tendance générale selon laquelle l'étendue de la légitimité de l'autorité se réduit avec le temps.

6.6.3. La haute technologie et la spécialisation de la main-d'œuvre

L'arrivée des nouvelles technologies, au cours des années 1980 plus particulièrement, a nécessité le recours à une main-d'œuvre de plus en plus spécialisée, coûteuse et difficile à entraîner. La situation est aujourd'hui très différente de celle qui a entouré les jours de gloire de l'ère industrielle. À cette époque, le morcellement des tâches et le travail répétitif sur les chaînes de montage nécessitaient un minimum d'entraînement et de connaissances. Désormais l'entreprise peut de moins en moins se permettre de perdre ou de s'aliéner une main-d'œuvre qui devient de plus en plus une ressource stratégique pour sa survie.

La main-d'œuvre est plus compétente, mieux informée, plus difficilement accessible et très coûteuse à remplacer. Dans bien des cas, ceux qui exécutent le travail sont très spécialisés et plus compétents que leur supérieur hiérarchique pour accomplir leurs tâches (machines à contrôle numérique, informatique, équipements automatisés, etc.); ils sont donc plus autonomes au travail et tolèrent beaucoup moins bien une supervision étroite fondée uniquement sur l'autorité. Ils considèrent que leur expertise doit avoir préséance sur l'autorité associée au poste du supérieur hiérarchique pour déterminer les gestes à accomplir dans l'exercice de leurs fonctions.

Dans ce contexte, l'étendue des gestes qui peuvent légitimement être posés par les supérieurs selon les préceptes de l'autorité est considérablement réduite. Le secteur médical fournit de bons exemples à cet égard; quotidiennement, le personnel paramédical (physiothérapeutes, ergothérapeutes, orthophonistes, etc.) pose des gestes en fonction des pratiques établies par la profession (les pairs) et non en fonction de ce qu'un supérieur hiérarchique pourrait décider. Cette attitude est encore plus évidente lorsque le supérieur hiérarchique ne possède pas de compétences cliniques reconnues. Dans ce genre de situations, la prise de décision s'appuie beaucoup plus sur l'expertise que sur la position d'autorité détenue par un individu. Du respect de l'autorité, nous passons graduellement au respect de l'expertise.

6.6.4. L'influence des modes contemporains de gestion

L'internationalisation des marchés, le succès des entreprises japonaises attribué en partie à des modes participatifs de gestion, de même que la diffusion à grande échelle de succès d'entreprises nord-américaines dites «excellentes» (Peters et Waterman, 1982) ont amené un grand nombre d'entreprises à réviser leur façon de gérer leurs employés. Au lieu d'obliger le personnel à se conformer aux exigences de l'organisation par l'utilisation de l'autorité, plusieurs entreprises tentent d'établir de nouveaux rapports avec leurs employés en les considérant davantage comme des partenaires. Cette attitude suppose une relation beaucoup plus égalitaire entre supérieurs et subordonnés à tous les niveaux de la hiérarchie de même qu'une révision de la notion d'autorité.

Le contexte concurrentiel international semble avoir favorisé une prise de conscience selon laquelle les intérêts des employeurs et des employés d'une même organisation peuvent être largement compatibles, pour peu que de part et d'autre on transforme les positions antagonistes traditionnelles en positions de collaboration pour le bénéfice mutuel des parties. La compétition doit s'exercer face aux entreprises concurrentes et non à l'intérieur de l'organisation.

La culture même des entreprises a subi des transformations notables qui ont eu pour effet de favoriser une certaine démocratisation du pouvoir. On essaie de réduire le nombre de niveaux hiérarchiques, de permettre la prise de décisions le plus près possible de l'action, d'encourager la prise de décisions basée sur l'expertise plutôt que sur l'autorité, de contrôler les résultats plutôt que les moyens utilisés en vue de les atteindre.

Dans ce contexte, il n'est pas surprenant que l'étendue des gestes pouvant légitimement être posés au nom de l'autorité ait subi une atrophie considérable. Les forces en présence laissent croire que cette tendance va se maintenir dans les années à venir.

6.7. L'avenir de l'autorité

Depuis longtemps, l'autorité est perçue comme une réalité émanant du haut de l'organisation pour être imposée vers le bas. Les modes participatifs de gestion ne feront pas disparaître la nécessité du recours à l'autorité dans les milieux de travail. Il est prévisible par ailleurs que la détermination de l'étendue de l'autorité sera définie bien différemment de ce à quoi on est habitué. En effet, on peut s'attendre à ce que les employés participent formellement à l'établissement des limites de l'autorité qui s'exercera sur eux. Les pratiques administratives et la détermination des règles de conduite vont de plus en plus être élaborées et adoptées conjointement entre les employeurs et les employés. Au lieu d'être uniquement imposée d'en haut, l'étendue de l'autorité des supérieurs hiérarchiques deviendra le fruit d'une négociation continue entre les représentants légitimes des parties.

Alors que dans le passé la plupart des décisions prises émanaient de l'autorité, on peut s'attendre de plus en plus à ce que les décisions basées sur cette forme de pouvoir se limiteront à l'allocation des ressources, à l'orientation et à la coordination des activités, à l'évaluation des résultats de même qu'à l'application de règles de conduite déterminées par entente mutuelle. L'autorité servira donc de plus en plus à des fonctions organisationnelles d'interface et de représentation, et de moins en moins à des fonctions de surveillance dans l'exécution quotidienne du travail.

Le fait que les personnes soumises à l'autorité pourront participer à la délimitation de son étendue permettra de tenir compte de leurs intérêts dans le maintien de l'ordre organisationnel. On assistera ici à une redistribution du pouvoir vers le bas de l'organisation. Déjà dans plusieurs entreprises, les employés sont mis à contribution pour suggérer des changements qu'ils souhaitent voir se produire dans leur milieu de travail.

Il est probable que dans un avenir assez rapproché les employés auront non seulement le droit de participer aux décisions qui les affectent quotidiennement, mais qu'en plus ils participeront à la détermination de l'étendue des pouvoirs de leur supérieur. Les normes implicites seront discutées ouvertement et le rôle de supérieur hiérarchique deviendra de plus en plus celui d'un animateur dont la principale fonction sera de coordonner les efforts de l'ensemble et de faire respecter les règles convenues d'un commun accord. L'autorité qui venait du haut de la hiérarchie sera de plus en plus confirmée par le bas de la pyramide. Il semble bien que l'autorité prendra de nouvelles formes mais, chose certaine, il s'agit d'une forme de pouvoir qui est là pour rester.

Chapitre 7

Le leadership et ses processus

7.1. Définition 153
7.2. Les caractéristiques du leadership 157
7.3. Une question de degré 158
7.4. Le leadership au quotidien 159
7.5. Le processus du leadership 161
7.6. Quelques scénarios types 163
7.7. Le poids relatif de la dimension culturelle
    et de la dimension fonctionnelle 165
7.8. Des exemples 167
7.9. Les liens avec d'autres modèles 168
7.10. Les fonctions du leadership 170
    7.10.1. Fournir une vision prospective 171
    7.10.2. Donner une signification 171
    7.10.3. Assurer la régulation des processus 172
    7.10.4. Entretenir l'interface avec l'environnement ... 173
    7.10.5. Utiliser et développer de façon optimale
            les ressources des membres du groupe 173
7.11. Les fonctions du leadership et les leaders 174
7.12. Vers une intégration 176
7.13. Leadership et leaders 177
7.14. Le leadership charismatique 178
7.15. Leadership ou autorité? 180
7.16. Naître leader ou le devenir? 183
7.17. En guise de synthèse 184

7.1. Définition

Beaucoup de confusion entoure le concept de leadership. On l'a utilisé à toutes sortes d'usages, avec le résultat que sa véritable signification est devenue quasi insaisissable. D'ailleurs, les définitions varient beaucoup d'un auteur à l'autre, selon qu'ils se préoccupent de la dynamique des groupes ou du management, ou encore selon qu'ils se centrent sur la personne du leader ou sur les réactions des destinataires. Voici un échantillon de ces définitions qui illustre la diversité des conceptions.

- Le leadership est un processus de stimulation mutuelle qui, par une interaction efficace des différences individuelles, contrôle l'énergie humaine dans la poursuite d'une cause commune (Pigors, 1935, p. 16);

- Des actes de leadership sont des actes de personnes qui influencent d'autres personnes dans une direction partagée (Seeman, 1953);

- Essai d'influence qu'un supérieur fait envers ses subordonnés en tant que groupe ou à un niveau individuel (Hunt et Osborn, 1980, p. 201);

- Interactions interpersonnelles entre un leader et un ou plusieurs subordonnés, avec comme but d'augmenter l'efficacité organisationnelle (Schiesheim, Tolliver et Behling, 1980, p. 3);

- L'ensemble des activités et surtout des communications interpersonnelles par lesquelles un supérieur hiérarchique influence le comportement de ses subalternes dans le sens d'une réalisation volontairement plus efficace des objectifs de l'organisation et du groupe (Bergeron, 1977, p. 233);

- Processus de centralisation de l'attention et de relâche des énergies des gens dans la direction désirée (Barnes, *in* Bass, 1960, p. 90);

- Effort observé d'un membre pour changer le comportement des autres membres en altérant la motivation des autres membres ou en changeant leurs habitudes (Bass, 1960, p. 91);

- Lorsque l'influence est utilisée dans la poursuite d'intérêts collectifs (Gamson, 1968, p. 29);

- Processus réciproque de mobilisation par des personnes avec certains motifs et certains buts des ressources économiques, politiques et autres, dans un contexte de compétition et de conflit, en vue de réaliser des buts indépendants ou tenus mutuellement par les leaders et les partisans[1] (Burns, 1978, p. 18);

- Habileté, basée sur les qualités personnelles du leader, de susciter la soumission volontaire des subordonnés dans un champ vaste de sujets (Etzioni, 1965, p. 690);

- Un système d'émotions, d'attitudes et de comportements qui relie le supérieur (*head*) et les membres de l'organisation, et qui se traduit par un accroissement volontaire de l'effort des membres de l'organisation pour partager et accomplir les buts et priorités du supérieur (Farquhar, 1985, p. 1).

Certaines de ces définitions véhiculent une confusion entre la notion de leadership et celle de direction (poste d'autorité). À ce sujet, Katherine Farquhar (1985) dit:

> [...] en dépit de différences importantes entre les deux, la fonction de direction (*headship*) est couramment désignée, avec erreur, de leadership dans la littérature des sciences sociales, alors que le terme «leadership» est aussi utilisé pour nommer des processus connus de façon plus précise comme de la supervision, de l'autorité, de l'influence et des rôles de changement. (Farquhar, 1985, p. 2)

Gibb avait déjà relevé en 1969 cinq caractéristiques fondamentales qui différencient la direction et le leadership, mais il semble que cet effort ait eu peu d'impact, car la confusion a continué à persister

---

1. Les expressions «partisan» et «disciple» sont utilisées comme traduction française de l'expression *follower*. Bien que ces deux expressions soient susceptibles d'évoquer des connotations péjoratives, ce sont néanmoins celles qui rendent le mieux compte de la réalité, si on leur enlève la coloration sectaire qui leur est souvent accolée dans le langage courant.

dans les écrits sur le leadership et le management. Selon Gibb, les caractéristiques de la direction sont les suivantes:

1. La domination ou la direction est maintenue au moyen d'un système organisé et à partir d'une reconnaissance spontanée par les membres du groupe de la contribution individuelle au cheminement du groupe;

2. Le but du groupe est choisi par la personne qui occupe la direction à partir de ses intérêts et n'est pas déterminé par le groupe lui-même;

3. Dans la domination ou la relation de direction, il y a peu ou il n'y a aucun sens de sentiment partagé ou d'action conjointe dans la poursuite du but à atteindre;

4. Dans la relation de dominance, il y a un grand écart social entre les membres du groupe et le supérieur; celui-ci essaie de maintenir cette distance sociale comme support de la coercition qu'il exerce sur le groupe;

5. Plus fondamentalement, ces deux formes d'influence (direction et leadership) diffèrent au point de vue de la source de l'autorité qui est exercée. L'autorité du leader lui est spontanément accordée par ses collègues du groupe, et particulièrement par ses partisans. L'autorité du supérieur provient d'un pouvoir extérieur au groupe, qu'il détient sur les membres du groupe et que l'on ne peut pas vraiment appeler ses partisans. Plutôt que de s'engager volontairement, ils acceptent cette domination, sous la crainte de la punition.

Ces clarifications de Gibb montrent bien que le leadership est un processus essentiellement psychosocial, qui s'exerce sur le registre informel et qui requiert un choix volontaire de la part des gens concernés. Notons cependant que l'auteur lui-même entretient une certaine confusion lorsqu'il parle de «l'autorité du leader» dans le cinquième énoncé. À notre avis, il aurait dû parler du pouvoir du leader, la notion d'autorité étant réservée aux situations formelles. D'ailleurs, il ajoute lui-même plus loin:

> [...] si l'on veut définir le leader comme étant le membre du groupe qui exerce le plus d'influence sur ses collègues, il est nécessaire de qualifier «l'influence» en insistant sur le fait que le terme leadership s'applique seulement quand il est accepté volontairement ou quand c'est dans une orientation partagée. (Gibb, 1969, p. 271)

En plus de confondre leadership et fonctions de direction, souvent on confond aussi management (gestion) et leadership, laissant entendre que le premier inclut le second. Bien sûr, il est habituellement souhaitable qu'un gestionnaire ait du leadership. Toutefois, une différence importante démarque ces deux réalités. Le management (Payette, 1988) a une fonction essentiellement organisationnelle et consiste à s'assurer que les diverses ressources sont affectées et utilisées de façon à optimiser (parfois maximiser) l'efficacité de l'organisation en regard de ses objectifs. Un grand nombre de ses activités sont de nature technique. À la limite, le manager peut exercer son rôle en ne s'appuyant que sur l'autorité dévolue au poste et en procédant principalement par notes de service et directives, c'est-à-dire avec très peu de contacts avec le personnel. C'est d'ailleurs ainsi que procèdent certains sièges sociaux d'entreprises et de gouvernements qui dirigent des unités à distance.

L'exercice du leadership pour sa part requiert des contacts plus intenses avec les partisans et relève davantage des dimensions psychosociales de l'organisation que de ses aspects technocratiques. Alors que le management résulte de l'initiative du gestionnaire, le leadership de son côté est attribué par les partisans. Le style de management de l'individu influencera le leadership qu'il obtiendra, mais la base sur laquelle s'appuie le management est d'abord l'autorité et non le leadership.

En s'inspirant de la définition sommaire du leadership donnée au chapitre 3, nous proposons maintenant la définition suivante:

- C'est la capacité d'influencer dans le sens que l'on désire, sans avoir à recourir aux sanctions formelles, c'est-à-dire aux punitions et récompenses institutionnelles.

Farquhar (1985, p. 2) adopte une position identique lorsqu'elle dit: « [...] plus simplement, la direction est le pouvoir d'une position, alors que le leadership est l'influence sans le recours aux récompenses et punitions fournies par une position hiérarchique. »

Cette définition est formulée par la négative, en ce sens qu'elle indique ce qu'il ne faut pas faire pour qu'il y ait leadership. Formulée par la positive, la définition devient:

- La capacité d'obtenir que les autres adhèrent volontairement aux positions que l'on adopte ou aux propositions que l'on émet.

On peut aussi définir le leadership en examinant ses effets sur les destinataires. Ses effets se traduisent habituellement par un degré de motivation élevé chez les partisans en regard des tâches qui leur sont attribuées, ou encore par un degré élevé d'adhésion aux objectifs et aux normes véhiculés par le leader.

7.2. Les caractéristiques du leadership

Si le leadership implique que la personne évite de recourir aux sanctions formelles (ou ne pas menacer de le faire), il devient évident que l'acceptation volontaire de la part des partisans est essentielle. Cependant, l'adhésion volontaire ne suppose pas nécessairement que ce choix soit spontané; les normes et les pressions sociales d'un milieu peuvent amener des gens à opter pour un leader qu'ils n'apprécient que partiellement. On approche ici de la frontière de l'illégitimité et des problèmes moraux. Nous n'entrerons pas dans cette zone qui, cependant, mériterait plus d'attention; nous en arriverions peut-être à faire apparaître un autre concept que le leadership pour rendre compte de cet aspect de la réalité.

L'adhésion volontaire signifie que le leadership est un phénomène qui émerge du groupe ou du milieu et qu'il est attribué plutôt que confié comme c'est le cas pour l'autorité. Dans cette perspective, les théories de l'attribution en psychologie sociale peuvent être mises à contribution pour nous aider à mieux comprendre les dynamiques du leadership (McElroy, 1982; Calder, 1971).

Comme le leadership émerge du groupe ou du milieu, il en résulte que l'individu exerçant ce leadership le contrôle relativement peu, car les membres du groupe peuvent le lui retirer en tout temps. Il s'agit donc d'un phénomène très volatile qui peut augmenter, diminuer, se renforcer, s'effriter selon la volonté des membres du groupe. C'est d'ailleurs ce qui se produit régulièrement dans les partis politiques lorsque les leaders d'une époque sont relégués aux oubliettes et remplacés (volontairement) par d'autres leaders qui sont présumés incarner mieux les attentes et les aspirations des membres. Ce caractère volatile du leadership est plus apparent dans les périodes d'évolution rapide, les attentes étant alors très fluctuantes durant ces périodes.

En plus d'être volatile, le leadership est «volage»; il peut circuler d'une personne à l'autre. En effet, il n'est pas forcément l'apanage d'un seul individu, comme c'est le cas de l'autorité. Les auteurs de recherches et d'écrits sur la psychologie des groupes ont largement démontré que, selon les groupes, le leadership est plus ou moins distribué entre les membres (St-Arnaud, 1978). Dans certains groupes, par exemple les groupes naturels, il est difficile de désigner une personne ayant plus de leadership que les autres. Comme on le verra plus loin, cette dispersion du leadership est fonction entre autres de la plus ou moins grande différence entre les ressources détenues par les membres du groupe.

Edgar Schein (1965) a mis en relief la fait que, dans les situations de conflit intergroupe, le leadership tend à se concentrer autour d'un petit nombre de personnes, alors qu'en situation moins menaçante, le leadership a tendance à être plus dispersé. On observe ce phénomène régulièrement dans les mouvements politiques et sociaux. Les éthologistes ont également montré des réactions analogues chez les animaux vivant en bande (Johnson, 1972).

Il faut donc être prudent lorsqu'on parle de leadership et ne pas présumer qu'il est concentré sur une seule personne, car on risque alors de réduire la réalité. Le gestionnaire, par exemple, qui penserait limiter l'exercice du leadership dans son équipe en acquérant lui-même plus de leadership, risquerait de constater que d'autres leaders continuent d'exister dans le service. Les écrits dans le domaine du leadership attirent beaucoup l'attention sur le leader et ses particularités, ce qui renforce l'impression que le leadership est concentré sur un seul individu. C'est probablement par commodité que la plupart des auteurs traitent du leadership comme si l'on ne trouvait qu'un seul leader par groupe.

7.3. Une question de degré

En fait, la réalité du leadership est complexe. Aussi, pour être précis et, surtout, pour rendre compte de l'existence de statuts différenciés dans les groupes, il faut parler du degré de leadership assumé par les différents membres d'un groupe — chez les animaux, on trouve un mécanisme analogue auquel les éthologistes ont donné le nom de *pecking order*[2] (Lorenz, 1966). Simone Landry (1977) illustre bien

---

2. Ce concept est précisé à la section 8.2.4. du chapitre 8.

cet aspect lorsque, après avoir introduit la notion de structure informelle du pouvoir dans un groupe, elle ajoute:

> [...] l'influence ne se distribue toutefois pas également entre tous les membres. Il existe ce que nous appellerons des «classes de statuts» en ce qui a trait au pouvoir. Deux ou trois membres jouiront habituellement d'un statut immédiatement inférieur à celui du leader; ils seront soit ses lieutenants, soit ses opposants éventuels. Selon le cas, les membres de la classe suivante se rattacheront au leader et à ses lieutenants ou aux opposants possibles. (Landry, 1977, p. 20)

La structuration de l'influence dans un groupe ne s'opère pas toujours de façon aussi systématique, mais on retrouve constamment une certaine dispersion du leadership, qui favorise d'ailleurs l'apparition de coalitions dans les prises de décisions (Bacharach et Lawler, 1980).

Si nous voulions être rigoureux, il faudrait parler du degré de leadership dont dispose tel individu ou tel autre dans un groupe donné et il faudrait tenir pour acquis que ce degré fluctuera selon les situations auxquelles le groupe sera exposé.

7.4. Le leadership au quotidien

Il existe une documentation très abondante sur le leadership et il ne se passe pas un mois sans que de nouvelles publications apparaissent. Par exemple, la version 1981 du *Stogdill's Handbook of Leadership* (révisé et augmenté par Bass) s'appuie sur 5 000 références différentes. Une telle prolifération d'écrits et les recherches qui les sous-tendent laissent croire qu'il s'agit là d'un sujet de grande importance. Paradoxalement, il existe très peu de documentation portant sur l'exercice de l'autorité, comme s'il s'agissait d'un sujet banal. Cet écart de popularité traduit probablement le fait que le leadership est un concept plus difficile à cerner que celui de l'autorité et qu'en plus, il jouit d'un préjugé plus favorable.

Mais quelle place le leadership occupe-t-il véritablement dans la pratique de la gestion et dans la vie en général d'une organisation? Comme nous l'avons mentionné précédemment, le gestionnaire qui a du leadership peut obtenir de l'enthousiasme, de la motivation, de la loyauté de la part de son personnel et, donc, de meilleures dispositions à l'endroit du travail à accomplir que s'il se limitait à exercer son autorité. Dans le cadre des activités quotidiennes, les actions du gestionnaire qui lui procureront du leadership devraient toutefois consommer peu de temps. Certes, il devra poser des gestes et notamment s'assurer d'entretenir des contacts avec son personnel pour que ses ressources soient perçues à leur mérite. Toutefois, l'essentiel de son leadership découlera de sa façon de faire les choses, des attitudes qu'il affichera dans ses transactions avec l'organisation et son personnel ainsi que de l'utilité de ses contributions, ce qui en soi n'utilise pas nécessairement une portion importante de son temps.

En d'autres termes, l'exercice du leadership n'est pas une activité qui occupe beaucoup d'espace dans la gamme des activités réalisées par un gestionnaire; c'est surtout qu'il colore sa façon de les réaliser. C'est d'ailleurs la même chose qui se produit pour les personnes qui exercent du leadership sans occuper de poste d'autorité.

À cela, il faut ajouter que les personnes qui exercent du leadership n'occupent pas la totalité du champ de l'influence; elles ne sont pas seules à avoir de l'impact sur les décisions. Si une personne identifiée comme leader peut disposer d'un poids significatif dans la prise de décision, d'autres personnes vont également tenter de faire valoir leur vision des choses dans l'intention d'infléchir les décisions. Ainsi, la personne qui a du leadership se trouve souvent dans des situations où elle influence dans une certaine mesure les décisions, mais il est rare qu'elle les détermine complètement. C'est le cas surtout lorsque les décisions sont prises à des niveaux supérieurs de l'organisation.

Cela nous amène à préciser que l'on peut différencier deux types de situations où des personnes exercent du leadership: des situations où le processus décisionnel est amorcé par le leader et des situations où le leader réagit au processus décisionnel amorcé par d'autres personnes ou d'autres instances.

Dans le cas où le processus décisionnel est amorcé par le leader, celui-ci jouit d'une assez grande latitude et il a à vérifier dans quelle mesure les gens adhèrent aux orientations et aux décisions qu'il propose. C'est donc un processus plutôt offensif. Dans le cas où le leader réagit au processus décisionnel amorcé par d'autres, il espère mobiliser ses partisans de telle sorte qu'ils adoptent une attitude semblable à la sienne vis-à-vis de l'objet de décision. Il s'agit donc d'un processus surtout réactif. Le premier cas est plus typique des personnes occupant des fonctions d'autorité, alors que le deuxième est plus typique des personnes qui émergent comme leaders naturels. Toutefois, la dynamique du leadership en elle-même est identique dans les deux cas.

7.5. Le processus du leadership

Dans cette section, nous allons nous attarder à explorer d'où provient le leadership et quels sont ses divers modes d'expression. Déjà au chapitre 4, nous avons indiqué qu'il est impossible d'identifier des sources de pouvoir claires et constantes dans le cas du leadership. Nous avons alors mentionné que, contrairement à l'autorité, le leadership est un processus tellement volatile, tellement fluctuant et tellement tributaire des circonstances qu'il n'existe pas à priori de ressources qui soient valorisées de façon durable et qui puissent automatiquement procurer du leadership.

Faute de pouvoir identifier des ressources valorisées stables, nous proposons, à la place, d'explorer le processus du leadership afin d'en comprendre les mécanismes et d'en rendre l'expression prévisible. Pour décrire ce processus, nous avons imaginé le diagramme de la figure 14, qui reprend et enrichit la figure 11 présentée au chapitre 4. Ce diagramme illustre le mécanisme par lequel un groupe (c'est la même chose pour un individu) en arrive à valoriser les ressources d'un individu et à lui attribuer du leadership.

FIGURE 14
Le processus du leadership

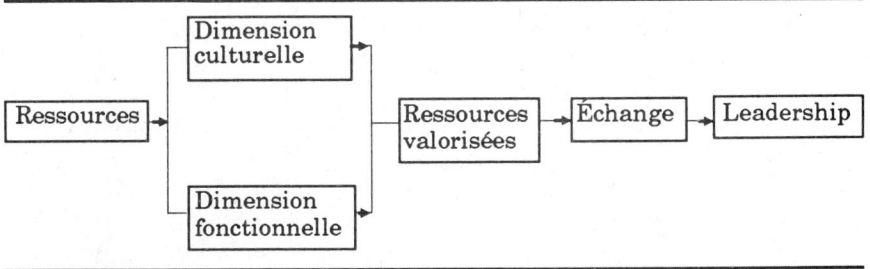

Selon la logique de ce modèle, les ressources d'un individu sont en quelque sorte traitées ou filtrées à travers deux grandes dimensions qui déterminent si ces ressources seront valorisées ou non. Nous avons qualifié ces deux dimensions de *dimension culturelle* et de *dimension fonctionnelle* ou de tâche.

L'hypothèse sous-jacente à ce modèle est la suivante: un groupe perçoit les ressources d'un individu et les compare à ses propres traits culturels ainsi qu'aux caractéristiques de la tâche qu'il doit réaliser dans un contexte particulier. Plus les ressources de l'individu sont compatibles avec les attentes ou les aspirations du groupe au point de vue culturel ainsi qu'au point de vue fonctionnel (tâche), plus les ressources de cet individu seront valorisées et, en conséquence, plus celui-ci sera dans une postion favorable pour exercer du leadership. Nous verrons plus loin les divers mécanismes qui, dans un second temps agissent pour déterminer si, dans les faits, cet individu aura du leadership.

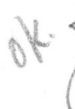

Qu'entendons-nous par dimension culturelle et dimension fonctionnelle? La dimension culturelle correspond aux normes, aux mœurs, aux habitudes, aux façons de faire d'un groupe ou d'une organisation. En d'autres termes, c'est le style de vie que l'on peut observer dans un groupe ou auquel un groupe aspire.

La dimension fonctionnelle, pour sa part, couvre les diverses caractéristiques relatives à l'exécution d'une tâche ou d'un mandat dans un contexte donné. S'agit-il d'une tâche simple ou complexe? S'agit-il d'une tâche faisant appel à un niveau d'expertise faible ou élevé? S'agit-il d'une tâche devant être réalisée individuellement ou en groupe? S'agit-il d'une tâche qui fait appel à de la technologie ou aux habiletés personnelles du travailleur? En somme, il est question des propriétés de la tâche, du travail, de la production, des responsabilités que doivent assumer les individus dans l'organisation.

D'après ce modèle, un individu est en position pour exercer du leadership si ses ressources correspondent aux attentes, aux besoins ou aux aspirations du groupe au point de vue culturel et au point de vue fonctionnel. Lorsque nous parlons de besoins, d'attentes ou d'aspirations, nous faisons référence aux besoins réels et perçus du groupe, c'est-à-dire aux éléments de la réalité pour lesquels les membres du groupe rencontrent des difficultés ou démontrent des lacunes. Par exemple, dans certains cas les gens peuvent rêver d'un climat plus sain alors que dans d'autres cas, ils peuvent être à la recherche d'expériences stimulantes; chaque situation présente des besoins différents. Quant aux aspirations, il s'agit de celles ressenties par les individus, qui ne sont pas nécessairement celles qu'ils expriment verbalement. Par exemple, dans une société où les gens valorisent explicitement les processus collectifs de prise de décision, les individus peuvent souhaiter intérieurement que certaines personnes soient capables de prendre des décisions fermes par elles-mêmes. Le phénomène des normes sociales fait que les aspirations exprimées ne sont pas nécessairement celles qui sont ressenties.

Ainsi, pour savoir s'il peut avoir du leadership, un individu doit vérifier dans quelle mesure ses ressources personnelles correspondent aux besoins ou aux aspirations culturels et fonctionnels du groupe qu'il veut influencer. D'une certaine façon, les énoncés qui précèdent nous amènent à conclure qu'une personne qui a du leadership, c'est quelqu'un qui dit ou fait ce que les gens voudraient dire ou faire, ou encore ce qu'ils voudraient «être capables» de dire ou de faire.

7.6. Quelques scénarios types

Faisons l'hypothèse que les ressources d'un individu donné correspondent bien aux aspirations culturelles du groupe de gens avec qui il travaille. Son style vestimentaire, ses habitudes de vie, son langage, sa façon d'entrer en relation avec les autres, son code moral correspondent à ce que valorise (ou respecte, estime, recherche) ce groupe. Faisons également l'hypothèse que cet individu, au point de vue de la tâche, possède des compétences comparables à celles de ses collègues du même service. On devrait alors conclure que cet individu détient des ressources compatibles avec les caractéristiques culturelles du groupe, mais qui n'ont pas de valeur stratégique au point de vue fonctionnel. Donc, il détient certaines ressources valorisées, mais il est probable qu'elles soient insuffisantes pour qu'il exerce un leadership significatif; ses ressources ne sont pas assez indispensables pour le groupe au point de vue fonctionnel.

On peut imaginer une situation exactement inverse à celle-là. Un individu détient des compétences dont le groupe a particulièrement besoin au point de vue de la tâche. Il s'agit de compétences rares, qui peuvent être utiles au groupe dans l'accomplissement de ses mandats. Toutefois, cet individu affiche un style, un profil culturel peu compatibles avec ceux du groupe. Par exemple, son niveau de langage est trop vulgaire, il a des centres d'intérêt éloignés de ceux des autres, il privilégie une approche agressive des clients du service alors que les autres privilégient une approche conciliante; somme toute, une gamme de manifestations indiquent que cet individu correspond peu aux caractéristiques et aux aspirations culturelles des gens de ce service. On est alors en présence d'un individu qui possède des ressources stratégiques au point de vue de la tâche, mais des ressources peu valorisées au point de vue culturel. Cet individu détient donc certains éléments pour exercer du leadership mais manque d'atouts au point de vue culturel pour exercer un leadership significatif.

Pour illustrer ce scénario, citons l'exemple d'un chef d'unité dans un grand centre hospitalier, qui s'est aliéné tout le personnel de son unité et qui a perdu son poste à la suite de pressions exercées par du personnel. Le personnel reconnaissait les compétences du chef d'unité et estimait pouvoir en tirer profit. Toutefois, le style relationnel de ce dernier rendait tout le monde méfiant et irrité. On lui reprochait d'être trop agressif, trop imprévisible, trop cinglant dans ses remarques. La relation s'est détériorée jusqu'au point où le personnel a refusé toute forme de collaboration avec lui, le forçant en quelque sorte à démissionner. On rencontre parfois des situations analogues dans l'industrie lorsque des contremaîtres possèdent des compétences établies, mais adoptent un style relationnel incompatible avec la culture du groupe qu'ils dirigent.

Pour illustrer le scénario où un individu détient des ressources personnelles ne correspondant ni à la culture ni aux besoins du groupe au point de vue de la tâche, prenons l'exemple d'un messager dans une organisation où l'on a besoin de compétences techniques élevées. Du point de vue de la tâche, cet individu ne détient pas des ressources particulièrement utiles et importantes. De plus, cet individu a un style personnel, des goûts, des attitudes très peu compatibles avec le style des personnes travaillant dans cette organisation : son langage est grossier, il s'intéresse à des sports qui laissent les autres indifférents, il a une façon arrogante d'entrer en relation. À cause de ces écarts, cet individu se trouve dans une situation où ses ressources ne sont pas valorisées et il serait dans l'incapacité d'exercer du leadership s'il tentait de le faire.

Un exemple comme celui-là peut être poussé encore plus loin pour illustrer qu'un individu peut détenir des ressources qui non seulement ne sont pas valorisées, mais qui sont en plus dévalorisées. Ce genre d'individus est généralement, sinon rejeté du groupe, du moins marginalisé. En d'autres termes, ils n'a à peu près aucune possibilité d'influencer le groupe, à moins que la situation évolue de façon telle que ses ressources deviennent utiles et rares.

Enfin, examinons une dernière combinaison : un individu a un style personnel qui correspond aux aspirations du groupe ou, tout au moins, compatible avec le style du groupe et, en plus, il détient des compétences utiles et rares. C'est notamment le cas de Louis-Paul Dupuis, dont la situation a été décrite à la section 1.4. du chapitre 1.

Louis-Paul dispose de compétences utiles pour le groupe avec lequel il travaille. Grâce à ses compétences, il réussit à obtenir pour son service des gains appréciés par les employés. En outre, sa façon d'analyser les situations permet aux gens d'avoir accès à une compréhension différente et plus riche des problématiques de l'organisation. Ses compétences sont donc appréciées : il détient des ressources valorisées au point de vue de la tâche.

Au point de vue culturel, ses ressources sont également valorisées. En fait, elles correspondent dans une certaine mesure aux aspirations entretenues par les autres personnes. Louis-Paul est quelqu'un qui s'exprime aisément, dans un style coloré. Par ailleurs, son attitude est parfois confrontante sans toutefois verser dans l'arrogance. En même temps, il est respectueux des personnes de bonne foi et qui cherchent à collaborer. Voilà autant de qualités que les gens admirent chez lui. Ainsi, ce personnage détient des ressources qui sont valorisées tant au point de vue culturel qu'au point de vue de la tâche. Il est par conséquent en position d'exercer beaucoup de leadership dans ce groupe.

7.7. Le poids relatif de la dimension culturelle et de la dimension fonctionnelle

Comment savoir laquelle des dimensions culturelle ou fonctionnelle sera la plus déterminante pour prédire qu'un individu pourra exercer du leadership ? Après observation et analyse de plusieurs situations, nous en sommes arrivé à la conclusion que le degré de turbulence dans l'environnement et à l'intérieur de l'organisation conditionne le poids relatif des deux dimensions.

Dans les situations où l'organisation vit des turbulences ou un état d'urgence, il se crée habituellement une demande plus forte en ce qui concerne les compétences des individus pour réussir à maintenir le fonctionnement de l'organisation ; dans ces circonstances, la dimension fonctionnelle devient déterminante et la dimension culturelle devient secondaire. Ce sont les personnes détenant des ressources valorisées au point de vue de la tâche qui sont alors en position favorable pour exercer du leadership. En d'autres termes, si l'organisation est dans une situation vulnérable au point de vue de la performance, on accordera peu d'importance aux caractéristiques culturelles de l'individu pour s'intéresser principalement à ses capacités reliées à la tâche. Si ces capacités correspondent au besoin du groupe, l'individu est alors dans une position pour exercer du leadership.

À l'inverse, lorsqu'une organisation n'a pas à faire face à des pressions fortes, donc dans une situation de calme relatif, en général la dimension culturelle prend le pas sur la dimension fonctionnelle. Ainsi, en l'absence de stress important, les gens réagiraient d'abord au style culturel de l'individu avec qui ils négocient, pour ensuite vérifier le degré de correspondance de ses ressources avec les besoins fonctionnels de l'organisation.

En bref, cela signifie que dans les situations de calme relatif, les individus qui nous plaisent seraient plus susceptibles d'exercer du leadership sur nous, tandis que dans les situations de turbulence, les individus affichant des compétences stratégiques auraient plus de chance d'assumer ce rôle.

FIGURE 15

Les pressions de l'environnement et le leadership

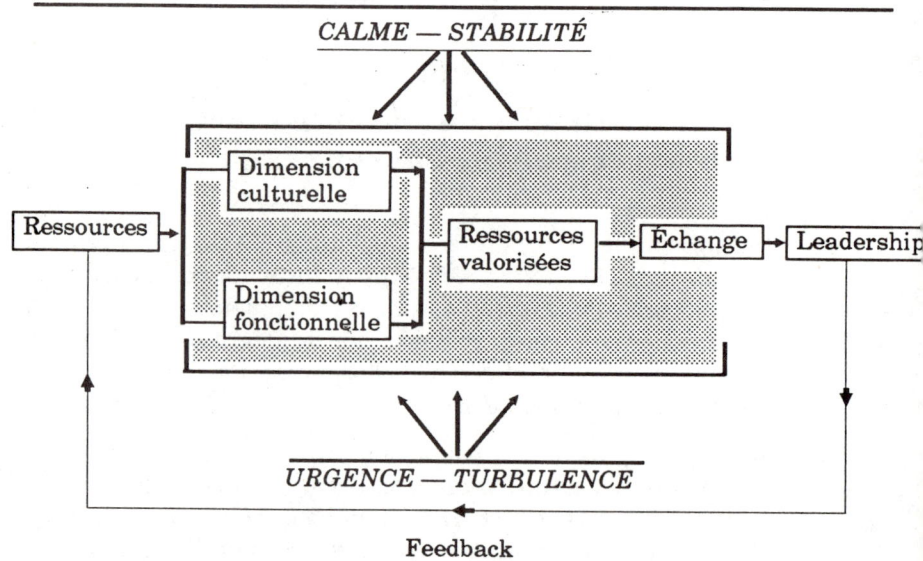

D'une certaine façon, ce modèle propose que le leadership s'exerce selon une logique de marché: le groupe fait appel au type de ressources qui correspond aux besoins du moment et les individus qui détiennent ces ressources recherchées voient leur puissance personnelle s'accroître, jusqu'au jour où les besoins du marché changent ou encore jusqu'au moment où un compétiteur offre les mêmes ressources. Dans cette perspective, l'individu qui cumule des ressources valorisées tant au point de vue de la tâche qu'au point de vue de la culture se trouve dans une position stratégique pour exercer du leadership; il peut en exercer souvent et longtemps car, quelle que soit la conjoncture, turbulente ou calme, ses ressources seront valorisées.

7.8. Des exemples

Examinons quelques exemples pour illustrer les mécanismes qui viennent d'être présentés. Prenons d'abord l'exemple de Denis Lalande dont il a été question à la section 1.3. du chapitre 1. Denis détient, en apparence, des ressources valorisées au point de vue culturel. Il a le style typique du jeune homme d'affaires entreprenant, ambitieux, travailleur. Il agit comme président d'un organisme qui cherche à s'implanter dans un milieu et cet organisme a des besoins particulièrement importants au point de vue fonctionnel. Le président doit avoir les qualités suivantes: savoir faire des présentations en public, avoir le verbe facile, faire preuve d'originalité. Or Denis performe mal en la matière. Il jouissait au départ d'une opinion favorable de la part de ses collègues du conseil d'administration, mais à l'expérience, ceux-ci ont dû constater qu'il ne détenait pas les compétences requises pour occuper la présidence. En conséquence, le leadership qu'on lui avait attribué initialement sur une base impressionniste a chuté très rapidement.

Dans le cas d'Albert Langlois, ce directeur général d'une entreprise agro-alimentaire (section 1.1.), ses ressources étaient valorisées dans l'organisation du point de vue de la tâche, au moment de son embauchage. En effet, il arrivait d'une autre entreprise où il avait assumé des fonctions de direction et où il avait réussi à mener à bien des réalisations significatives. Il est donc entré dans l'organisation avec l'image d'une personne compétente. À la longue, les gens ont constaté que, s'il était compétent au point de vue technique, tel n'était pas le cas au point de vue de la gestion. En effet, il a commis plusieurs erreurs qui lui ont fait perdre de la crédibilité. En plus, au fur et à mesure des difficultés rencontrées par l'organisation, son style personnel est apparu très éloigné de la culture du personnel en place. En conséquence, il s'est retrouvé dans une situation où ses ressources n'étaient plus valorisées ni au point de vue de la tâche ni au point de vue culturel. Il a alors perdu toute possibilité de conserver son leadership et a dû se contenter de s'appuyer sur son autorité, mais il n'a pu le faire longtemps, car celle-ci s'est également effritée.

Judith Jones (section 1.5.), pour sa part, a vécu une situation un peu différente. Bien sûr ses compétences au point de vue technique étaient respectées dans l'hôpital, mais personne ne la décrivait comme une personne aux compétences exceptionnelles. On ne peut donc dire que ses ressources étaient spécialement valorisées au point de vue de la tâche; utiles certes, mais pas rares. Toutefois, son style de gestion correspondait bien aux attentes du personnel en place. Il en retirait notamment le type de protection qu'il recherchait pour limiter les pressions des autres services. Le leadership de Judith provenait donc de ces ressources. La conjoncture a cependant changé et la direction a exercé des pressions de plus en plus fortes pour amener l'hôpital à modifier ses orientations et ses pratiques. Ces pressions ont rendu Judith moins populaire. Il aurait fallu que ses ressources soient particulièrement valorisées au point de vue culturel pour qu'elle conserve une certaine crédibilité. Or l'hôpital compte désormais un bon nombre de nouveaux employés, qui eux valorisent moins son style. De plus, ses compétences au point de vue technique ne sont pas spécialement reconnues par le nouveau personnel. Elle se trouve donc dans une situation où elle peut exercer très peu de leadership. Et c'est ce qu'elle constate: son leadership s'effrite graduellement.

7.9. Les liens avec d'autres modèles

Peu d'auteurs présentent le leadership comme nous venons de le faire. Le modèle de Hollander (1978) s'apparente à cette conception, mais l'auteur n'explore pas spécifiquement les mécanismes propres au leadership. Dans l'approche proposée ici, nous tentons de mettre en application certains principes de la théorie de l'échange, de la théorie de l'attribution et de la théorie du champ de forces.

Il serait tentant de faire un rapprochement entre les deux dimensions dont il a été question plus haut (dimension culturelle et dimension fonctionnelle) et les deux dimensions du leadership, présentées au chapitre 2, mais un tel rapprochement se révélerait incorrect. Rappelons que ces deux dimensions, exploitées dans un grand nombre de modèles et qui proviennent de recherches américaines, sont la «considération pour la personne» et la «centration sur la tâche». D'une certaine façon, on peut considérer que la dimension culturelle englobe des aspects de la considération. En fait la dimension culturelle s'intéresse à l'interaction individu–groupe, mais elle couvre un éventail d'éléments beaucoup plus large que la simple considération manifestée par l'individu à l'endroit des autres. La dimension culturelle comprend également les normes, les valeurs, les mœurs, les façons de faire; ce sont là autant de caractéristiques qui dépassent la simple relation interpersonnelle.

Quant à la dimension fonctionnelle, elle inclut la centration sur la tâche, mais surtout elle couvre une étendue plus large que la simple exécution de la tâche ou que la centration du présumé leader sur la production. En fait, la dimension fonctionnelle traite des compétences des individus et non de leur attitude à l'endroit de la tâche.

Les modèles conçus à partir des deux dimensions traditionnelles du leadership (la considération pour la personne et la centration sur la tâche) ne sont pas du même ordre que le modèle proposé dans le présent volume. Ces deux dimensions traitent des gestes et des attitudes des personnes en situation d'exercer du leadership. L'attention est donc dirigée vers l'acteur lui-même. Le modèle transactionnel proposé ici suggère que, pour comprendre la réalité du leadership, il faut s'intéresser à l'interaction dynamique qui se développe entre des individus, en examinant autant les apports des individus que leurs attentes et les conditions environnantes.

En d'autres termes, si l'on veut bien comprendre le processus du leadership, il faut s'adresser simultanément à au moins trois cibles : la personne qui exerce du leadership (le leader), les individus qui attribuent du leadership (les partisans ou *followers*) et le contexte dans lequel s'inscrit cette relation. Cette dernière cible, le contexte, est très importante, car elle conditionne de façon significative le type de relation qui s'établira.

FIGURE 16
Le leadership : un carrefour de contingences

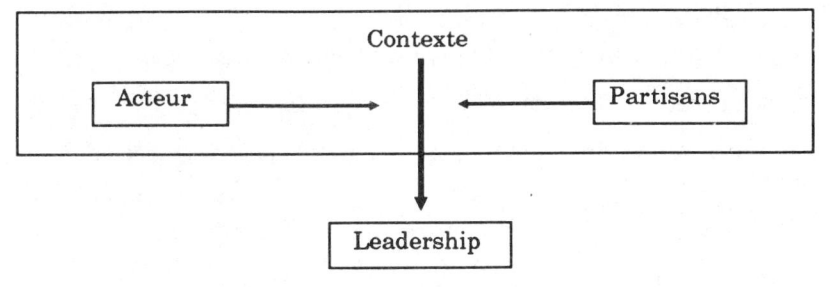

7.10. Les fonctions du leadership

Il semble bien que le leadership soit un phénomène naturel dans un groupe. On l'observe chez les animaux, où il se manifeste entre autres par le processus de la recherche de dominance du *pecking order* (Lorenz, 1966), que l'on observe également chez les humains. L'exercice du leadership apparaît à peu près chaque fois que des humains sont réunis dans un environnement donné, qu'il s'agisse d'un groupe de loisir, d'un groupe sportif, d'un groupe de travail, d'un conseil d'administration, d'un groupement politique, d'un conseil municipal, d'une région, d'un pays. En effet, dans toutes ces circonstances des individus sont perçus par leurs semblables comme ayant naturellement plus d'influence que les autres. Mais quelle utilité le leadership a-t-il dans un groupe? Quelle est sa fonction?

Nous avons déjà mentionné au chapitre 2 que le modèle développé par Bennis et Nanus (1985) sur le leadership transformationnel serait éventuellement repris pour être réinterprété autrement. Rappelons que dans ce modèle, on postule que le leadership découle de quatre compétences fondamentales : la gestion de l'attention, la gestion de la signification, la gestion de la confiance et la gestion de soi. Sans nier que ces comportements puissent être des compétences réelles des leaders efficaces, pour notre part, nous préférons les utiliser comme des indicateurs des principales fonctions du leadership dans un groupe.

Nous nous en sommes inspiré pour reformuler ce que nous estimons être les cinq fonctions fondamentales du leadership :

– fournir une vision prospective au groupe ;

– donner une signification aux événements ;

– assurer une régulation des processus internes ;

– entretenir l'interface avec l'environnement ;

– utiliser et développer optimalement les ressources des membres du groupe.

À quoi sert un leader ? À notre avis, un leader (ou le leadership, de façon plus large) sert essentiellement à assumer ces cinq fonctions dont un groupe a besoin pour d'une part atteindre ses objectifs et d'autre part procurer un niveau de satisfaction suffisant à ses membres afin de les motiver à investir leurs énergies[3]. Si ces fonctions ne sont pas assurées, nous faisons l'hypothèse que le groupe ou l'organisation sera réduit à un niveau de fonctionnement minimal.

Reprenons plus en détail chacune des cinq fonctions.

7.10.1. Fournir une vision prospective

Pour fonctionner de façon satisfaisante, un groupe, qu'il s'agisse d'un service, d'un département ou d'une organisation, ne peut pas penser qu'à court terme. Il doit disposer d'une certaine perspective, il doit savoir où il va, ce que sont ses grands objectifs. Les personnes qui, dans un groupe, se chargent de proposer des orientations contribuent du même coup à donner une direction au groupe, à lui fournir une vision qui pourra inciter les individus à investir des efforts (St-Arnaud, 1989). Lorsque les orientations proposées par ces personnes sont acceptées, on peut dire qu'elles se sont rendues utiles au groupe et qu'elles ont exercé du leadership.

En somme, ce sont des gens en qui on a suffisamment confiance pour suivre la direction qu'ils indiquent. Ils répondent ainsi à un besoin important du groupe et le leadership qu'ils obtiennent le traduit. D'ailleurs, l'expression leader vient du verbe anglais *to lead* qui signifie conduire vers, en direction de.

7.10.2. Donner une signification

Les humains sont ainsi faits qu'ils ont besoin de saisir la signification de leurs actes et des phénomènes qui se produisent autour d'eux (St-Arnaud, 1974). De la même façon, les membres d'un groupe ont besoin de trouver un sens à leur existence, à leurs gestes et aux événements qui ont cours autour d'eux. Les individus qui apportent des réponses à ce besoin (volontairement ou non) se placent en posture pour acquérir du leadership. En fait, chaque fois qu'ils proposent une interprétation des choses qui est ensuite accréditée par leurs collègues, ils exercent un certain leadership. Les autres s'appuient sur leur interprétation de la réalité pour comprendre ce qui se

---

[3]. Le lecteur qui voudrait approfondir davantage les mécanismes de fonctionnement dans un groupe pourra consulter avec profit l'ouvrage d'Yves St-Arnaud, *Les petits groupes*, Montréal, Presses de l'Université de Montréal, 1989.

passe autour d'eux. Si cette compréhension de la réalité s'avère profitable pour le groupe, le leadership de ces personnes n'en sera que renforcé. À l'inverse, si cette compréhension du réel entraîne des difficultés pour le groupe, le leadership des personnes en sera diminué.

En psychologie sociale, on utilise le concept de *two step flow communication* (Krech et Crutchfield, 1962) pour décrire ce processus. Selon ce concept, le citoyen moyen aurait de la difficulté à donner un sens aux événements qui l'entourent. Aussi, pour se faire une opinion sur les événements, il aurait tendance à se conformer aux interprétations des personnes crédibles à ses yeux, c'est-à-dire des personnes qui ont du leadership sur lui.

C'est donc une des fonctions des personnes leaders dans un groupe de donner du sens aux événements, de s'assurer que les gens comprennent ce qu'ils font, pourquoi ils le font et de relier le tout aux orientations poursuivies.

7.10.3. Assurer la régulation des processus

Dans tout groupe, service, département, organisation, il existe des processus internes. Les individus interagissent tant au point de vue interpersonnel qu'au point de vue de la tâche, et il en résulte des relations interpersonnelles plus ou moins efficaces et satisfaisantes, ainsi qu'un climat plus ou moins agréable selon les cas.

Une des fonctions des personnes en position de leadership consiste à s'assurer que ces processus sont adaptés, qu'ils correspondent bien aux besoins du groupe, qu'ils procurent aux individus une satisfaction relative et qu'ils permettent d'atteindre un rendement adéquat. Pour y arriver, elles vont poser des gestes visant à instaurer un climat et des modes de fonctionnement satisfaisants, ou encore elles interviendront pour corriger des difficultés qui se présentent. Elles agiront tantôt comme arbitres pour tenter de régler des différends, tantôt comme conseillers pour aider des collègues à faire des choix appropriés, ou encore elles prendront des initiatives qui serviront d'exemples. Quel que soit le moyen utilisé, elles tentent d'assurer une régulation des processus internes.

Les gens qui contribuent effectivement à réguler les processus à l'intérieur du groupe ou de l'organisation lui sont utiles et se voient en conséquence attribuer du leadership.

Le leadership et ses processus 173

7.10.4. Entretenir l'interface avec l'environnement

Une organisation, comme nous l'avons mentionné à plusieurs reprises déjà, n'existe pas dans un univers clos et aseptisé. Elle vit dans un environnement aux facettes multiples, avec lequel elle doit entretenir des relations d'adaptation. Par exemple, un service doit interagir avec d'autres services, avec la direction, avec des clients, avec des compétiteurs, il doit agir en fonction des lois, et ainsi de suite. Dans cet environnement, il existe des occasions qui permettent d'améliorer sa situation et des contraintes qui peuvent limiter la performance. C'est l'une des fonctions des personnes exerçant du leadership d'aider l'organisation à s'adapter aux contraintes, à tirer profit des occasions qui se présentent et, en même temps, à agir sur l'environnement pour atténuer l'impact des contraintes ou pour susciter des opportunités.

En facilitant l'adaptation aux opportunités et aux contraintes, le leader permet à son organisation d'entretenir une relation optimale avec son environnement, contribuant ainsi à minimiser les heurts et à assurer son développement.

Une des fonctions des leaders consiste donc à agir à la frontière de l'organisation afin de faciliter ses relations avec l'environnement.

7.10.5. Utiliser et développer de façon optimale les ressources des membres du groupe

Les individus faisant partie d'un groupe ou d'une organisation disposent de ressources personnelles dont la spécificité varie d'une personne à l'autre. Chacun a ses particularités : certains trouvent plus de satisfaction dans certaines tâches, d'autres réussissent mieux dans certaines autres. L'une des fonctions des leaders consiste à percevoir les compétences spécifiques des individus, à les utiliser optimalement, à fournir aux membres du groupe des occasions de développer leurs ressources et, en conséquence, enrichir leur contribution envers l'organisation.

On peut certes dire que c'est le rôle de tout gestionnaire de procéder à une affectation correcte des ressources humaines dont il dispose. Mais il est question ici d'utilisation des ressources et non pas d'affectation. On peut affecter correctement des personnes à des postes, mais si les mandats confiés et les conditions dans lesquelles on les place ne correspondent à leurs capacités spécifiques, on ne peut en obtenir une contribution optimale. C'est précisément à aller chercher cette contribution optimale que réussissent les leaders compétents.

7.11. Les fonctions du leadership et les leaders

À notre avis, ce sont les cinq fonctions précitées qui expliquent l'utilité du leadership à l'intérieur d'une organisation ou d'un groupe. Dans certains cas, les cinq fonctions sont assumées par une seule personne, alors que dans d'autres, elles sont distribuées entre différentes personnes.

La psychologie sociale et la psychologie des groupes (St-Arnaud, 1989) ont déjà mis en relief le fait que le leadership n'est pas un attribut concentré systématiquement sur un seul individu, mais qu'il s'agit souvent d'un phénomène auquel contribuent (à des degrés divers) différents individus dotés de ressources utiles au groupe. Dans de tels cas, on observe alors un leadership distribué plutôt que concentré, ce qui favorise une participation plus active des divers membres du groupe au processus de prise de décisions ainsi que des rapports plus égalitaires.

Dans les cas où l'exercice des cinq fonctions est concentré sur un seul individu, il arrive fréquemment que celui-ci jouisse d'une position de domination assez forte sur les autres membres.

D'une certaine façon, ces fonctions deviennent des indices d'appréciation de l'état de santé d'un groupe. On peut en effet avancer l'hypothèse qu'un groupe en santé investit des énergies dans les cinq dimensions de fonctionnement qui correspondent aux cinq fonctions. Si l'une ou l'autre des cinq fonctions n'est pas assumée ou l'est mal, il est probable que le groupe sera en situation de vulnérabilité à plus ou moins court terme en ce qui concerne cet aspect.

Présentée ainsi, cette vision du leadership peut facilement se rapprocher de la théorie du groupe optimal d'Yves St-Arnaud (1989). Ce que notre vision ajoute, surtout, c'est la préoccupation relative aux interrelations environnement–groupe.

L'une des caractéristiques de cette conception est de présenter le leadership comme un mécanisme privilégié de régulation de la vie d'un groupe ou d'une organisation. En d'autres termes, l'exercice du pouvoir sous le mode du leadership contribue à assurer la survie du groupe et à en faciliter le développement. Si des lacunes apparaissent dans l'exercice du leadership, le groupe risque, à plus ou moins court terme, de vivre des difficultés. C'est une façon de dire que les processus d'influence dans un groupe constituent une nécessité, sans quoi le groupe est voué à la sclérose.

Cette présentation sur le leadership peut laisser croire que le leadership s'exprime essentiellement dans une relation de groupe. Certains auteurs depuis le début des années 1980 (Ng, 1980) se sont demandé si le leadership était un phénomène de groupe ou s'il s'agissait d'abord d'une dynamique interpersonnelle. Autrement dit, quand un individu se voit attribuer du leadership dans une situation donnée, est-ce le résultat d'une dynamique de groupe ou celui de l'appréciation personnelle de chacun des individus composant cette collectivité?

À notre avis, le leadership s'exerce à la fois à l'échelle des individus et à l'échelle du groupe. Certaines fonctions du leadership s'adressent principalement aux conditions de survie et de développement du groupe, alors que d'autres s'adressent principalement aux préoccupations et aux besoins des individus. Par ailleurs, il est probable que la relation d'un leader avec les membres de son groupe s'inscrive simultanément dans une relation diadique et dans une relation groupale. Lorsque l'objet de la relation touche la culture du groupe, ses mœurs, les contingences qui l'affectent, il s'agit d'abord d'une relation groupale et les phénomènes de la dynamique des groupes se manifestent. Dans les situations où les enjeux sont individuels (supervision, conseils, conversations, collaboration), il s'agit d'abord d'une relation diadique et le leadership se vit selon les caractéristiques des relations interpersonnelles. En fait, les jugements d'un groupe sont normalement composés des jugements individuels des membres qui le composent, en même temps que les jugements individuels sont teintés par les tendances qui s'affichent dans le groupe. C'est au carrefour de ce processus d'influence réciproque que les leaders apparaissent, processus qu'eux-mêmes influencent. Il s'agit donc d'un processus dynamique où les divers facteurs sont en interaction constante.

En somme, un leader transige avec les membres d'un groupe tant au point de vue collectif qu'au point de vue individuel. Selon les circonstances, le leader aura à composer davantage avec les caractéristiques du groupe ou davantage avec les caractéristiques des individus. Par exemple, dans un groupe de vendeurs où ceux-ci ne se côtoient qu'une heure par semaine lors de la rencontre hebdomadaire, il est évident que le directeur du service pourra acquérir du leadership à partir de ses relations avec les individus et non avec le groupe. De plus, il serait illusoire de croire que le directeur général d'une usine de 500 employés puisse développer une relation personnalisée assez intense avec chacun des membres du personnel. Comment expliquer alors qu'un tel individu, s'il n'a pas l'occasion d'entretenir des liens interpersonnels significatifs avec chacun des membres de son personnel, puisse néanmoins acquérir du leadership? Dans un cas comme celui-ci, il s'agit d'une relation avec une collectivité où les individus se feront une opinion à partir des réalisations, de la réputation et de la symbolique associées à ce directeur général. Son degré de leadership sera conditionné par les phénomènes de la psychologie des foules, c'est-à-dire par la circulation des opinions et des rumeurs, par l'expression des normes, par les manifestations de la culture de l'organisation.

7.12. Vers une intégration

Nous avons vu au chapitre 2 qu'il existe différentes façons d'envisager l'exercice du leadership. Il y a une théorie des traits, une vision humaniste, une vision du leadership situationnel et d'autres encore. Peut-on concilier ces différentes conceptions qui, chacune à leur façon, tentent somme toute d'éclairer la réalité du leadership sous des angles différents mais tous aussi réels? En fait, ce ne sont pas des conceptions complètement antagonistes; à certains égard, elles peuvent se compléter les unes les autres.

À notre avis, le modèle présenté dans ce chapitre permet d'intégrer plusieurs composantes des visions décrites précédemment.

Par rapport à la théorie des traits, l'accent mis sur les ressources personnelles du leader signifie que certains individus, grâce à leurs traits personnels, peuvent acquérir du leadership dans certaines situations. Nous avons déjà insisté fortement sur le caractère relatif de ces ressources qui ne seront utiles que dans certaines circonstances. Nous avons également insisté sur l'importance des partisans ou des disciples. Le leadership n'est pas uniquement le résultat de l'effort d'un individu qui veut en acquérir; c'est également et surtout le résultat de l'appréciation d'un groupe d'individus à l'égard des ressources d'un autre individu. Il s'agit donc, entre autres choses, d'un mécanisme d'attribution.

Et avec l'attribution, on s'approche de la vision humaniste. Celle-ci insiste surtout sur la qualité de la relation interpersonnelle vécue entre le leader et les autres membres du groupe, bien que certains auteurs aient également introduit la notion de tâche. Le modèle présenté dans ce volume met aussi à contribution ces deux dimensions, mais il tente de situer leur apport dans une perspective plus large, où d'autres facteurs déterminent également l'émergence des phénomènes de leadership. En fait, ce modèle tente d'élargir les dimensions du réel que l'on doit envisager en s'intéressant à la culture plutôt qu'à la qualité des relations, et à l'ensemble des caractéristiques de la tâche plutôt qu'à l'attitude du leader à l'endroit du travail.

Qu'en est-il des théories situationnelles? Comme nous l'avons déjà mentionné, le leadership se vit différemment selon qu'on se trouve dans un contexte de turbulence ou dans un contexte de calme relatif. En outre, la notion de ressources stratégiques fait appel à la diversité des besoins selon les situations. Le modèle proposé intègre donc les préoccupations de la vision situationnelle.

À première vue, ce modèle peut paraître éloigné des théories du leadership transformationnel. Dans la mesure où il ne postule pas que le leader est un héros, c'est-à-dire un individu exerçant un charisme puissant, ce modèle s'éloigne effectivement de la vision du leadership transformationnel. Toutefois, en stipulant que l'une des fonctions du leadership consiste à fournir une vision au groupe et qu'une autre consiste à donner du sens au réel, il reprend les principales caractéristiques proposées par la vision transformationnelle du leadership. Notre modèle s'approche également de cette vision lorsqu'il suggère que, dans certaines situations, un groupe a besoin d'une personne de type charismatique pour exercer un leadership puissant. En d'autres circonstances, les aspirations des gens correspondront à un autre type de personnalité et le charisme deviendra une qualité secondaire, quoique habituellement toujours appréciée.

7.13. Leadership et leaders

En résumé, on peut dire que le leadership exprime l'exercice libre et naturel de l'influence interpersonnelle dans un système social. Dans certaines situations, ce processus d'influence se trouve concentré chez certains individus qu'on appelle des leaders. Ils montrent une propension à avoir souvent de l'influence dans le groupe où ils se trouvent et cette fréquence fait qu'ils occupent graduellement une place centrale... jusqu'au moment où leurs ressources deviennent moins pertinentes ou lorsque d'autres individus affichent des ressources plus stratégiques.

Par ailleurs, il est probable que les individus qui peuvent souvent exercer du leadership deviennent graduellement plus habiles à composer avec les rapports d'influence, ce qui leur confère un avantage dans les autres situations : indépendamment des ressources qu'ils détiennent, ils sont capables de détecter les caractéristiques d'un groupe et savent quelles stratégies déployer pour se placer en position avantageuse, c'est-à-dire dans une position qui leur facilite l'accès aux ressources stratégiques. Il s'agit en somme d'une compétence sociale particulière, celle d'une habileté à manier les processus d'influence. C'est une ressource au même titre que toutes les autres et elle devient stratégique dans les situations où les autres sont moins compétents sur cet aspect.

7.14. Le leadership charismatique

À quelques occasions depuis le début de l'ouvrage, nous avons pris nos distances par rapport aux auteurs qui font la promotion du leadership charismatique. Cette attitude ne vise pas à nier l'existence du leadership charismatique ni sa puissance. Notre véritable intention est de relativiser ce type de leadership et de ne pas en faire une finalité. Si dans certaines circonstances ce type de leadership est très efficace, il est d'autres circonstances où il se révèle non fonctionnel pour le développement et l'adaptation d'un groupe ou d'une organisation. Il faut se rappeler qu'un grand nombre de dictateurs et de tyrans ont été des personnages charismatiques et que la plupart du temps il aura fallu des drames humains pour les déloger. On ignore combien d'organisations ont connu l'échec et la disparition sous l'œuvre de dirigeants charismatiques, mais il s'en trouve sûrement un certain nombre.

En fait, on peut faire l'hypothèse que le leadership charismatique est particulièrement efficace et adapté dans les situations de turbulence, lorsqu'il faut réussir à mobiliser et à concerter les personnes vers une cible commune. Le leader charismatique fournit alors l'inspiration et la stimulation nécessaires. Il devient un symbole d'unité et plusieurs personnes sont disposées à se départir de leur jugement personnel pour se retrancher derrière celui du leader. On lui fait confiance et on s'en remet à lui; on abdique son pouvoir personnel au profit de celui du leader. Toutefois, cette approche devient dangereuse lorsque les conditions sont plus stables et que le jugement de chacun est requis, non seulement pour assumer ses responsabilités, mais aussi pour contribuer à la recherche des solutions permettant à l'organisation de continuer à s'adapter et à fonctionner. Si les individus se sont, dans une certaine mesure, départis de leur jugement, le système social se trouve appauvri et les individus n'ont plus l'habitude (ni la confiance) de contribuer à son développement. Ces considérations nous portent à croire que le leadership charismatique serait particulièrement efficace dans des situations de transition et qu'il doit rester une solution de transition, du moins si l'on croit à la responsabilisation des personnes tant dans les sociétés que dans les organisations.

Déjà au chapitre 2, au moment où nous avons traité de la vision transformationnelle, nous avons rapporté les observations de J. MacGregor Burns et celles de B. Bass concernant le leadership charismatique. Nos propres observations sur la vie des organisations nous ont amené à conclure qu'en général les personnages charismatiques présentent les caractéristiques suivantes :

- ils proposent des buts qui transcendent les intérêts immédiats des individus, donc une cause à laquelle se vouer ;
- ils expriment des attentes élevées à l'endroit des partisans (parfois le sens du sacrifice) ;
- ils expriment leur confiance dans la capacité des partisans de réussir ;
- ils expriment leur sympathie, leur sensibilité à l'égard des besoins des partisans ;
- ils offrent une image de dynamisme, de détermination, de confiance (symboles de puissance) ;
- ils adoptent habituellement un style théâtral (éloquence, gestes recherchés, voix captivante et ton engageant) ;
- leur message est conçu pour toucher émotivement les partisans.

Ces caractéristiques ne sont sûrement pas suffisantes pour qu'une personne s'incarne en leader charismatique, mais on les trouve habituellement chez celles qui ont la réputation d'avoir du charisme. Pour que ces caractéristiques puissent procurer du leadership, il faut que le contenu et la façon de faire soient valorisés par les personnes visées. Sinon, on sera en présence d'un personnage charismatique, mais non d'une personne ayant du leadership.

7.15. Leadership ou autorité?

Un problème se pose fréquemment pour les personnes qui occupent des fonctions de direction lorsqu'il est question de leadership et d'autorité: le leadership est-il un mode d'influence préférable à celui de l'autorité? Cette question, soulevée régulièrement dans les sessions de formation et les séances de consultation, dénote un certain malaise à l'endroit de ces concepts, mais surtout une mauvaise compréhension de la nature de chacun. Malheureusement, on les aborde comme si, dans l'absolu, l'un devait être préféré à l'autre.

Posons au départ que les personnes qui occupent des fonctions de direction détiennent d'abord et avant tout un statut d'autorité. Comme nous l'avons présenté au chapitre 6, c'est en vertu de ce statut d'autorité qu'il leur est permis d'exercer formellement de l'influence sur leurs subordonnés, c'est-à-dire de leur transmettre des directives auxquelles ceux-ci sont tenus de se soumettre pour autant qu'elles soient conformes aux règles en vigueur. Le leadership pour sa part, rappelons-le, est attribué informellement et n'est pas lié à priori à une fonction officielle. En conséquence, lorsqu'un dirigeant obtient et exerce du leadership, c'est en surcroît de l'autorité qu'il détient. Il lui est alors possible de choisir entre son autorité formelle et son leadership pour exercer de l'influence.

C'est un avantage des personnes occupant des fonctions de direction d'avoir la possibilité légitime d'exercer de l'autorité et d'avoir également la possibilité d'acquérir du leadership; quand elles réussissent effectivement à acquérir du leadership, elles disposent de deux modes d'exercice d'influence. Dans l'exemple de Louis-Paul Dupuis décrit à la section 1.4. du chapitre 1, c'est précisément ce qui se produit. En plus de l'autorité qu'il détient à son entrée dans l'organisation, il réussit à acquérir du leadership auprès d'une bonne partie du personnel; il peut ainsi s'appuyer sur son leadership pour introduire des changements et utiliser son autorité pour amener la faction résistante à se soumettre. En somme, puisqu'il peut s'appuyer sur deux modes légitimes d'influence, il maximise ses possibilités d'exercer du pouvoir. Le cas de Judith Jones met en cause les mêmes phénomènes mais de façon différente. Elle dispose elle aussi d'autorité et de leadership, mais elle découvre que son leadership est en déclin et qu'il ne sera pas suffisant pour lui fournir l'influence dont elle a besoin pour réaliser son mandat. C'est à regret qu'elle envisage d'avoir à s'appuyer sur son autorité.

Mais pourquoi un gestionnaire devrait-il éprouver du regret à s'appuyer sur l'autorité plutôt que sur le leadership? Le leadership offre-t-il mieux? Pour déterminer correctement le degré d'efficacité de chacun de ces deux modes d'influence, il faut retourner à leurs caractéristiques propres.

Il a été mentionné dans les chapitres précédents que, lorsque des personnes vivent une relation d'autorité avec un dirigeant, elles ont l'obligation de se soumettre à ses directives, à la condition bien sûr que celles-ci respectent les règles en vigueur. Autrement dit, l'autorité permet minimalement d'obtenir de la soumission. Les gens n'ont pas le choix et s'ils se soumettent, c'est souvent par crainte d'éventuelles représailles. Les rapports entre les citoyens et le code de la route illustrent bien cette dynamique : la plupart des conducteurs respectent les règlements de la circulation moins par esprit civique que pour éviter de se faire prendre en défaut par les policiers.

Lorsque les gens acceptent de se faire influencer selon un schème de soumission, habituellement ils se limitent à faire ce qui est requis pour éviter les reproches (Schein, 1969). Par exemple, si la limite de vitesse permise se situe à 100 km, la majorité des conducteurs maintiennent leur vitesse entre 90 et 110 km; ils conduisent de façon à éviter les contraventions. Il en va de même dans les organisations. Lorsque les individus se laissent influencer en raison de l'autorité, leur motivation première consiste souvent à se soumettre à la personne en autorité pour éviter des problèmes plutôt qu'à réagir par attrait de la décision elle-même. Or lorsque les gens agissent par soumission, il faut s'attendre à ce qu'ils soient peu enthousiastes, peu énergiques, peu mobilisés et plutôt dépendants. C'est ce que procure minimalement le recours à l'autorité et, dans de nombreux cas, on en reste là. Il s'agit en soi d'un mode d'influence ni correct ni incorrect. Il est limité mais dans certaines circonstances c'est suffisant.

Le leadership, pour sa part, résulte du choix volontaire des personnes d'accepter l'influence d'un individu en particulier. Comme il s'agit d'un choix volontaire, les gens sont susceptibles d'être plus motivés à l'endroit des idées de la personne à qui ils accordent du leadership. Qu'ils ressentent de l'attrait pour les idées elles-mêmes ou pour la personne qui les véhicule, leur réaction est positive, elle traduit la recherche de satisfaction et non l'évitement de punitions. C'est l'essence même de la motivation. Ainsi, le recours au leadership pour obtenir des choses accroîtrait les chances de motivation de la part des gens, alors que le recours à l'exercice de l'autorité accroîtrait la probabilité de soumission. C'est ce qu'enseigne l'histoire des régimes politiques totalitaires et c'est ce que l'on observe aussi dans des organisations où les mœurs sont très autoritaires.

Nous ne prétendons toutefois pas que le leadership soit la principale source de motivation dans une organisation. Nous estimons plutôt que, pour un gestionnaire, le recours au leadership produit généralement un impact plus positif sur la mobilisation des gens que le recours à l'autorité.

En cherchant à savoir si le leadership sera plus efficace que l'autorité, on doit rester prudent et veiller à ne pas confondre le leadership d'une personne et sa popularité; le premier a trait à la valeur de ses ressources et le second à l'affection témoignée par les gens de son entourage. Un dirigeant pensant faire preuve de leadership peut, sans s'en apercevoir, travailler surtout à entretenir sa popularité. En agissant ainsi, son influence sera peut-être tolérée, mais il n'est pas dit que les membres de son service seront plus motivés. Il est même possible qu'au contraire, ce dirigeant contribue à dégrader la qualité de vie dans ce système social et à lui faire perdre de l'efficacité et du potentiel d'adaptation. La recherche de popularité est souvent associée à un style de leadership que l'on qualifie de débonnaire (Tellier et Tessier, 1968).

Lorsqu'un dirigeant veut susciter de l'adhésion et de la motivation à l'endroit de ses idées et de ses projets, il aurait donc avantage à s'appuyer sur un certain leadership, c'est-à-dire sur la détention de ressources valorisées par les gens qu'il désire influencer. S'il n'en dispose pas, il doit dans un premier temps agir pour en acquérir. Ensuite seulement, il pourra y faire appel pour influencer ses subordonnés et obtenir d'eux un certain volontariat. Dans les cas décrits au chapitre 1, c'est là où a réussi Louis-Paul Dupuis et où a échoué Albert Langlois, dont la crédibilité a chuté rapidement.

Nos propos ne cherchent pas à discréditer l'exercice de l'autorité. L'autorité a une fonction particulière dans la logique d'une organisation et elle est nécessaire à son bon fonctionnement. Ce qu'il faut comprendre, c'est qu'il s'agit d'un mode d'influence qui comporte des limites, tout comme le leadership d'ailleurs qui peut aussi constituer un mode d'influence limité dans certaines circonstances (à l'occasion de litiges juridiques par exemple).

Les tenants de la culture humaniste dans les organisations ont parfois exhorté les gestionnaires à recourir au leadership plutôt qu'à l'autorité, car il s'agirait d'un mode relationnel plus satisfaisant pour les humains. Certains ont fait du leadership une sorte de finalité et plusieurs gestionnaires en sont venus à se culpabiliser d'utiliser l'autorité. Pourtant l'autorité est un levier légitime dont dispose une personne occupant un poste de responsabilité et elle est en droit de s'en servir si elle se conforme aux règles en vigueur. D'ailleurs, il se produit des circonstances où l'on est justifié d'exercer de l'influence, mais où il n'est pas possible d'acquérir du leadership, que ce soit en raison de la conjoncture, du peu de temps disponible ou pour d'autres raisons. Il reste alors le recours à l'autorité si l'obtention de la soumission est suffisante à l'atteinte des objectifs poursuivis.

En fait, deux critères devraient permettre à toute personne en autorité de déterminer s'il est sain de recourir à l'autorité dans une situation donnée : la décision ne doit pas compromettre significativement la santé sociale de l'organisation (peut-être contribue-t-elle même à l'améliorer) et le dirigeant ne doit pas voir sa légitimité remise en cause. Voilà les deux critères dont le directeur général Albert Langlois n'a pas tenu compte, et c'est pourquoi le recours à son autorité a eu des effets non productifs.

Pour notre part, nous en sommes venu à conclure à la formule suivante pour traduire notre conception des choses : « Pour une personne en position d'autorité dans une organisation, avoir du leadership n'est pas nécessaire, mais c'est souvent utile.»

7.16. Naître leader ou le devenir ?

Cette question revient presque toujours lors d'activités de formation sur le leadership. Souvent, lorsque les gens la soulèvent, c'est pour exprimer implicitement le mythe selon lequel le leadership serait une qualité innée.

À notre avis, il ne fait pas de doute que certains individus disposent de caractéristiques personnelles qui les favorisent. En effet, certains naissent avec un tempérament et acquièrent dès les premières années de leur vie des compétences sociales qui répondent particulièrement bien aux exigences des situations qu'ils vivent et de l'époque où ils vivent.

Toutefois, il s'agit là de cas particuliers. Si on accepte le fait que le leadership résulte de la conjugaison de plusieurs facteurs et que les traits de la personne n'en constituent qu'un, il est évident que le leadership n'est pas un statut réservé à quelques privilégiés : plusieurs sont susceptibles d'en exercer, à des degrés divers, dans différentes circonstances. De plus, si l'on accepte le fait que les ressources valorisées des individus jouent un rôle central dans l'émergence du leadership, il est certain que plusieurs sont susceptibles de développer, par différents moyens, les ressources stratégiques requises pour l'exercice du leadership.

En bref, nous estimons qu'il est possible de développer des compétences permettant d'acquérir du leadership et qu'en conséquence il ne s'agit pas d'une qualité innée.

7.17. En guise de synthèse

La figure 17 décrit le cheminement usuel du processus d'acquisition du leadership dans un groupe ou une organisation. Il s'agit d'une simulation théorique qui en relève les enjeux critiques.

Un individu donné, disposant de ressources personnelles de toutes sortes, transige avec des collègues dans un groupe de travail. Si le groupe vit une situation de *turbulence*, il évaluera les ressources de l'individu en fonction *surtout* de leur *utilité* dans l'accomplissement de sa tâche. Si le groupe vit une situation de *calme relatif*, il évaluera les ressources de l'individu en fonction *surtout* de ses *aspirations culturelles*. Quelle que soit la dimension dominante, si l'individu ne dispose pas de ressources valorisées par une masse suffisante de membres du groupe, il n'est pas en posture pour exercer du leadership, indépendamment de ses intentions. Par contre, si ses ressources sont valorisées, il est alors en position favorable pour le faire.

Une occasion se présente où il propose une idée. Les membres du groupe essaient d'en évaluer le mérite en soi. Dans le cas où ils jugent l'idée peu appropriée, ils se demanderont en plus s'ils sont en état de dépendance à l'endroit de cet individu. Dans l'affirmative, ils pourraient se sentir obligés d'accepter cette idée (surtout s'il y tient); dans le cas contraire, l'idée est rejetée et l'individu n'a pas eu de leadership cette fois-ci.

Dans le cas où les membres du groupe jugent cette idée attrayante (ou s'ils se savent en état de dépendance), avant de l'accepter ils examineront s'il n'y aurait pas de solutions plus efficaces ou encore offertes par des membres en qui ils ont davantage confiance. Dans le cas où une solution plus avantageuse est envisageable, le groupe optera normalement pour celle-ci et l'individu n'aura pas exercé de leadership. Si cette solution n'est pas possible, l'idée de l'individu est acceptée.

L'expérience concrète dira si cette idée était effectivement efficace. Dans l'affirmative, la compétence (les ressources) attribuée antérieurement à l'individu se trouvera confirmée et celui-ci en gagnera une crédibilité accrue. Une prochaine fois, on sera plus prompt à accepter ses idées ; cette crédibilité deviendra à son tour une ressource dont disposera cet individu dans le futur. Si toutefois l'idée se révèle peu efficace, on doutera de la compétence réelle de cet individu et sa crédibilité sera diminuée, de sorte qu'une prochaine fois, on sera plus prudent dans l'appréciation que l'on fera de ses ressources.

Cette simulation est bien sûr caricaturale. Dans le réel, le processus s'opère habituellement de façon implicite et se répète chaque fois qu'un individu fait une tentative d'influence ou s'exprime sur un sujet ou encore agit de façon particulière dans une situation donnée.

Figure 17
Tableau synthèse sur le leadership

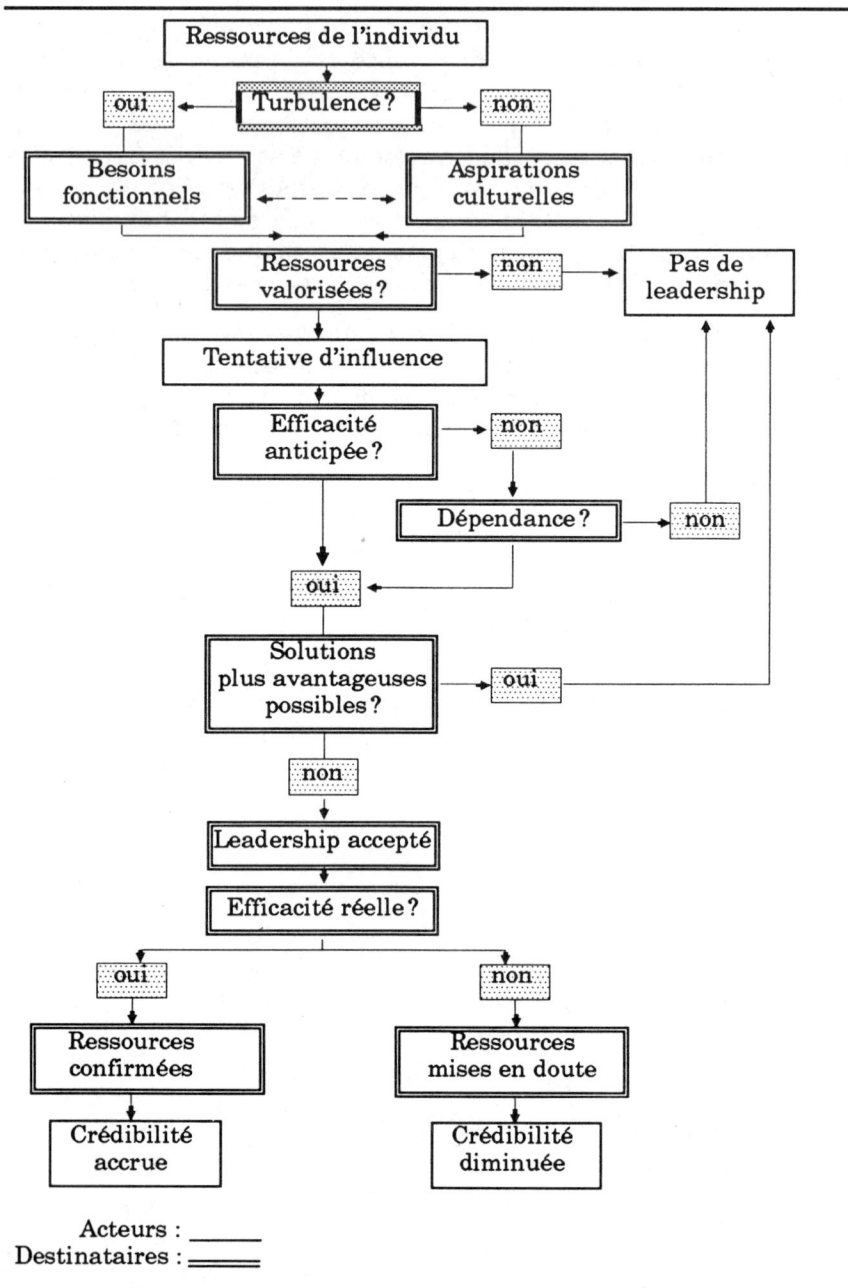

Acteurs : ——
Destinataires : ══

Chapitre 8

Diverses facettes du pouvoir dans une organisation

8.1. L'organisation comme système 189
8.2. Quelques caractéristiques des systèmes organisationnels 191
    8.2.1. Le rationnel et l'irrationnel 191
    8.2.2. La dimension macroscopique d'une organisation . 194
    8.2.3. L'individu et ses besoins 196
    8.2.4. L'humain dans l'organisation 198
    8.2.5. Les contraintes du dirigeant 200
    8.2.6. La structure de l'organisation 201
    8.2.7. La dimension psychosociale de l'organisation . . 202
    8.2.8. La culture ambiante 204
    8.2.9. La conjoncture particulière 205

Tout au long de ce volume, nous avons voulu montrer que l'environnement et les circonstances colorent l'exercice du pouvoir dans une organisation. Pour bien comprendre les dynamiques du pouvoir, il importe que l'on ait une représentation claire de la toile de fond sur laquelle se jouent les différents scénarios d'influence. Dans ce dernier chapitre, nous dégagerons les principaux facteurs qui en affectent l'expression dans la quotidienneté d'une organisation. Il ne faut pas chercher ici une théorie des organisations, mais plutôt une description commentée de certains aspects de la réalité organisationnelle qui sont reliés aux manifestations du pouvoir.

Cette description s'inscrit dans une conception multidimensionnelle de l'organisation. Certaines théories des organisations ont tendance à réduire la réalité en limitant l'horizon à un nombre restreint de paramètres (par exemple la théorie de l'organisation rationnelle, le management scientifique). Nous proposons, pour notre part, de concevoir l'organisation comme un système complexe, partant de faire appel à différents niveaux de réalité pour en saisir les composantes et en comprendre les mécanismes. Même si les caractéristiques présentées sont interreliées à divers degrés, notre intention n'est pas de proposer une théorie cohérente et complète des organisations, mais bien plutôt de mettre en relief des caractéristiques qui peuvent être utiles à la compréhension des phénomènes de pouvoir.

Le choix de ces caractéristiques contient une part d'arbitraire. Comme on le sait, tout point d'observation montre la réalité sous un angle particulier qui permet de percevoir des choses, mais qui en voile d'autres. Les caractéristiques qui ont été retenues traduisent donc inévitablement un certain nombre de biais. Néanmoins, le fait d'examiner différents niveaux de réalité, sans chercher à tout prix à les assembler dans un modèle supposément cohérent, constitue une façon de limiter les distorsions.

8.1. L'organisation comme système

Nous posons au départ le postulat qu'une organisation fonctionne comme un système, auquel s'appliquent plusieurs des concepts de la théorie des systèmes (Bertalanffy, 1973). Bien sûr, l'analogie avec les systèmes comporte des limites, car toute analogie introduit une part d'erreur dans l'analyse du réel. Néanmoins, l'analogie avec la théorie des systèmes est celle qui nous semble le moins trahir la réalité du fonctionnement et de la dynamique de l'organisation typique.

Ainsi, une organisation constitue l'équivalent d'un système construit et, en conséquence, est composée de multiples sous-systèmes qui s'interinfluencent. Parmi ces sous-systèmes, tantôt concrets, tantôt abstraits, mentionnons ceux qui reviennent le plus souvent: structure, politiques et procédures, gestion, services administratifs, services financiers, ressources humaines, style de management, rémunération, production, mise en marché, prise de décision. Ces sous-systèmes, qui s'entrecoupent à différents niveaux, couvrent des aspects particuliers du fonctionnement d'une organisation.

Une lecture éclairée de la dynamique organisationnelle suppose que l'on observe autant les phénomènes microscopiques que les phénomènes macroscopiques, que l'on s'intéresse aux dimensions concrètes comme aux dimensions abstraites, que l'on scrute l'organisation de l'extérieur comme de l'intérieur et qu'en plus on examine l'interaction intérieur–extérieur.

Il existe un sous-système, qualifié de socio-politique (Pfeffer, 1981), qu'il faut absolument considérer quand on s'intéresse à l'exercice du pouvoir. Ce sous-système couvre la gamme des phénomènes reliés à la prise de décision et au fonctionnement en général. Il inclut les divers groupes de l'organisation vus sous l'angle de leurs rapports d'influence. Ces groupes se forment à partir de critères variés tels que l'identité professionnelle, le lieu de travail commun, un travail semblable (en dépit de formations différentes), un groupe d'âge. Un même individu peut faire partie de plus d'un groupe, de sorte que les divers groupes se recoupent les uns les autres pour produire un tissu organisationnel plus ou moins dense. Ainsi, quels que soient le ou les critères retenus, on peut découper la réalité d'une organisation en différents groupes ou sous-systèmes, de taille et de configuration différentes, dont le poids variera dans les rapports d'influence.

Ces groupes et sous-groupes ne sont pas étanches; ils s'influencent mutuellement à divers degrés. Ils n'ont toutefois pas tous le même poids dans l'organisation. Par exemple, le groupe des cadres supérieurs a habituellement plus d'influence sur le conseil d'administration que les autres catégories d'acteurs dans l'entreprise. Mais, quel que soit leur poids relatif dans l'organisation, les sous-groupes sont en relation continue d'interdépendance et d'interinfluence; c'est cette

Diverses facettes du pouvoir 191

dynamique, nécessaire à l'organisation pour la réalisation de ses objectifs, qui en fait un système socio-politique.

L'organisation peut donc être représentée comme un réseau de groupes et de sous-groupes (sous-systèmes) qui s'influencent à des degrés divers et qui peuvent être visualisés à la manière d'une carte politique. Soulignons que l'expression «politique» est utilisée ici au sens descriptif du terme; elle veut traduire la présence de rapports de pouvoir entre les acteurs.

8.2. Quelques caractéristiques des systèmes organisationnels

Neuf caractéristiques ont été sélectionnées pour rendre compte des dimensions organisationnelles qui ont le plus d'incidence sur l'exercice du pouvoir:

- le rationnel et l'irrationnel dans l'organisation;
- la dimension macroscopique;
- l'individu et ses besoins;
- l'humain dans l'organisation;
- les contraintes du dirigeant;
- la structure de l'organisation;
- la dimension psychosociale;
- la culture ambiante;
- la conjoncture particulière.

8.2.1. Le rationnel et l'irrationnel

Certaines théories de l'organisation présentent une vision rationnelle et rationalisante de l'organisation (Simon, 1964). En simplifiant quelque peu, nous pouvons dire que ces théories décrivent l'organisation idéale comme celle où la rationalité domine dans le processus de prise de décision ainsi que dans les processus de répartition des ressources et de structuration des activités. La culture mécaniste-cartésienne de l'Occident (Capra, 1983) renforce cette propension.

Pour se conformer à cette culture de la rationalité, les gestionnaires sont souvent exposés à des situations où ils tentent de trouver une façon rationnelle d'expliquer leurs décisions et leurs gestes. Mais plus d'un gestionnaire d'expérience sait que la rationalité vient souvent après coup, c'est-à-dire au moment où il faut fournir des explications. En effet, divers facteurs étrangers à la rationalité, de l'ordre tantôt de la stratégie, tantôt du flair, tantôt des contraintes, peuvent conditionner les décisions à prendre.

En parallèle avec cette vision rationaliste de l'organisation s'est développée une vision mécaniste dont Taylor et Fayol (Chanlat et al., 1983) se sont fait les porte-étendard. Selon cette vision, l'organisation est représentée comme une machine dont les différents rouages doivent être agencés et synchronisés de façon à produire les résultats recherchés. Cette perspective mécaniste postule que les difficultés dans une organisation sont le résultat de pièces mal conçues qu'il suffit de remplacer, ou encore d'un synchronisme défectueux qu'il suffit d'ajuster pour rétablir le fonctionnement. Des expressions comme les rouages administratifs, les mécanismes de décision, la machine administrative dérivent de cette conception.

Le réductionnisme de la pensée cartésienne ne se limite pas uniquement aux façons de concevoir l'organisation des tâches. On l'observe également dans l'approche des phénomènes de pouvoir où celui-ci est essentiellement réduit à la dimension de l'autorité (Chanlat et al., 1983).

La pensée rationaliste et la pensée mécaniste véhiculent la même mentalité et se renforcent mutuellement. Elles s'inscrivent toutes deux dans le paradigme mécaniste-cartésien, comme l'a décrit notamment Fritjof Capra (1983). La réalité oblige cependant l'observateur lucide à réviser cette conception. Il apparaît en effet rapidement dans l'expérience concrète d'une organisation que bon nombre de situations ne relèvent pas de la rationalité, du moins celle décrite par les théoriciens mécanistes. Plusieurs facteurs qui affectent la réalité organisationnelle tiennent de ce que l'on peut appeler la non-rationalité, c'est-à-dire un niveau de réalité faisant appel à un autre type de pensée que la pensée cartésienne. Il ne faut pas confondre non-rationalité et folie. S'écarter du rationnel ne signifie pas verser dans la folie (Watzlawick, 1978). C'est surtout une autre façon d'appréhender le réel, que plusieurs décrivent comme un mode organique de perception du réel (Capra, 1983; Ferguson, 1981).

La vision mécaniste dans le domaine organisationnel est de plus en plus contestée (Landier, 1987). Elle a néanmoins conditionné des générations de gestionnaires qui se sont efforcés de modeler leurs organisations selon ses principes. Un des effets pervers reprochés à cette vision est de créer l'illusion que tout peut être conçu et géré à partir de critères mécanistes ou rationnels. Pourtant, on observe souvent que lorsque les rapports entre les personnes sont mécanisés, l'organisation devient sclérosée; contrairement à l'objectif recherché, elle devient alors moins efficace. Par exemple, des contacts directs entre les membres d'unités distantes peuvent avoir des effets fort utiles sur la productivité de ces groupes; or une conception mécaniste interdit de telles relations. Des théories dites organicistes ou systémiques sont apparues en réaction aux théories rationalistes et tentent d'intégrer plusieurs niveaux de réalité.

Les recherches sur le cerveau humain (Ferguson, 1974) ont bien mis en évidence le fait que les deux hémisphères du cerveau ne fonctionnent pas de la même façon. L'hémisphère gauche serait le siège de la rationalité alors que l'hémisphère droit serait le siège d'un autre mode de pensée associé entre autres à la fluidité et à la créativité. Dans la vie courante, nous faisons appel aux deux hémisphères, à des degrés divers selon les personnes, de sorte qu'il est illusoire de croire que l'on peut faire fonctionner des systèmes humains uniquement à partir de la rationalité.

Dans la même perspective, il est bien connu que les dimensions affectives de la vie des groupes et des individus dans une organisation occupent une place importante dans les processus organisationnels (Argyris, 1964; Gouldner, 1959). Cela ne signifie évidemment pas que les organisations sont des systèmes uniquement affectifs, mais plutôt qu'elles sont composées de sous-systèmes ayant des résonances affectives qui ne peuvent être négligées. Le fait que cet aspect soit souvent négligé ne signifie pas qu'il n'existe pas.

Pour saisir correctement les phénomènes de pouvoir dans une organisation, il est de plus en plus évident qu'on doit faire appel à une approche tant rationnelle que non rationnelle, tant mécaniste qu'organique. Faute d'intégrer simultanément ces différents points de vue, on risque d'entretenir une compréhension étroite et erronée du réel.

8.2.2. La dimension macroscopique d'une organisation

Joël de Rosnay, s'inspirant essentiellement de la théorie des systèmes, tente dans son volume *Le macroscope* (1975) d'inciter les chercheurs et les intervenants à intégrer une dimension macroscopique dans leur représentation de la réalité. Henry Mintzberg, de son côté, exprime une préoccupation semblable dans son volume *Le pouvoir dans les organisations* (1986), où il adopte une approche macroscopique pour décrire la réalité du pouvoir organisationnel. Cet ouvrage de Mintzberg vient, d'une certaine façon, rétablir l'équilibre avec bon nombre de recherches et d'ouvrages en psychologie sociale comme en psychologie organisationnelle, où l'on met l'accent sur les dimensions microscopiques de la réalité, notamment les relations entre les individus et les rapports de l'individu au groupe.

L'analyse du pouvoir proposée par Mintzberg s'appuie sur la notion de coalition mise en relief initialement par Cyert et March (1963). Cette conception suggère que les individus dans une organisation forment des coalitions, tantôt implicites, tantôt explicites, avec d'autres acteurs partageant des buts et des intérêts communs ou tout au moins convergents. Selon cette vision, il est illusoire de croire que les individus vont spontanément adhérer aux objectifs dominants de l'organisation (sa mission) et faire corps avec elle afin de les atteindre en renonçant à leurs propres intérêts. En fait, les individus auraient tendance à s'allier à d'autres individus ou groupes susceptibles de contribuer à la satisfaction de leurs propres besoins et aspirations, peu importe s'ils sont convergents avec ceux de l'ensemble de l'organisation (ils peuvent parfois même être divergents). Pour illustrer cette thèse, prenons l'exemple d'un groupe de professionnels qui, dans une organisation, formerait une alliance tacite pour protéger ses intérêts et qui, du même coup, ferait passer au second rang le bon fonctionnement des autres systèmes de l'organisation.

Bien sûr ces groupes, que Mintzberg désigne par l'expression coalitions, doivent minimalement harmoniser leurs intérêts avec les objectifs de l'organisation, car si ces derniers ne sont pas suffisamment atteints, c'est la propre survie des coalitions qui sera en cause. Il s'opère donc une sorte de conciliation des intérêts entre les coalitions et l'organisation dans son ensemble pour assurer leur survie et leur développement respectifs.

Selon cette conception, pour comprendre les phénomènes de pouvoir, on doit d'abord réussir à identifier les différentes coalitions existant à l'intérieur d'une organisation. Il s'agit en somme de tracer une carte politique de la réalité organisationnelle. Plutôt que de situer les gens en fonction de leur degré de popularité, comme on le fait dans un sociogramme, il faut chercher les regroupements d'individus qui partagent des intérêts et des objectifs communs et qui allient leurs efforts pour les promouvoir.

Mintzberg ajoute une notion intéressante sur le caractère politique de l'organisation. Il explique que l'organisation ne constitue pas UN système politique mais qu'elle est composée de plusieurs sous-systèmes politiques. En d'autres termes, il n'y a pas une trame unique sur laquelle se jouent tous les rapports d'influence; les scénarios de pouvoir se jouent simultanément sur plusieurs scènes qui ne participent pas nécessairement toutes de la même histoire. Par analogie avec les sociétés démocratiques, nous pourrions dire que la politique s'exerce simultanément à l'échelle nationale, régionale et municipale, lorsque ce n'est pas à l'échelle du quartier; les acteurs n'y sont pas nécessairement les mêmes, ni engagés de la même façon.

Selon Mintzberg, les différentes coalitions n'ont pas toutes le même poids dans une organisation. Certaines exercent un pouvoir plus fort que d'autres et ce pouvoir n'est pas nécessairement dérivé de la structure hiérarchique ou du système d'autorité de l'organisation. Par exemple, dans un hôpital le groupe des médecins est habituellement puissant, même si ses membres n'occupent pas nécessairement des fonctions d'autorité. Pour rendre compte de ce phénomène, Mintzberg parle de coalitions dominées et de coalitions dominantes: les dominées sont celles qui détiennent le moins d'influence, les dominantes sont bien sûr celles qui détiennent le plus de pouvoir.

Les coalitions sont souvent internes à l'organisation, mais elles peuvent aussi être localisées à l'extérieur, ce qui ne les empêche pas d'avoir une influence sur l'organisation. Par exemple, une association de consommateurs, un syndicat ou une agence centrale peuvent parfois obliger un conseil d'administration à adopter certaines règles de conduite, en dépit du fait qu'une coalition interne de gestionnaires souhaiterait le voir agir autrement.

À partir de quelques paramètres, Mintzberg a dressé une typologie des configurations du pouvoir dans l'organisation. Il propose six configurations typiques: l'instrument, le système clos, l'autocratie, le missionnaire, la méritocratie et l'arène politique, qui traduisent des dynamiques différentes dans les relations entre les coalitions internes et dans les relations entre l'organisation et son environnement. Selon qu'une organisation s'apparente à l'une ou l'autre de ces configurations, les processus d'exercice du pouvoir prennent une coloration particulière.

8.2.3. L'individu et ses besoins

La psychologie en général, et plus spécialement celle du courant humaniste, s'est beaucoup intéressée aux besoins, aux comportements, ainsi qu'aux réactions ou aux attitudes des individus. Cette approche microscopique met elle aussi en relief des aspects qui peuvent affecter l'exercice du pouvoir dans une organisation.

Il suffit de faire un calcul rapide pour constater que l'adulte moyen dans la société occidentale consacre une portion importante de sa vie diurne à une organisation. Certaines personnes y passent jusqu'à 50 et même 60% de leur temps éveillé, sans compter le temps où ils pensent à leur travail sans y être présents physiquement. Il est donc naturel que l'organisation constitue un territoire, un lieu privilégié où l'individu tente de satisfaire ses multiples besoins psychologiques, sociaux et autres.

Il existe différentes façons d'envisager les besoins chez l'humain. Maslow (1970) a proposé une hiérarchie de ce qu'il estime être les cinq besoins fondamentaux de l'humain: les besoins physiologiques, le besoin de sécurité, le besoin d'appartenance, le besoin d'estime de soi et le besoin d'actualisation. On ne s'entend pas sur l'universalité de cette typologie des besoins, mais elle est néanmoins très répandue en Occident. Comme cette typologie n'inclut pas le besoin de pouvoir, il faut comprendre qu'aux yeux de Maslow le pouvoir ne constitue pas un besoin fondamental chez l'humain.

Le psychologue québécois Yves St-Arnaud (1974) a pour sa part proposé une structure des besoins psychologiques fondamentaux. Ces besoins seraient au nombre de trois: le besoin d'aimer et d'être aimé, le besoin de produire et le besoin de comprendre. Ici encore, la dimension du pouvoir est absente du modèle.

Par ailleurs, l'expérience de la vie enseigne rapidement à la plupart des gens qu'ils doivent parfois, sinon souvent, exercer de l'influence sur leur environnement pour réussir à satisfaire leurs divers besoins. Bien sûr, il se présente des circonstances où l'on peut satisfaire ses besoins sans agir sur son environnement physique ou social. Il se trouve cependant d'autres occasions où l'on doit exercer des pressions pour trouver une réponse satisfaisante à nos besoins.

Les humains font partie de réseaux de relations qui conditionnent la possibilité et la manière de satisfaire leurs besoins. Par exemple, un individu donné cherchant à satisfaire son besoin d'aimer et d'être aimé pourra avoir à négocier un certain nombre de conventions avec les membres de son entourage. Dans le cadre de cette négociation, souvent implicite, il essaiera d'influencer ses interlocuteurs, en même temps qu'il s'exposera aussi à leur influence. En d'autres termes, cet individu tout comme ses interlocuteurs tenteront d'exercer du pouvoir les uns sur les autres afin de satisfaire leurs besoins mutuels.

Si la recherche de pouvoir ne constitue pas en soi un besoin chez l'humain, le pouvoir constitue cependant un instrument souvent nécessaire pour agir sur l'environnement en vue de satisfaire ses besoins et ainsi protéger sa santé physique et mentale. Dans cette perspective, il appert que, pour comprendre les phénomènes de pouvoir dans une organisation, on doit les examiner entre autres sous l'angle des efforts déployés par les individus pour satisfaire leurs besoins. Cela signifie qu'un certain nombre de relations de pouvoir ne porteront pas sur les enjeux comme tel de l'organisation, mais sur des aspects susceptibles d'affecter la satisfaction des besoins des divers acteurs.

N'est-ce pas d'ailleurs cette volonté de satisfaire convenablement leurs besoins qui pousse les individus dans une société à s'organiser selon des structures politiques? Ce sont des pratiques analogues que l'on retrouve dans les organisations.

Un auteur américain, David McClelland (1961), s'est aussi intéressé à la dynamique des besoins chez l'humain. Il a proposé une typologie des besoins en trois points qui, celle-là, inclut la recherche de puissance. Selon lui, l'humain serait motivé dans ses actions par trois grandes tendances : une tendance à l'appartenance, une tendance à la réussite et une tendance à la puissance. Dans ses recherches, réalisées au moyen de tests projectifs, il en est arrivé à la conclusion que chaque individu présente un dosage différent de ces trois tendances ; ce dosage produit un profil où l'une des tendances apparaît comme dominante. Autrement dit, chaque personne aurait des propensions à l'appartenance, à la réussite et à la puissance mais à des degrés divers.

Cependant, même si les individus affichent des profils différents, tous auraient une certaine tendance à rechercher de la puissance. En conséquence, selon le profil des membres d'une organisation ou d'un service, il devrait en découler des rapports d'influence différents.

La notion de besoin à laquelle se réfère McClelland n'apparaît toutefois pas claire et il n'est pas certain qu'elle soit du même ordre que celle à laquelle se réfèrent St-Arnaud et Maslow. À tout le moins, elle traite des tendances observables chez l'humain et introduit une façon intéressante d'aborder le pouvoir.

En résumé, sous l'angle des besoins des individus, il se dégage au moins deux aspects qui peuvent conditionner l'exercice du pouvoir: d'une part, la nécessité d'agir sur l'environnement pour satisfaire ses besoins oblige l'individu à engager des relations de pouvoir avec ses pairs; d'autre part, il est possible que les personnes éprouvent, à des degrés divers, un besoin de puissance qui colore leurs transactions avec les autres.

8.2.4. L'humain dans l'organisation

Les zoologistes ont établi le fait que l'humain appartient au règne animal. Chaque individu est donc susceptible d'avoir un certain nombre de réflexes, de réactions qui s'expliqueraient par son appartenance au règne animal. Ces réactions qui découlent de l'héritage animal peuvent conditionner sa façon de composer avec le pouvoir. Nous ne prétendons évidemment pas ici que les humains ont des comportements identiques à ceux des animaux. Nous estimons toutefois pertinent de faire un rapprochement avec le comportement de certaines espèces animales et d'en tirer des observations utiles pour comprendre le comportement des humains.

Un des phénomènes bien connus chez les animaux en rapport avec l'exercice du pouvoir est le *pecking order*[1] (Lorenz, 1966). Il s'agit d'un mécanisme par lequel les animaux établissent une hiérarchie dans leurs relations. L'expression *pecking order* provient des observations suivantes faites sur des volailles (et ensuite sur diverses espèces animales): les poules se donnent entre elles des coups de bec pour déterminer laquelle est la plus forte; le processus se poursuit ainsi de la plus forte à la moins forte. On appelle *pecking order*, l'ordre hiérarchique qui résulte de cette séquence d'échange de coups de bec. Les moyens utilisés pour établir le *pecking order* varient d'une espèce

---

1. Expression que l'on peut traduire par «rang de dominance».

animale à l'autre, mais on retrouve des procédés analogues pour déterminer les statuts sociaux dans les différentes espèces. Le statut social obtenu détermine le degré de pouvoir qu'un sujet donné peut exercer à l'intérieur de son espèce. Plus le statut est élevé, plus le pouvoir est grand. C'est ainsi que sont déterminés les sujets dominants et les sujets dominés.

Chez les humains, il est fréquent de voir des individus adopter des comportements dont la fonction consiste à tester leur entourage, afin d'évaluer la position qu'ils occupent et donc l'influence qu'ils peuvent exercer. Ce type de vérification leur permet de savoir jusqu'où ils peuvent aller ou, si l'on préfère, où ils doivent s'arrêter dans les transactions avec leurs pairs. Ce mécanisme est aussi utilisé par l'entourage pour «remettre à sa place» un individu qui tente de s'approprier plus d'espace ou de privilèges que le groupe n'est disposé à lui accorder. Il s'agit donc d'un mécanisme d'ajustement mutuel qui, en plus d'indiquer la position que l'individu est autorisé à occuper dans son entourage social, détermine le degré d'influence qu'il peut exercer. Cet ordre hiérarchique n'est pas absolu ; il est au contraire dynamique et diverses circonstances peuvent en modifier la configuration.

Un autre phénomène associé au pouvoir est celui de la territorialité. Johnson (1972) présente une série d'observations démontrant que chez plusieurs espèces animales, chaque sujet occupe un territoire relativement bien délimité et s'emploie à en protéger l'intégrité. Lors de conflits, un rapport de pouvoir s'engage entre les opposants pour déterminer l'occupant du territoire. On observe parfois des comportements semblables chez les humains ; certaines de leurs manifestations de puissance ont pour but d'affirmer leur priorité ou leur domination sur un territoire parfois physique, parfois social.

Certains comportements relatifs au pouvoir pourraient être reliés à des composantes chimiques de l'organisme. Des recherches récentes sur des animaux ont effectivement permis d'identifier, à l'intérieur du cerveau, la présence de réactions chimiques qui seraient associées à la position occupée dans la hiérarchie sociale. Ainsi, chez les singes, le taux de sérotonine est plus élevé chez les individus qui occupent une position de domination parmi leurs congénères, alors qu'il est plus faible chez ceux qui occupent le bas de la hiérarchie (Renaud, 1984). On a également constaté que le taux de sérotonine diminue (après un certain temps) chez ceux qui perdent leur position de prestige à la suite de modifications introduites dans l'environnement par les expérimentateurs.

Le taux de sérotonine affecterait donc le comportement des individus : un taux élevé serait associé à l'indépendance, à la domination et à l'audace alors qu'un taux faible serait associé à des comportements grégaires, ludiques, à la dépendance. Ainsi, les rapports de pouvoir chez les animaux auraient des résonances non seulement sociales mais aussi physiologiques.

À ce stade-ci, il faut être prudent dans l'interprétation de ces observations, car on ne sait pas encore si elles sont transférables aux humains. Toutefois, en raison de notre appartenance au règne animal, on peut raisonnablement faire l'hypothèse que des réactions analogues existent chez l'humain. Si c'est le cas, cela signifierait que l'exercice du pouvoir est un processus ayant des ramifications physiologiques.

Ces considérations nous amènent à suggérer que, pour comprendre les phénomènes de pouvoir chez l'humain, il faut prendre en compte un certain nombre de comportements et de réactions essentiellement primaires, qui relèvent entre autres du *pecking order*, de la territorialité et peut-être des réactions physiologiques.

8.2.5. Les contraintes du dirigeant

L'exercice du pouvoir dans une organisation n'est pas l'apanage des dirigeants, loin de là. Si l'individu qui n'occupe pas de fonctions de direction voit sa marge de manœuvre limitée, il faut savoir que les gestionnaires aussi sont relativement limités dans ce qu'ils peuvent faire. Examinons quelques contraintes dont le dirigeant doit tenir compte dans ses rapports de pouvoir.

Rosemary Stewart (Hunt, Sekaran et Schriesheim, 1982) a conçu, à partir de ses recherches, un modèle décrivant la réalité dans laquelle s'inscrit le gestionnaire et illustrant que sa marge de manœuvre est affectée par plusieurs facteurs. Son modèle présente le gestionnaire comme situé au carrefour d'un amalgame de demandes et de contraintes avec lesquelles il doit composer quand il opère des choix.

Les principales demandes reçues par le gestionnaire sont les exigences reliées aux extrants, le besoin du personnel d'être impliqué dans les unités de travail, les procédures bureaucratiques qui ne peuvent pas être déléguées, les relations multiples qu'il doit entretenir, les attentes qui lui sont exprimées, la nécessité d'exercer son influence. Au nombre des contraintes, on trouve les limites dans les ressources disponibles, les contraintes de nature légale, syndicale et bureaucratique, les limites technologiques, les attitudes à l'endroit des actions des gestionnaires et des actions proposées, l'étendue de l'aire de décision, le degré de tolérance du marché à l'endroit des extrants.

Ces demandes et contraintes, bien qu'elles ne couvrent pas toutes celles auxquelles est exposé un gestionnaire, touchent sans doute à un grand nombre d'éléments qui composent son quotidien. Elles montrent, entre autres choses, que le gestionnaire doit vivre ses rapports de pouvoir dans un contexte où sa véritable marge de manœuvre est, somme toute, assez limitée. De plus, étant à un carrefour de demandes et de contraintes, il doit régulièrement engager des relations d'influence pour tenter de concilier ces demandes et contraintes.

8.2.6. La structure de l'organisation

On ne peut parler d'organisation sans parler de structures et il ne nous sera pas nécessaire de traiter longuement du sujet pour montrer que le type de structure qui prévaut dans une organisation agit sur l'expression du pouvoir. Dans une structure de type centralisé, le pouvoir est généralement concentré aux mains des quelques individus situés au sommet de la hiérarchie, ce qui rend marginale la participation des autres aux processus d'influence. Toutefois, même si une structure centralisée vise habituellement à circonscrire au maximum les processus d'influence, elle ne réussit jamais à éliminer la présence de relations informelles qui, elles aussi, affectent les rapports d'influence de l'organisation.

Dans une organisation de type décentralisé, c'est-à-dire où les décisions sont partagées entre plusieurs acteurs, il va de soi que les relations de pouvoir s'exercent différemment. Plusieurs groupes prennent une part active aux processus décisionnels et l'individu qui désire avoir de l'influence doit souvent agir auprès de multiples interlocuteurs, ce qui exige des aptitudes à transiger avec les autres.

Sans en faire une généralisation, nous pouvons dire que les organisations centralisées favorisent souvent un style décisionnel autocratique, alors que les organisations décentralisées favorisent un style plus collégial.

Les gestionnaires d'expérience savent bien que la structure d'une organisation ne détermine pas complètement l'exercice du pouvoir, mais ils savent aussi que la façon de structurer l'organisation conditionnera une bonne partie du processus décisionnel. Ainsi, le fait qu'un service relève directement d'un cadre supérieur plutôt que d'un cadre intermédiaire affecte la puissance de ce service dans l'organisation. Par exemple, si la direction des ressources humaines est une direction de niveau supérieur, étant donc représentée au comité de gestion, elle dispose habituellement d'un poids plus important que si elle était de niveau intermédiaire, c'est-à-dire sous la responsabilité d'un cadre supérieur supervisant aussi d'autres services. Si le service de recherche et développement est relié au sommet de l'organisation, il aura généralement plus de poids que s'il était localisé au niveau intermédiaire, loin des décideurs.

La façon de configurer l'organisation au point de vue structural permet à certains sous-systèmes d'avoir un accès plus ou moins direct aux prises de décisions comme à l'affectation des ressources, deux atouts pour l'obtention d'un certain pouvoir dans une organisation.

8.2.7. La dimension psychosociale de l'organisation

La psychologie sociale confère une place centrale au concept de groupe. Elle accorde beaucoup d'attention aux processus associés à la vie en groupe, qu'il s'agisse de la relation de l'individu avec le groupe ou de la réaction du groupe à l'endroit de l'individu. Par extension, on traite souvent des phénomènes de pouvoir dans les organisations comme s'il s'agissait essentiellement de relations de groupe. Certains auteurs ont fait remarquer que la relation entre un gestionnaire et son personnel ne constitue pas nécessairement une relation du type individu–groupe (Green et Scheimann, 1978). Bien que l'exercice du pouvoir dans une organisation se fasse dans un contexte de groupe, plusieurs situations doivent être examinées sous l'angle de la relation interpersonnelle.

Prenons à nouveau l'exemple d'une équipe de vendeurs relevant d'un directeur des ventes à l'intérieur d'une quelconque entreprise de distribution. Si l'on adoptait le biais de la psychologie des groupes, on s'intéresserait aux rapports entre le directeur et le groupe pour tenter de comprendre les actions et les réactions de chacun. On chercherait alors les acteurs les plus populaires, on établirait le degré de leadership de chacun, on ausculterait le degré de motivation dans le groupe, on examinerait les modes de communication privilégiés ainsi que les normes dominantes dans ce groupe.

Cette approche pourrait fournir des informations justes et intéressantes sur les processus en action dans ce groupe. Elle pourrait cependant voiler certains aspects du réel et, peut-être même, nous mener à commettre des erreurs d'interprétation. Il est en effet possible, comme c'est le cas dans de nombreuses entreprises commerciales, que les vendeurs de l'équipe n'aient de contacts directs qu'une heure par semaine, c'est-à-dire lors de la réunion du lundi matin où l'on trace le bilan de la semaine précédente et où l'on prépare le plan d'action pour la semaine qui commence. Dans bon nombre de ces situations, la réunion est dirigée par le directeur des ventes qui s'adresse, somme toute, à un certain nombre d'individus plutôt qu'à un véritable groupe selon les critères reconnus en psychologie sociale (St-Arnaud, 1989). Dans ce cas-ci, pour bien comprendre la dynamique de la situation, il faudrait diriger son attention vers la relation du directeur avec chacun de ses vendeurs, c'est-à-dire vers une série de relations dyadiques.

Si l'on veut saisir correctement les phénomènes d'exercice du pouvoir, il faut parfois les aborder sous l'angle des rapports de groupe et parfois sous l'angle des relations interpersonnelles. Dans le premier cas, les apports de la psychologie sociale (normes, culture, popularité, etc.) peuvent se révéler d'une grande utilité. Dans le second cas, on doit faire appel aux connaissances sur les relations interpersonnelles pour comprendre les phénomènes. Il est possible qu'un bon nombre de situations de gestion se vivent sous le mode de la relation dyadique et, si c'est le cas, on doit alors s'intéresser à la relation du supérieur avec chacun de ses subordonnés.

Il arrive souvent aussi que l'on doive recourir aux deux angles pour comprendre les phénomènes dans un groupe donné. Prenons l'exemple d'un gestionnaire qui dirige un groupe d'ingénieurs ayant à concevoir et à réaliser des projets divers. Par rapport à certains objets, les subordonnés réagissent comme un groupe et tentent de faire un front uni face à leur patron; pour d'autres objets, la nature de la relation change et la dimension interpersonnelle occupe plus d'espace. Ce sont pourtant les mêmes individus.

Qu'on aborde les phénomènes d'exercice du pouvoir sous un angle ou sous l'autre, il ne faut pas non plus oublier que si certaines réactions s'adressent aux individus eux-mêmes, d'autres s'adressent aux symboles qu'ils représentent. Par exemple, dans une conversation entre un président de syndicat et un directeur des relations de travail, les rôles dévolus à chacun et les symboles qui y sont associés risquent de masquer les caractéristiques réelles des individus en présence.

Il faut donc retenir qu'un individu qui transige avec une équipe de personnes transige à la fois avec un groupe et avec une série d'individus. Selon les objets en cause, on devra examiner cette relation à partir des théories de la psychologie des groupes ou à partir des théories sur les relations interpersonnelles. De plus, des dimensions symboliques viennent souvent colorer les dynamiques de pouvoir qui se manifestent.

8.2.8. La culture ambiante

D'après la théorie des systèmes, un système est influencé autant par les sous-systèmes qui le composent que par les sous-systèmes environnants. Il en va de même de l'exercice du pouvoir dans une organisation. La culture interne de l'organisation tout comme la culture externe environnante déterminent un certain nombre de comportements et de conduites considérés comme acceptables ou inacceptables dans la pratique quotidienne (Schein, 1985). En somme, la culture fixe des règles que les individus sont incités à respecter et qui s'appliquent à l'exercice du pouvoir comme aux autres dimensions de la vie organisationnelle. Par exemple, dans la société nord-américaine, il serait mal vu qu'un gestionnaire refuse à un employé la possibilité d'émettre une opinion sur l'organisation de son travail. Si la culture ambiante était différente, un tel refus de la part du gestionnaire pourrait devenir acceptable et le processus d'influence s'en trouverait modifié.

La culture est cependant un processus dynamique qui change avec les époques. Par exemple, on a pu observer certaines modifications dans la culture de gestion entre les années 1970 et les années 1980. Durant les années 1970, les gestionnaires étaient encouragés à écouter leurs subordonnés et à communiquer avec eux dans leurs relations de travail. Au cours des années 1980, sous la pression des difficultés économiques, on les a incités à s'affirmer, à prendre des décisions impopulaires et, surtout, à apprendre à vivre avec ces mêmes décisions. La culture ambiante s'est révélée différente durant ces deux décennies, ce qui a entraîné des conduites différentes dans l'exercice du pouvoir dans les organisations.

8.2.9. La conjoncture particulière

La vie d'une organisation se déroule dans un temps et un espace qui composent sa conjoncture immédiate. Aujourd'hui le marché peut être stagnant, alors qu'hier il était actif et que demain il sera envahi par de nouveaux concurrents. Hier la situation financière pouvait être bonne alors qu'aujourd'hui elle se détériore. Hier on embauchait du personnel, aujourd'hui on doit fermer des postes de travail. La réalité avec laquelle doit composer une organisation, un service ou un gestionnaire est dynamique et par conséquent sujette à changement. Ces changements modifient la conjoncture, c'est-à-dire la configuration des divers éléments, qui à son tour affecte l'exercice du pouvoir. Schein (1970) a montré, par exemple, que les situations de compétition, de stress, d'urgence entraînent habituellement un style de direction plus autoritaire et plus centralisé, et que cette approche est en général bien acceptée des subordonnés. Par ailleurs, dans des circonstances moins turbulentes, les subordonnés réagissent plus négativement à cette approche.

Si l'on veut comprendre correctement les phénomènes d'exercice du pouvoir dans une organisation, il ne faut donc pas les isoler du contexte mais au contraire les examiner à la lumière de la conjoncture immédiate qui, à sa façon, affecte les gestes et les réactions des individus. C'est ce qui explique par exemple que, dans une circonstance donnée, un syndicat essaie d'obtenir le maximum d'un employeur alors que dans d'autres situations, comme on l'a vu en Amérique au milieu des années 1980, le même syndicat limite ses exigences.

*
* * *

Rappelons que les neuf caractéristiques qui viennent d'être brièvement décrites ne couvrent pas la totalité de la réalité organisationnelle. Ce sont, d'abord et avant tout, des variables qui, chacune à leur façon, affectent l'exercice du pouvoir dans une organisation. Il est évidemment difficile, voire impossible, d'examiner simultanément toutes ces variables quand on cherche à comprendre une situation donnée (d'ailleurs cela rendrait la lecture tellement complexe qu'on n'y verrait plus rien). Toutefois, pour développer une vision lucide de l'exercice du pouvoir, on gagnerait sans doute à examiner tour à tour ces neuf dimensions.

FIGURE 18
Schéma récapitulatif

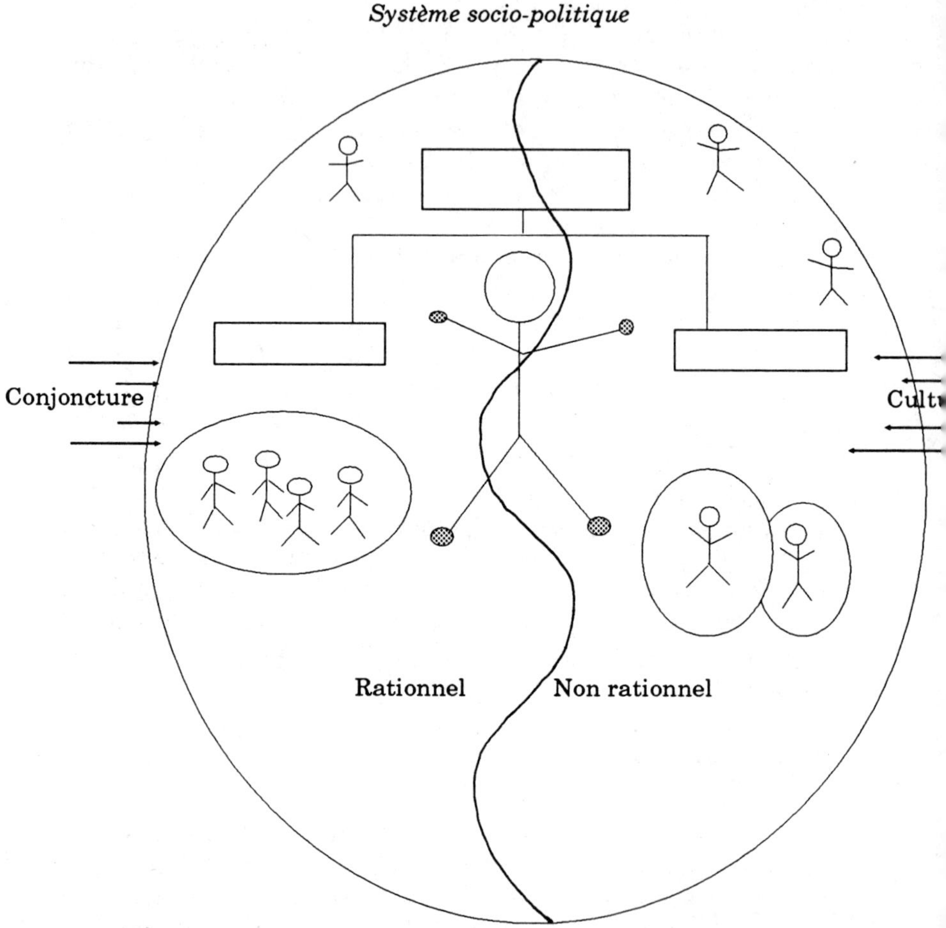

Système socio-politique

Conjoncture

Cult[u]

Rationnel   Non rationnel

Épilogue

Par cet ouvrage, nous avons voulu apporter un éclairage supplémentaire à la complexité des phénomènes de pouvoir dans les organisations, avec l'espoir qu'il contribuera au développement d'organisations mieux adaptées. Pour terminer, nous proposerons quelques réflexions sur un aspect qui n'a pas été traité directement dans le volume, mais qui a néanmoins des incidences majeures sur la santé d'une organisation et de ses membres : le pouvoir « acquis par le vide ». Il s'agit de ce type de pouvoir que des individus obtiennent, non pas à partir des ressources qu'ils possèdent, mais en raison de l'absence de personnes dotées des ressources valorisées.

A. Le pouvoir par le vide

Ce genre de situation résulte parfois de l'absence réelle de personnes disposant de ressources stratégiques et d'autres fois du fait que les acteurs dotés de ces ressources ne les mettent pas en valeur ou refusent de les mettre à contribution. Les personnes détenant des ressources adaptées aux circonstances n'étant pas disponibles pour assumer les fonctions d'influence, il se crée alors un vide qui sera comblé par d'autres dont les ressources sont moins appropriées et ces personnes risquent d'être moins compétentes au regard des besoins. Le vide créé dans le système socio-politique de l'organisation fournit une occasion rêvée aux individus qui ont des aspirations de puissance, mais qui normalement ne disposeraient pas des ressources adéquates pour obtenir du pouvoir. On comprend aisément que plusieurs ne laisseront pas passer cette chance. L'histoire de l'humanité comporte plusieurs exemples de personnages qui ont profité d'une absence de leadership pour se hisser au pouvoir alors qu'en d'autres circonstances ils n'auraient pu y arriver.

Il n'est pas rare que les gens qui ont acquis du pouvoir par le vide fassent appel par la suite à des tactiques déloyales et illégitimes pour le conserver, car leurs propres ressources à elles seules ne leur permettraient pas d'y parvenir. C'est ce qui arrive à la majorité des «tyrans» et c'est ce qui arrive parfois à certains dirigeants au sein des organisations : ils doivent entretenir un climat de terreur pour maintenir leur position de puissance. Leurs ressources ne sont pas suffisamment valorisées et ils doivent s'appuyer sur des ressources qui inspirent la peur. Ajoutons cependant que ceux et celles qui obtiennent du pouvoir par le vide ne vont évidemment pas tous jusqu'à cet extrême ; c'est même une minorité qui le fait. En outre, ce ne sont pas toujours des mobiles tortueux qui poussent des individus à accéder au pouvoir par le vide ; pour certains c'est la naïveté, pour d'autres l'esprit de sacrifice et pour quelques autres tout simplement la manipulation ou les mauvais conseils.

B. L'émergence du pouvoir par le vide

L'exercice du pouvoir par le vide s'observe habituellement dans des organisations où les personnes dotées des ressources stratégiques requises, que ce soit en matière de compétences techniques, d'habiletés de gestion, ou de vision, refusent d'assumer des postes de commande ou encore évitent de s'engager autant qu'elles le pourraient. Dans un cas comme dans l'autre, elles s'écartent des réseaux d'influence — ou, selon l'expression de Mintzberg (1986), des coalitions dominantes. D'autres personnes disposant de ressources moins bien adaptées héritent alors d'un degré de pouvoir élevé sur l'organisation, pouvoir qu'en d'autres circonstances elles n'auraient pu obtenir.

Lorsque cela se produit, la situation peut évoluer de diverses façons. En voici quelques-unes. Si les compétences des personnes qui acquièrent du pouvoir par le vide sont limitées, on risque de voir émerger dans l'organisation une culture où l'on valorise la médiocrité et dont l'un des effets sera de rendre particulièrement insatisfaits les gens compétents ou consciencieux. Mais comme ceux-ci se sont éloignés des leviers du pouvoir, ils ont, malgré eux, créé des conditions qui les placent dans un état d'impuissance. Si, de surcroît, les personnes qui accèdent aux leviers du pouvoir dans ce genre de contexte ont des aspirations de puissance excessives, on peut craindre qu'elles utilisent leur position stratégique pour accroître leur prestige personnel plutôt que pour assurer la santé de l'organisation. Il se développe alors des tensions, des insatisfactions, des conflits qui menacent l'efficacité et le climat de l'organisation. Celle-ci devient une arène politique où les rapports de forces entre les individus et entre les groupes prennent le pas sur les fonctions véritables de l'organisation. Dans ces cas, on atteint souvent un niveau de détérioration assez avancé avant que les détenteurs des leviers du pouvoir soient remplacés par des acteurs mieux adaptés et que le tissu social puisse se reconstituer.

C. Le résultat d'une démobilisation

Certaines circonstances peuvent favoriser de telles dynamiques. Une des circonstances particulièrement propice à l'émergence de ces phénomènes est le développement d'un sentiment d'échec dans un système, notamment à la suite d'une série d'épreuves ou de déceptions. Il peut s'agir, par exemple, d'un service qui n'atteint pas ses objectifs en dépit d'efforts sincères, ou encore d'un service qui perd un litige majeur au profit d'un autre service. Ces situations ont souvent pour effet d'amener les leaders à se démobiliser et à abandonner la partie par dépit, laissant ainsi un vide à combler.

D. La présence de tendances divergentes et polarisées

L'acquisition du pouvoir par le vide est susceptible aussi de se produire lorsque les besoins ou les sous-cultures d'un groupe sont diversifiés et difficiles à concilier. Les acteurs qui pourraient détenir du pouvoir en raison de la valeur de leurs ressources ne réussissent pas à rallier une masse suffisante de gens autour d'objectifs communs et le peu de résultats qu'ils obtiennent par rapport aux efforts qu'ils consacrent les amène souvent à désinvestir. La voie est alors ouverte à ceux dont les ressources sont moins adaptées aux besoins, mais qui veulent profiter de l'occasion pour faire triompher leur vision des choses. Cette situation s'est produite régulièrement dans des pays divisés sur des questions religieuses ou ethniques. Le phénomène s'observe régulièrement aussi dans des organisations publiques ou privées qui sont divisées en factions poursuivant des objectifs différents.

Il n'est pas rare dans ces organisations que les gens réussissent à se neutraliser complètement et qu'une culture de l'impuissance s'installe. Il s'agit alors d'une culture où, d'une part, on s'emploie à neutraliser les efforts des autres pour s'assurer de ne pas perdre de terrain et où, d'autre part, on s'habitue à faire obstacle aux initiatives des autres plutôt qu'à amorcer soi-même des actions qui pourraient faire progresser l'organisation. On conjugue ainsi la médiocrité à l'impuissance.

Ces situations sont habituellement difficiles à dénouer. Les éléments de solution ne se trouvent pas (ou plus) à l'intérieur de l'organisation ou, s'ils s'y trouvent, ils sont neutralisés. De plus, les leaders et dirigeants sont généralement plus occupés à entretenir les intrigues de coulisse qu'à chercher à résoudre l'impasse. Souvent, il faut des pressions extérieures pour inciter le développement de rapports de pouvoir plus sains; des pressions comme une baisse significative des profits, une diminution marquée de l'achalandage, un mécontentement croissant et soutenu des usagers, la détermination d'une direction supérieure, l'arrivée de nouveaux acteurs disposant de ressources stratégiques. En général d'ailleurs, il faut que les pressions soient suffisamment fortes, sinon elles sont rationalisées par les acteurs du système qui tentent ainsi de perpétuer l'état d'impuissance dans lequel ils se sont enlisés.

E. Le culte de l'égalité

Une autre circonstance où le pouvoir par le vide est susceptible d'apparaître, c'est lorsque les membres d'un groupe ou d'une organisation s'obligent à vivre des rapports d'égalité sans avoir par ailleurs des ressources qui soient d'égale valeur. Dans ces situations, on crée en fait un simulacre d'égalité; les gens disposent de ressources qui n'ont pas la même valeur stratégique par rapport aux besoins et aspirations du groupe, mais on s'efforce de masquer cette différence. En somme, on se refuse à vivre avec la réalité. En agissant ainsi, au nom d'un absolu égalitaire, on s'oblige à accorder autant de pouvoir à chaque individu dans les processus décisionnels; on exagère le mérite de certains points de vue moins pertinents et l'on minimise la qualité de certains autres plus pertinents. On nie en quelque sorte l'originalité des individus et on met en place un système de pensée qui n'a plus de rapport avec les caractéristiques du réel et de ses exigences.

Ce type de situation peut entraîner de graves effets indésirables. Il y a en effet danger que les décisions et solutions ne soient pas adoptées en considérant les caractéristiques des situations, mais

Épilogue 211

plutôt avec le souci que tous les acteurs aient la même importance dans le processus décisionnel. Cette approche est bien sûr valorisante pour certains acteurs, mais elle est aussi susceptible de se révéler peu efficace au point de vue de la qualité des décisions. Par exemple, confronté à deux solutions différentes, un groupe fonctionnant selon cette approche chercherait une solution médiane située à mi-chemin entre chacune des deux solutions, plutôt que d'opter pour la plus adaptée ou encore une troisième solution qui serait mieux appropriée aux caractéristiques de la situation. Ce mode de fonctionnement peut aussi entraîner le développement de réflexes d'impuissance qui risquent de devenir chroniques. Les personnes dotées de ressources stratégiques apprennent à s'abstenir de les mettre en valeur, s'empêchent d'exercer l'influence qui leur revient et s'habituent à laisser le champ libre à d'autres dont les ressources sont moins pertinentes.

En Occident, il est délicat d'exposer de telles considérations sur les rapports dits «égalitaires», car la notion d'égalité y est particulièrement valorisée et on peut facilement se méprendre sur le sens véritable des propos tenus. Il faut bien comprendre que ce n'est pas le principe de l'égalité des humains en soi qui est mis en cause ici. Il est plutôt question de l'équilibre entre les ressources des individus dans une situation donnée et de l'impact de cet équilibre sur la contribution que chacun peut apporter dans le processus décisionnel.

F. Assumer le pouvoir ou assumer le vide ?

Les scénarios qui viennent d'être évoqués ne sont évidemment pas les seuls possibles, sans compter qu'il y a des circonstances où des scénarios productifs peuvent émerger de situations où le pouvoir est exercé par le vide, bien que ce soit peu fréquent. Nous cherchions ici à attirer l'attention du lecteur sur le fait que l'abstention de l'exercice du pouvoir, quand on détient des ressources valorisées, peut parfois produire des effets aussi nocifs sur la qualité de vie d'un système social que l'abus de pouvoir ou l'usurpation du pouvoir. Ces réflexions suggèrent même que l'abstention peut créer des conditions propices à la prise d'un certain pouvoir par des personnes disposant de ressources peu adaptées aux circonstances.

Il ne faudrait cependant pas retenir de ces réflexions que la recherche du pouvoir doit être vue comme une obligation morale pour les personnes qui disposent de ressources stratégiques. Il faut plutôt comprendre qu'en général, dans un système organisationnel, on a avantage à ce que les personnes qui exercent plus de pouvoir soient celles qui disposent de ressources adaptées aux besoins et à la culture de l'organisation, car autrement certaines dysfonctions pourraient rapidement apparaître.

G. L'exercice du pouvoir et la santé mentale

La détention de ressources stratégiques ne constitue toutefois pas en soi une garantie que l'utilisation optimale du pouvoir. Il existe en effet des personnes qui font un usage inadéquat du pouvoir même si celui-ci s'appuie sur des ressources valorisées par l'entourage. Dans certains cas, ces personnes manquent tout simplement de compétences personnelles pour exercer du pouvoir. Au mieux, elles empêchent alors des gens moins «adaptés» aux circonstances d'exercer trop de pouvoir. Dans d'autres cas, elles ont développé des réflexes dysfonctionnels en rapport avec l'exercice du pouvoir; celui-ci est devenu une sorte de drogue. L'exercice du pouvoir peut procurer des gratifications élevées tant au point de vue psychologique qu'au point de vue social, de sorte que l'on peut développer une dépendance à leur endroit, laquelle s'exprimera par une soif chronique de pouvoir. Dans ces circonstances, le rapport que la personne entretient avec le pouvoir devient pathologique; la recherche et le maintien du pouvoir représentent une fin en soi plutôt qu'un moyen pour atteindre des objectifs donnés.

Nous ne traiterons pas davantage de ces dysfonctions, car ce n'est pas l'objet de cet ouvrage d'examiner la dynamique du pouvoir sous cet angle. Il s'agit toutefois d'un aspect à considérer parce qu'il traite de comportements qui ont des impacts majeurs sur la santé d'une organisation et de ses membres. Nous nous bornerons à suggérer que l'utilisation positive du pouvoir requiert de ses détenteurs de hautes qualités morales et une bonne santé mentale. Les personnes qui ne présentent pas ces caractéristiques, plutôt que de contribuer à la santé de l'organisation, risquent de se servir de leur pouvoir pour maintenir leur prestige personnel ou pour compenser leurs problèmes de santé mentale. David McClelland (1975) a fait à ce sujet des observations qui abondent dans le même sens: les leaders qui produisent un impact positif sur leur entourage auraient tendance à mettre leurs ressources au service de leur organisation, alors que ceux qui sont réputés avoir un impact négatif auraient tendance à se servir de leur pouvoir pour alimenter leur prestige personnel.

Épilogue

*
* * *

Les commentaires présentés dans cette section constituent un premier effort de systématisation des réflexions inspirées d'observations et d'expériences vécues dans des organisations. Ce sont des aspects mal connus de la réalité du pouvoir mais qui sont pourtant déterminants dans la recherche d'une représentation juste. Ces aspects mériteraient d'être repris pour faire l'objet de travaux plus poussés et ainsi enrichir notre connaissance et notre compréhension des diverses facettes de l'exercice du pouvoir.

Bibliographie

ALINSKY, S., *Manuel de l'animateur social*, Paris, Éditions du Seuil, 1976.

ARGYRIS, Chris, *Integrating the Individual and the Organization*, New York, John Wiley and Sons, 1966, 330 p.

AYERT, R. M., et J. G. MARCH, *A Behavioural Theory of the Firm*, Englewood Cliffs, N. J., Prentice Hall, 1963.

BACHARACH, Samuel B. et Edward J. LAWLER, *Power and Politics in Organizations: The Social Psychology of Conflict, Coalitions, and Bargaining*, San Francisco, Jossey-Bass, 1980.

BACHARACH, S. B. et E. J. LAWLER, «The Perception of Power», *Social Forces*, 1976, 55, 123-134.

BARNARD, C. I., *The Functions of the Executive*, Cambridge, Mass., Harvard University Press, 1938.

BARNES, H., «Leadership and Propaganda», *in* W. B. Graves (édit.), *Readings in Public Opinion*, New York, Appleton-Century, 1928.

BASS, Bernard M., *Leadership, Psychology and Organizational Behavior*, New York, Harper, 1960.

BASS, Bernard M., *Leadership: Psychology and Organizational Behavior*, Westport, Ct, Greenwood Press, 1973.

BASS, Bernard M., *Stogdill's Handbook of Leadership*, édition revue et augmentée, New York, The Free Press, 1981, 856 p.

BASS, Bernard M., *Leadership and Performance, Beyond Expectations*, New York, The Free Press, 1985.

BENNIS, W., *The Unconscions Conspiracy: Why Leaders can't Lead*, New York, Amacom, 1976.

BENNIS, Warren et Burt NANUS, *Leaders*, New York, Harper and Row, 1985.

BENNIS, Warren, «The 4 Competencies of Leadership», *Training and Development Journal*, août 1984, 15-19.

BERGERON, J. L., J. JACQUES, N. CÔTÉ-LÉGER et L. BÉLANGER, *Les aspects humains de l'organisation*, Chicoutimi, Gaëtan Morin et Associés, 1979.

BIERSTEDT, R., «An Analysis of Social Power», *American Sociological Review*, 1950, 15, 730-738.

BLAKE, R. et J. MOUTON, *Les deux dimensions du management*, Paris, Les Éditions d'Organisation, 1964.

BLAKE, R. et J. MOUTON, *La troisième dimension du management*, Paris, Les Éditions d'Organisation, 1987.

BLANCHARD, P., *The Situational Leader*, New York, Warner, 1984.

BLAU, Peter, *Dynamics of Bureaucracy*, 2e éd., Chicago, University of Chicago, 1963.

BLAU, Peter, *Exchange and Power in Social Life*, New York, John Wiley and Sons, 1964, 352 p.

BLAU, P., *Bureaucracy in Modern Society*, 2e éd., New York, Random, 1971.

BLOCK, P., *The Empowered Manager: Positive Political Skills at Work*, San Francisco, Jossey-Bass, 1987.

BOURRICAUD, François, *Esquisse d'une théorie de l'autorité*, 2e éd., Paris, Plon, 1969.

BURKE, W., «Leadership: Is There One Best Approach?», *Management Review*, 1980, 69 (11), 54-56.

BURNS, J., *Leadership*, New York, Harper and Row, 1978.

CALDER, B. J., «An Attribution Theory of Leadership» *in* B. M. Staw et G. R. Salancek (édit.), *New Directions in Organizational Behavior*, Chicago, St-Clair, 1971.

CAPRA, Fritjof, *Le temps du changement: science, société et nouvelle culture*, Paris, Les Éditions Durocher, 1983.

CARLSON, Janet, «The Effect of Leadership Style and Leader Position Power on Group Performance», *Dissertation Abstracts International*, 1978, vol. 38 (10-A).

CARTWRIGHT, Dorwin (édit.), *Studies in Social Power*, Ann Arbor, Mich., University of Michigan Press, 1974.

Bibliographie

CHANLAT, J. F. et F. SEGUIN-BERNARD, *L'analyse des organisations: une anthologie sociologique*, tome 1:*Les théories de l'organisation*, Saint-Jean-sur-Richelieu, éd. Préfontaine inc., coll. Administration, 1983.

CHEMERS, Martin M. et George J. SKRZYPEK, «Experimental Test of the Contingency Model of Leadership Effectiveness», *Journal of Personality et Social Psychology*, nov. 1972, 24 (2), 172-177.

COLLERETTE, Pierre et Gilles DELISLE, *Le changement planifié*, Montréal, Les Éditions Agence d'Arc, 1982.

COOK, K. S., «Exchange and Power in Networks of Interorganizational Relations», *Sociological Quarterly*, 1977, 18, 62-68.

CÔTÉ-LÉGER, N., J. L. BERGERON, J. JACQUES et L. BÉLANGER, *Les aspects humains de l'organisation*, Chicoutimi, Gaëtan Morin et Associés, 1979.

CROZIER, Michel, *Le phénomène bureaucratique*, Paris, Éditions du Seuil, 1963.

CROZIER, M., «The Problem of Power», *Social Research*, 1973, 40 (2), 211-228.

CROZIER, M., *L'acteur et le système*, Paris, Éditions du Seuil, 1977.

DAHL, R. A., «The Concept of Power», *Behavioral Science*, 1957 (2), 201-215.

DAHL, R. A., «Power», in *International Encyclopædia of the Social Sciences*, MacMillan and the Free Press, 1961, 12, 405-415.

DAHL, R. A., *Modern Political Analysis*, Englewood Cliffs, N. J., Prentice Hall, 1963.

DUBIN, R., «Metaphors of Leadership: An Overview», in J. G. Hunt et L. L. Larson (édit.), *Crosscurrents in Leadership*, Carbondale, Southern Illinois University, 1979, 225-238.

DUBIN, Robert, *Human Relations in Administration: With Readings*, 3ᵉ éd., Englewood Cliffs, N. J., Prentice-Hall, 1968.

EMERSON, R. M., «Power-Dependance Relationships», *American Sociological Review*, 1962, 27, 31-41.

ETZIONI, A., «Dual Leadership in Complex Organizations», *American Sociological Review*, 1965 (30), 5 (oct.), 688-698.

ETZIONI-HALEVY, Eva et Amitai ETZIONI, *Social Change: Sources, Patterns, and Consequences*, New York, Basic Books, 1973.

FARQUHAR, Katherine, *Leadership Transitions in Organisations: An Attributional Model of Employee Perceptions*, unpublished, Boston University, 1985.

FAYOL, H., *Administration industrielle et générale*, Paris, Dunod, 1962.

FERGUSON, M., *Les enfants du verseau:pour un nouveau paradigme*, Paris, Calmann-Lévy, 1981.

FISHBEIN, Martin, Eval LANDY et Grace HATCH, «A Consideration of two Assumptions Underlying Fiedler's Contingency Model for Prediction of Leadership Effectiveness», *American Journal of Psychology*, 1969, 82 (4), 457-473.

FOUCHER, Roland, *Le leadership organisationnel:revue partielle de la littérature, 1968-1973*, Montréal, Université du Québec, INRS Éducation, 1973.

FRENCH, J. R. P. Jr., «A Formal Theory of Social Power», *Psychology Review*, 1956, 63, 181-191.

FRENCH, J. R. P. et B. H. RAVEN, «The Bases of Social Power», *in* D. Cartwright (édit.), *Studies in Social Power*, Ann Arbor Michigan, Institute of Social Research, 1959, 118-149.

FRENCH, J. R. P.et B. H. RAVEN, «The Bases of Social Power», *in* D. Cartwright et A. Zanders (édit.), *Group Dynamics:Research and Theory*, 2e éd., New York, Row, Peterson, 1960.

FRENCH, J. R. P.et B. RAVEN, «Les bases du pouvoir social», *in* André Levy, *Psychologie sociale*, textes fondamentaux, tome 2, Paris, Dunod, 1965.

GAMSON, William A., *Power and Discontent*, Homewood, Ill., Dorsey Press, 1968.

GERGEN, K., M. S. GREENBERG et R. H. WILLIS, *Social Exchange Theory*, New York, Wiley, 1977.

GIBB, C., «Leadership», *in* G. Lindzey et E. Aronson, (édits), *The Handbook of Social Psychology*, 2e éd., Reading, MA, Addison-Wesley, 1969, IV, 205-282.

GOODSTADT, Barry et David KIPNIS, «Situational Influences on the Use of Power», *Journal of Applied Psychology*, 1970, 54 (31), 201-207.

GORDON, T., «Group-Centered Leadership and Administration», *in Client-Centered Therapy*, Boston, Houghton Mifflin Co., 1951.

GOULDNER, A. W., «Organizational Analysis», *in* Robert K. Merton (édit.), *Sociology Today*, New York, Basic Books, 1959.

GOULDNER, Alvin W. (édit.), *Studies in Leadership:Leadership and Democratic Action*, New York, Russell and Russell, 1965.

GRAEN, G. et W. SCHEIMANN, «Leader-Member Agreement:A Vertical Dyad Linkage Approach», *Journal of Applied Psychology*, 63, 206-212.

GREEN, Stephen G. et Delbert M. NEBEKER, «The Effects of Situational Factors and Leadership Style on Leader Behavior», *Organizational Behavior et Human Performance*, août 1977, 19 (2), 368-377.

HALAL, W. E., «The Legitimacy Cycle:Long-term Dynamics in the Use of Power», in A. Kakabadse et C. Parker, *Power, Politics and Organizations*, John Wiley et Sons, 1984.

HALL, Richard H., *Organizations Structure and Process*, Englewood Cliffs, N. J., Prentice Hall, 1982.

HANDY, Charles B., *Understanding Organizations*, Middlesex (Angleterre), Penguin Books, 1976, chap. 4 et 5.

HENDERSON M. et M. ARGYLE, «The Informal Rules of Working Relationships», *Journal of Occupational Behaviour*, 1986, 7, 259-275.

HEROLD, David M., «Mutual Influence Processes in Leader-Follower Relationships», *Dissertation Abstracts International*, nov. 1974, 35 (5-8), 2475-2476.

HERSEY, P. et K. H. BLANCHARD, *Management of Organizational Behavior: Utilising Human Ressources*, 3e éd., Englewood Cliffs, N. J., Prentice Hall, 1977.

HERSEY, P. et K. H. BLANCHARD, *Le style de leadership selon la situation*, Californie, Center for Leadership Studies, 1976.

HERSEY, P. et J. STINSON (édit.), *Perspectives in Leader Effectiveness*, Columbus, Ohio University Center for Leadership Studies, 1980.

HOBBES, T., *Leviathan*, New York, Bobbs-Merrill, 1958.

HOLLANDER, Edwin P., *Leadership Dynamics*, New York, The Free Press, 1978, 212 p.

HOLLANDER, E. P. et J. W. JULIAN, «Studies in Leader Legitimacy, Influence, and Innovation», in L. Berkowitz, *Advances in Experimental Social Psychology*, 1970, 5, 33-69.

HOMANS, G. C., «Social Behavior as Exchange», *American Journal of Sociology*, 1958, 63, 597-606.

HOMANS, G., *Social Behavior:Its Elementary Forms*, New York, Harcourt, Brace and World, 1961.

HOUSE, R. J.et T. R. MITCHELL, «Path-goal Theory of Leadership», *Journal of Contemporary Business*, 1974, 3, 87.

HUNT, J. G.et L. L. LARSON (édit.), *Leadership Frontiers*, Kent, Ohio, Kent State University Press, 1975.

HUNT, J. G. et R. N. OSBORN, «Toward a Macro Oriented Model of Leadership: an Odyssey», in J. Hunt, L. Sekaran et C. Schriesheim (édit.), *Leaderships Beyond Establishment Views*, Southern Illinois University Press, 1980.

HUNT, J. G., L. SEKAREN et C. A. SCHRIESHEIM (édit.), *Leadership:Beyond Establishment Views*, Carbondale, Southern Illinois University Press, 1982.

JACOBS, D., «Dependancy and Vulnerability:An Exchange Approach to the Study of Organizations», *Administrative Science Quarterly*, 1971, 19, 45-59.

JACOBS, T. O., *Leadership and Exchange in Formal Organizations*, Alexandria, Human Resources Research Organization, 1971.

JASPERS, J. et M. HEWTONNE, «La théorie de l'attribution» (chap. 11); traduit par Nilly Stephane, in Serges Moscovici (édit.), *Psychologie sociale*, Paris, P.U.F, 1984.

JOHNSON, R., *Agression in Man and Animals*, London, W. B. Saunders Co, 1972.

KAPLAN, A., «Power in Perspective», *in* R. L. Khan et E. Boulding (édit.), *Power and conflicts in Organizations*, New York, Basic Books, 1964.

KAST, Fremont E. et James E. ROSENZWEIG, *Contingency Views of Organization and Management*, Chicago, Science Research Associates, 1973.

KELLERMAN, B., *Leadership:Multidisciplinary Perspectives*, Englewood Cliffs, N. J., Prentice Hall, 1984.

KMETZ, J. L., « Leadership and Organizational Structure:A Critique and an Argument for Synthesis», *in* G. W. England, A. R. Negandhi et B. Wilpert (édit.), *The Functioning of Complex Organizations*, Cambridge, Mass., Oelgeschlager, Gunn et Main, 1981.

KOCH, D., R. S. CRUTCHFIELD et E. L. BALLACHEY, *Individual in Society*, New York, McGraw Hill, 1962.

LABORIT, Henri, *La nouvelle grille*, Paris, Éd. Robert Laffont, 1974, chap. VIII.

LANDIER, H., *L'entreprise polycellulaire*, Paris, Entreprise Moderne d'Édition, 1987.

LANDRY, Simone, «Le groupe de tâche et sa psychologie», *in* J. M. Leclerc, *Dossier sur l'enseignement:systèmes, méthodes, techniques*, Montréal, Service pédagogique de l'Université de Montréal, 1977.

LASSWELL, H. D. et A. KAPLAN, *Power and Society*, New Haven, Yale University Press, 1950.

LEAVITT, H. J., *Managerial Psychology:An Introduction to Individuals, Pairs and Groups in Organizations*, Chicago, University of Chicago Press, 1978.

LEVY, André, *Psychologie sociale*, textes fondamentaux, tome 2, Paris, Dunod, 1965.

LEWIN, K., R. LIPPITT et R. WHITE, «Patterns of Agressive Behavior in Experimentally Created Social Climates», *Journal of Social Psychology*, 10, 1939.

LIKERT, R., *The Human Organization: Its Management and Value*, New York, McGraw Hill, 1967.

LIPPITT, R. et R. WHITE, *Autocracy and Democracy: An Experimental Inquiry*, New York, Harper Bros, 1960.

LORENZ, K., *On Aggression*, London, Methuen and Co., 1966.

LORSCH, Jay W. et John J. MORSE, *Organizations and their Members and Contingency Approach*, New York, Harper and Row, 1974.

LUKES, S., *Power: A Radical View*, London, MacMillan, 1974.

MACGREGOR BURNS, J., *Leadership*, New York, Harper and Row, 1978.

MACHIAVEL, N., *Le prince et autres textes*, Paris, Gallimard, 1980.

MARSAL, Maurice, *L'autorité*, 5e éd., Paris, P.U.F., 1975.

MASLOW, A., *Motivation and Personality*, New York, Harper, 1970.

McCALL, M., *Power, Authority and Influence: The Hasards of Carrying a Sword* (Tech. Rep. no. 10), Greensboro, NC, Center for Effective Leadership, 1978.

McCLELLAND, D., *The Achieving Society*, New York, The Free Press, 1961.

McCLELLAND, David, *Power; The Inner Experience*, New York, Irvington Publishers, 1975, 427 p.

McELROY, J. C., «A Typology of Attribution Leadership Research», *Academy of Management Review*, 1982, 7, 413-417.

McFARLAND, Andrew B., *Power and Leadership in Pluralist Systems*, Stanford, Cal., Standord University Press, 1969.

McGREGOR, D., *The Human Side of Enterprise*, New York, McGraw Hill, 1960.

MINTZBERG, H., *The Structuring of Organizations*, Englewood Cliffs, N. J., Prentice Hall, 1979.

MINTZBERG, H., *Power in and Around Organizations*, Englewood Cliffs, N. J., Prentice Hall, 1983.

MINTZBERG, H., *Le pouvoir dans les organisations*, traduit par Paul Sager, Paris, Les Éditions d'Organisation et Les Éditions Agence d'Arc, 1986.

MITCHELL, T. R., J. R. LARSON et S. G. GREEN, «Leader Behavior, Situational Moderators, and Group Performance: An Attributional Analysis», *Organizational Behavior and Human Performance*, 1977, 18, 254-268.

MORGAN, G., *Images of Organization*, Newbury Park, Sage Pub, 1986.

MOSCOVICI, S., *Social Influence and Social Change*, London, Academic Press, 1976.

MOSS KANTER, R., «Power Failure in Management Circuits», *Harvard Business*, juillet-août, 1979, 57 (4), 65-75.

MUCCHIELLI, Roger, *Psychologie de la relation d'autorité : connaissance du problème, applications pratiques*, Paris, Entreprise Moderne d'Édition, 1976.

MULDER, M., *The Daily Power Game*, Leiden, Netherlands, Mantimus Nijholt Social Sciences Division, 1977.

NAGEL, J. H., *The Descriptive Analysis of Power*, New Haven, CT, Yale University Press, 1975.

NG, S. H., *The Social Psychology of Power*, European monographs in social psychology, Academic Press, 1980.

NYSTROM, P. C., «Managers and the Hi-hi Leader Myth», *Academy of Management Journal*, 1978, 21 (2), 325-331.

OPPENHEIM, F., *Le pouvoir du risque : essai sur le pouvoir*, Paris, Les Éditions d'Organisation, 1977.

OSHRY, Barry, Fritz STEELE et Karen OSHRY, *Notes on the Power and the Systems Perspective*, Boston, Mass., Power and Systems Training, 1976.

PARSONS, T., «On the Concept of Influence», *Public Opinion Charterly*, 1963, 27, 37-62.

PARTRIDGE, E. D., *Leadership Among Adolescent Boys*, Teachers College, Columbia University, 1934, no. 608.

PAYETTE, A., *L'efficacité des gestionnaires et des organisations*, Québec, Presses de l'Université du Québec, 1988.

PETERS, T. et R. WATERMAN, *Le prix de l'excellence*, Paris, Interéditions, 1983.

PFEFFER, J., *Power in Organizations*, Marshfield (Mass.), Pitman Publishing Inc., 1981.

PFEFFER, J., «The Ambiguity of Leadership», in M. W. McCall et M. M. Lombardo (édit.), *Leadership : Where Else Can We Go ?* Durham, Duke University, 1978, 13-34.

PIGORS, P., *Leadership or Domination*, Boston, Houghton Mifflin, 1935.

RACINE, Luc, *Théorie de l'échange et circulation des produits sociaux*, Montréal, PUM, 1979.

RENAUD, J., «La molécule du chef», *Science et Vie*, juin 1984, 801, 40-45-174.

ROETHLISBERGER, F. J. et al., *Management and the Worker; Hawthorne Works*, Cambridge, Harvard University Press, 1939.

ROY, M., *Legitimate and Nonlegitimate Use of Power in Organizations*, Unpublished paper, Psychology Department, Boston University, 1989.

ROY, M., *Nonlegitimate Use of Power in Organization*, Dissertation, Psychology Department, Boston University, 1990.

RUSSELL, B., *Power: A New Social Analysis*, London, George Allen and Unwin, 1938.

SAYLES, Leonard R., *Leadership: What Effective Manager Really Do... And How They Do It*, New York, McGraw Hill, 1979.

SCHEIN, E., «The Mechanisms of Change», *in* W. G. Bennis et al., *The Planning of Change*, New York, Holt Rinehart and Winston, 1969.

SCHEIN, Edgar, *Organizational Psychology*, Englewood Cliffs N. J., Prentice-Hall, 1970.

SCHEIN, V. F., «Individual Power and Political Behaviors in Organizations: An Inadequately Explored Reality», *Academy of Management Review*, 1977, 2 (1), 64-71.

SCHIESHEIM, T, TOLLIVER, J. et C. BEHLING, «Leadership: Some Organizational and Managerial Implications», *in* P. Hersey et J. Stinson (édits), *Perspectives in Leader Effectiveness*, Colombus, Ohio University Center for Leadership Studies, 1980.

SECORD, Paul F. et Carl W. BACKMAN, *Social Psychology*, 2e éd., New York, McGraw Hill, 1974.

SEEMAN, M. et R. T. MORRIS, «The Problem of Leadership: An Interdisciplinary Approach», *American Journal of Sociology*, 1950, 56, 149-155.

SEEMAN, M., «Role Conflict and Ambivalence in Leadership», *American Sociological Review*, 1953, 18, 373-380.

SENNETT, R., *Authority*, New York, Knopf, 1980.

SIMON, H. A., «Notes on the Observation and Measurement of Politcal Power», *Journal of Politics*, 1953, 15, 500-516.

SIMON, H. A., *Models of Man*, New york, John Wiley and Sons, 1957.

SIMON, H. A., «On the Concept of Organizational Goals», *Administrative Science Quarterly*, 1964, ix, 1-22.

ST-ARNAUD, Y., *La personne humaine*, Montréal, Éditions du C.I.M. — Éditions de l'Homme, 1974.

ST-ARNAUD, Yves, *Les petits groupes, communication et participation*, Montréal, Presses de l'Université de Montréal — Les Éditions du C.I.M., 1978.

ST-ARNAUD, Yves, *Les petits groupes, communication et participation*, 2e éd., Montréal, Presses de l'Université de Montréal — Les Éditions du C.I.M., 1989.

STINSON, John et Paul HERSEY (édit.), *Perspectives in Leader Effectiveness*, Columbus: Ohio University Center for Leadership Studies, 1980.

STOGDILL, R., *Handbook of Leadership*, New York, The Free Press, 1974.

TANNENBAUM, Robert, Irving R. WESCHLER et Fred MASSARIK, *Leadership and Organization: A Behavioral Science Approach*, New York, McGraw Hill, 1961.

TAUNEY, R. H., *Equality*, London, Allen and Unwin, 1931.

TAYLOR, F. W. *Principes d'organisation scientifique des usines*, Paris, Dunod, 1947.

TESSIER, R. et Y. TELLIER, *Changement planifié et développement des organisations*, Montréal, EPI — IFG, 1973.

TESSIER, R., et Y. TELLIER, *Leadership, autorité et animation de groupe*, Montréal, Les Éditions de l'IFG, 1968.

TOLAND, J., *Hitler*, Paris, Éditions Pygmalion, 1978.

VON BERTALANFFY, L., *Théorie générale des systèmes*, Paris, Dunod, 1973.

VROOM, Victor H. et Philip W. YETTON, *Leadership and Decision Making*, Pittsburgh, University of Pittsburgh Press, 1973.

WATZLAWICK, P., *La réalité de la réalité*, Paris, Éditions du Seuil, 1978.

WEBER, M., *The Theory of Social and Economic Organization*, traduit par A. M. Henderson et T. Parsons, New York, Oxford University Press, 1947.

WEBER, Max, *Économie et société*, Paris, Librairie Plon, 1971.

WEICK, K. E., *The Social Psychology of Organizing*, New York, Random House, 1979.

WHITE, D. M., «Power and Intention», *American Political Science Review*, 1971, 65, 749-759.

WHITE, K. M. *et al.*, «Relationship Maturity: A Conceptual and Empirical Approach», *Contributions to Human Development*, 1987, 28, 81-101.

ZALEZNIK, Abraham, *Human Dilemnas of Leadership*, New York, Harper and Row, 1966.

ZALEZNIK, Abraham et M. Anfred F. R. KETS DE VRIES, *Power and the Corporate Mind*, Boston, Houghton Mifflin, 1975.

Bibliographie

ZIERDEN, W. E., «Leading Through the Follower's Point of View», *Organizational Dynamics*, 1980, 8 (4), 27-46.

VICTORIA 35 & 36 (1872), *The Coal Mines Regulation Act*, chap. 76, # 483.

«Leadership and Fellowship:Changing Conditions and Styles» (Special Issue), *The Journal of Applied Behavioral Science*, 1988, 18 (8).

Petit Larousse illustré, Paris, Librairie Larousse, 1986.